COLLECTION FOLIO

Beaumarchais

Le Mariage de Figaro

La Mère coupable

Édition présentée,
établie et annotée
par Pierre Larthomas
Professeur à l'Université de Paris-Sorbonne

Gallimard

PRÉFACE

Le Barbier de Séville, Le Mariage de Figaro *et* La Mère
coupable, *jouées respectivement en 1775, 1784 et 1792, consti-
tuent dans l'œuvre de Beaumarchais la trilogie espagnole.
Trilogie parce que, d'une œuvre à l'autre, l'auteur a conservé les
mêmes personnages ; espagnole parce que ceux-ci sont espagnols,
même s'ils appartiennent à une Espagne de fantaisie et ne doivent
pour une grande part leur nationalité qu'à la prudence de
Beaumarchais, et à la censure. La première pièce a déjà été
publiée dans cette collection ; on trouvera ici les deux dernières. A
la première lecture l'unité de l'ensemble paraît plus apparente que
réelle ; les trois pièces sont fort différentes et dans leur structure et
dans leur esprit, non seulement parce que l'auteur a vieilli en
même temps que ses personnages, mais encore et surtout parce que
de 1775 à 1792 la société française et la situation de l'auteur dans
cette société ont profondément changé. Il importe avant tout de
préciser cette évolution.*

Lorsqu'il écrivait Le Barbier de Séville, *Beaumarchais
pensait déjà à la suite qu'il lui donnerait. Et si l'on en croit
l'auteur,* Le Mariage de Figaro *est né d'un défi : « Feu M. le
prince de Conti me porta le défi public de mettre au théâtre ma
préface du* Barbier [1]*, plus gaie, disait-il, que la pièce, et d'y*

---

1. Dans la « Lettre modérée » qui sert de préface au *Barbier,* l'auteur
imaginait plaisamment un sixième acte pour sa pièce (voir l'éd. Folio, pp. 31-
33).

montrer la famille de Figaro, que j'indiquais dans cette préface.
" Monseigneur, lui répondis-je, si je mettais une seconde fois ce
caractère sur la scène, comme je le montrerais plus âgé, qu'il en
saurait quelque peu davantage, ce serait bien un autre bruit ; et
qui sait s'il verrait le jour ? " Cependant, par respect, j'acceptai
le défi ; je composai cette Folle journée, *qui cause aujourd'hui la*
rumeur [2] »... « Ce serait bien un autre bruit » : parce que les
deux œuvres sont profondément différentes. L'une se passait à
Séville, l'autre se passe à la campagne, à trois lieues de la ville ;
des personnages nouveaux apparaissent, Suzanne, Marceline
(qui était simplement nommée dans le Barbier), Antonio, le
jardinier, sa fille Fanchette, et surtout Chérubin. Bartholo et
Bazile, dont le rôle était essentiel, deviennent dans le Mariage des
personnages secondaires ; d'autre part, à l'action relativement
simple de la première pièce s'oppose la complexité d'une intrigue
qui légitime le sous-titre La Folle Journée. Mais l'important
n'est pas là ; l'important est que dans le Barbier Beaumarchais
voulait seulement faire rire ; dans le Mariage, s'il s'agit encore
d'amuser, il s'agit de bien autre chose :

> *En faveur du badinage*
> *Faites grâce à la raison*

les deux vers du vaudeville sont mis en exergue à la pièce : « S'il
est vrai que je vous amuse, pardonnez-moi de vous faire penser »,
veulent-ils dire. C'est ce miraculeux équilibre de comique et de
sérieux qui fait de la pièce un chef-d'œuvre.

Pour l'obtenir, l'auteur a modifié profondément la situation et
la mentalité des protagonistes. Nous retrouvons les jeunes gens qui
s'étaient mariés malgré la précaution inutile de Bartholo ; mais
l'amoureux éperdu qui se faisait appeler Lindor est devenu un
époux infidèle, et Rosine une épouse délaissée. Le Comte se

2. Voir ici p. 28.

conduit mal, courtise la fiancée de Figaro et veut jouir, avant de permettre le mariage, du droit du seigneur. Il tentera pendant toute la pièce d'arriver à ses fins, mais échouera dans son entreprise et devra se faire pardonner : « l'époux suborneur, contrarié, lassé, harassé, toujours arrêté dans ses vues, est obligé, trois fois dans cette journée, de tomber aux pieds de sa femme, qui, bonne, indulgente et sensible, finit par lui pardonner [3] ». Mais sans illusion, comme en témoigne le dénouement dont Mozart a souligné la mélancolie.

La pièce nous présente donc un couple qui se défait, par habitude, par lassitude, une fois éteintes les premières ardeurs de l'amour. Mais il s'agit de bien autre chose, comme l'indique la préface qui, écrite après la pièce et une fois que l'auteur fut assuré de son succès, tient compte des réactions du public, des critiques, et permet surtout à Beaumarchais de définir ses intentions et de préciser des vues plus générales sur l'art dramatique. On peut en dégager un certain nombre d'idées essentielles. Souligner tout d'abord la phrase capitale qui, aux yeux de l'auteur, justifie toutes ses pièces : « J'ai pensé, je pense encore, qu'on n'obtient ni grand pathétique, ni profonde moralité, ni bon et vrai comique au théâtre, sans des situations fortes qui naissent toujours d'une disconvenance sociale dans le sujet qu'on veut traiter [4]. » Or cette notion de « disconvenance sociale » est difficile à cerner. Pour y parvenir il faut en premier lieu constater que l'intrigue ne se limite pas à l'histoire d'un couple, comme pourrait le faire croire la phrase déjà citée, ni même à l'affrontement des deux couples. Le nombre des personnages et les péripéties de l'action indiquent assez que l'œuvre met en scène une famille que nous avons l'impression de surprendre dans son intimité. Il faut prendre le mot famille dans son sens latin, inclure dans ce groupe les domestiques, comprendre que c'est toute une petite société qui

3. Voir p. 31.
4. P. 25.

nous est dépeinte, du Comte, « grand corrégidor d'Andalousie »
et à ce titre ayant droit de vie et de mort sur ses sujets, à Gripe-
soleil, « jeune patoureau », qui est tout heureux d'être « de la
compagnie » de son maître[5]. *Entre ces deux extrêmes les personna-*
ges s'échelonnent suivant une hiérarchie complexe, chacun ayant
conscience de son état et des avantages ou des servitudes qu'il
implique. Bazile, « maître de clavecin de la Comtesse », est
furieux de devoir jouer pour le petit berger, Figaro, « concierge »
c'est-à-dire intendant du château, traite de « coquins » les valets
qu'il a sous ses ordres[6], *et le Comte s'écrie dans sa colère :*
« Des libertés chez mes vassaux, qu'importe à gens de cette
étoffe[7] *? » Mais il ne faudrait pas simplifier outre mesure la*
nature de ces liens sociaux. C'est un mérite de la pièce que
d'établir entre les quatre protagonistes des rapports subtils qui ne
sont pas simplement de maîtres à valets. Suzanne est d'origine
paysanne, la nièce de cet ivrogne d'Antonio, mais Bazile lui a
appris à chanter, elle joue de la guitare, et, « première
camariste », tient auprès de la Comtesse le rôle d'une dame de
compagnie, tantôt amie, tantôt servante. Figaro est un ancien
barbier, néanmoins il a une fonction importante, homme d'affai-
res qui a su se rendre indispensable, « valet » certes, mais dont le
maître redoute l'intelligence. L'ambiguïté de ces rapports, autant
que la passion du Comte, crée la « disconvenance sociale » que
l'auteur définit en une phrase qui résume la pièce : « Un grand
seigneur espagnol, amoureux d'une jeune fille qu'il veut séduire,
et les efforts que cette fiancée, celui qu'elle doit épouser, et la
femme du seigneur réunissent pour faire échouer dans son dessein
un maître absolu, que son rang, sa fortune, et sa prodigalité
rendent tout-puissant pour l'accomplir[8]. *» Il y a « disconve-*
nance » parce que le Comte ne reste pas à sa place ; pour faire

5. Acte II, sc. 22.
6. Acte V, sc. 2.
7. Acte III, sc. 4.
8. Préface, p. 30.

*échouer ses projets la Comtesse est obligée de s'allier à ses
domestiques. Trois contre un ; contre un, tout-puissant parce que
mari et parce que maître ; et vaincu malgré sa noblesse, son
pouvoir et son argent, vaincu par l'intelligence et finalement le
bon droit.*

*C'étaient les péripéties de cette lutte, si adroitement imaginées,
qui rendaient la pièce dangereuse. Louis XVI ne s'y est pas
trompé qui en a retardé la représentation autant qu'il l'a pu.
Mais l'opinion déjà était la plus forte et la première fut un
triomphe. Triomphe périlleux pour l'auteur qui à la fin de sa
préface[9] justifie trois répliques jugées subversives. L'allusion aux
Ursulines nous paraît bien anodine ; par contre les remarques sur
les soldats et les courtisans pouvaient à juste titre scandaliser des
censeurs prompts à s'effaroucher. De là à faire de l'auteur un
révolutionnaire, c'est trop facile pour nous qui savons que la
Révolution a eu lieu ; en 1784, les répliques célèbres, dont
certaines sont d'ailleurs empruntées, n'allaient pas plus loin que
telle ou telle phrase de Montaigne ou de La Bruyère, mais le
genre dramatique leur donnait une force nouvelle et le public de
cette fin d'époque était toujours prompt à saisir la moindre
allusion et à approuver bruyamment les traits satiriques contre le
pouvoir. « Souviens-toi qu'un homme sage ne se fait point
d'affaires avec les grands », conseille Bartholo à Figaro[10]. C'est
un conseil que Beaumarchais se donnait à lui-même, lui qui,
désireux de réussir, n'était plus ni artisan ni bourgeois, devenu
noble sans jamais l'être vraiment, et de ce fait jalousé par les uns
et méprisé par les autres. On a trop souvent confondu l'écrivain et
son barbier, mais les deux ont en commun le même sentiment de
défiance à l'égard de ceux « qui se sont donné la peine de naître,
et rien de plus ». Le grand monologue clame la rancœur d'un
homme courageux et actif que la vie n'a pas mis à sa vraie place.*

9. Pp. 43-47.
10. Acte V, sc. 3.

La préface a le mérite d'éclairer sur un autre point les intentions de l'auteur. Ce dernier a voulu faire de son œuvre une comédie où le « badinage » fait supporter la « raison », et elle eût pu aussi bien appartenir au « genre dramatique sérieux » qu'en bon disciple de Diderot Beaumarchais avait défini dans un Essai [11] et illustré par ses deux premières pièces Eugénie (1767) et Les Deux Amis (1770). De là le caractère hybride de l'œuvre et le passage, écrit le plus sérieusement du monde, dont les acteurs n'ont pas voulu et que l'auteur a recueilli dans sa préface [12]. De là le titre, « véritable » dit la préface, qui eût été L'ÉPOUX suborneur. (Précision intéressante : pour Beaumarchais, c'est finalement le Comte qui est le personnage principal.) De là enfin le caractère de certaines scènes qui hésitent entre le rire et les larmes, en particulier la scène de la reconnaissance qui emprunte à la tradition picaresque certains éléments, mais provoque une émotion réelle qu'exprime avec vigueur Figaro : « Va te promener, la honte ! Je veux rire et pleurer en même temps ; on ne sent pas deux fois ce que j'éprouve [13]. » Comme les personnages, les spectateurs de cette fin de siècle étaient à la fois attendris et amusés. Ce passage nous fait seulement rire.

Il est encore un autre point sur lequel nos réactions de spectateurs modernes diffèrent : nous trouvons charmantes les relations entre les deux femmes et Chérubin et nous sommes prêts à tout pardonner au jeune page, « un enfant de treize ans » qui « n'est plus un enfant » mais « n'est pas encore un homme [14] ». L'insistance avec laquelle Beaumarchais défend la vertu de ses personnages indique assez que les contemporains ont souvent jugé équivoques et de ce fait condamnables les relations de la Comtesse et de son filleul. Ce que confirment les critiques. Nous voyons surtout en Rosine l'épouse délaissée mais La Harpe n'accepte pas

11. L'*Essai sur le genre dramatique sérieux* sert de préface à *Eugénie*.
12. Voir pp. 36-38 et acte III, sc. 16.
13. Acte III, sc. 18.
14. Préface, p. 34.

l'analyse faite par l'auteur dans sa préface : « Personne ne pense à s'apitoyer sur l'abandon de la Comtesse qui passe son temps à faire l'amour avec son page. » *Réaction pour nous inattendue qui devait être celle de beaucoup de spectateurs en un temps où régnait la* « décence théâtrale » *dénoncée au début de la préface comme une hypocrisie* « auprès du relâchement des mœurs » *et comme une entrave à la création littéraire.*

Entrave dont l'auteur a su se libérer pour écrire un chef-d'œuvre. Nous savons qu'il jugeait les deux derniers actes inférieurs aux trois premiers, que la longueur du grand monologue l'avait inquiété et qu'il avait demandé conseil à Préville, son ami, qui jouait Brid'oison, et avait été un admirable Figaro dans le Barbier. Nous savons aussi, par les manuscrits, ce qu'ont coûté de travail l'éclat du style et son apparente facilité. Ce qu'on a le moins souligné peut-être en Beaumarchais, c'est l'homme de théâtre, le metteur en scène qui multiplie les indications scéniques, assiste aux répétitions, prodigue ses conseils aux acteurs, exige d'eux obéissance et rigueur, et, en avance sur son temps, attache la plus grande importance aux éléments paraverbaux (décors, éclairages, attitudes) qui justifient le texte et assurent son efficacité. Le cinquième acte, de ce fait, est peu lisible : bel exemple de théâtre total, il a été écrit pour être représenté. C'est à la scène surtout que cette œuvre révèle sa richesse et, comme en témoigne la permanence de son succès, sa modernité.

La Mère coupable est la suite du Mariage de Figaro, une suite à la fois plausible et déconcertante. Plausible parce que les mêmes personnages se souviennent de leur passé, déconcertante parce que le dessein de l'auteur y est tout autre. La première pièce de la trilogie faisait rire, la deuxième mêlait avec adresse badinage et raison, la troisième ne cherche qu'à émouvoir en moralisant. « Je garde une foule d'idées qui me pressent pour un

*des sujets les plus moraux du théâtre, aujourd'hui sur mon
chantier : La Mère coupable ; et si le dégoût dont on m'abreuve
me permet jamais de l'achever, mon projet étant d'y faire verser
des larmes à toutes les femmes sensibles, j'élèverai mon langage à
la hauteur de mes situations ; j'y prodiguerai les traits de la plus
austère morale, et je tonnerai fortement sur les vices que j'ai trop
ménagés*[15]. » *Programme réalisé en tout point, ce qui n'était
possible qu'en transformant les personnages d'une manière inattendue. En les vieillissant d'abord, et plus que l'auteur. Huit
années séparent les deux œuvres, mais leurs personnages ont
vieilli de plus de vingt ans. En leur prêtant ensuite des sentiments
édifiants : le Comte est « d'une fierté noble et sans orgueil », la
Comtesse est « d'une angélique piété », Suzanne est « revenue des
illusions du jeune âge », Figaro est « formé par l'expérience du
monde et des événements*[16] » ; *d'insolent il est devenu respectueux,
d'intéressé, généreux, et lui qui était tout heureux d'avoir gardé les
cent écus de Bartholo refuse à la dernière réplique les deux mille
louis qu'a mérités son dévouement. Les bons sentiments triomphent du traître Bégearss qui doit son nom à un adversaire de
Beaumarchais dans un procès*[17] *que l'auteur dramatique a gagné.
Fin heureuse et morale, possible cependant parce que, comme le
déclare Figaro, « chacun a bien fait son devoir ». Fin très
surprenante aussi pour qui ne connaît que la trilogie, beaucoup
moins pour qui a lu les premiers drames bourgeois,* Eugénie
(1767) et Les Deux Amis *(1770). Disciple de Diderot,
Beaumarchais revient au genre dramatique sérieux dont il a
précisé les règles. Ce retour peut étonner, mais en 1792 l'auteur
est vieilli, désabusé, doute de ses forces. De plus, comme le fait
remarquer son ami Gudin, « il avait un fonds de moralité qui
le ramenait toujours à peindre des situations pathétiques ». Il*

15. Préface, p. 38.
16. Voir la liste des personnages, p. 277.
17. Le procès avec Kornman. Ce dernier avait pour avocat Bergasse.
L'arrêt qui donnait raison à Beaumarchais avait été rendu le 2 avril 1789.

n'était pas mécontent enfin d'insuffler une vie nouvelle à un genre moribond et croyait y parvenir en écrivant « un drame intrigué », c'est-à-dire une œuvre pathétique mais empruntant à la comédie la complexité de son action[18]. La Mère coupable est une pièce bien construite, fertile en péripéties ; est préparée une catastrophe qui est finalement évitée, comme dans la pièce de Molière à laquelle le titre véritable fait allusion. Nous inversons, par une tradition condamnable, les deux éléments de ce titre, mais les deux premières éditions portent L'Autre Tartuffe ou La Mère coupable, soulignant que le traître est le personnage principal, Tartuffe de la probité et non plus de la religion, comme le précise l'auteur[19]. Mais Bégearss n'a aucunement la profondeur de Tartuffe et la comparaison des deux œuvres tourne au désavantage de Beaumarchais. Sont empruntés à Molière certains éléments dramaturgiques[20] et, comme chez Molière, les personnages sont bien de leur temps, c'est-à-dire actuels. Pour la première fois, et grâce à la disparition de la censure, l'action se déroule en France et en une journée, à la fin de 1790, et plus exactement le 10 novembre, jour de la Saint-Léon. La famille Almaviva vit maintenant à Paris, dans un pays « remué de fond en comble » ; il est fait allusion aux lois françaises sur le divorce, Léon va dans un club lire un essai sur l'abus des vœux monastiques et il est question à plusieurs reprises d'un buste de Washington. Les références à la vie politique n'ont pas suffi à assurer la réussite de la pièce. On peut s'interroger sur les raisons de son échec relatif, évoquer le malheur des temps[21], et les dangers courus par l'auteur. Il reste que la pièce a été victime de son style. Ce n'est plus l'auteur du Mariage qui écrit La Mère coupable : Beaumarchais constate avec mélancolie que sa palette

18. Voir « Un mot sur *La Mère coupable* », p. 273.
19. Id. p. 272.
20. Par exemple, Léon, caché, entend tout de l'entretien (acte IV, sc. 13), comme Damis dans *Le Tartuffe* (acte III, sc. 3 et 4).
21. Voir la notice, p. 412.

est « desséchée par l'âge et les contradictions[22] *». Et La Harpe,
critique toujours malveillant, parle de « pathos », de « bigarrure
aussi étrangère au ton de la scène qu'à celui de la raison » à
propos de ce passage : « Sainte et douce crédulité ! l'époux te doit
la magnifique dot. Pâle déesse de la nuit, il te devra bientôt sa
froide épouse*[23]*. » Mais il aurait pu remarquer aussi l'emploi et
l'abus des vers blancs. Certaines répliques ne sont que des suites
d'octosyllabes*[24] *et le procédé devient vite lassant. A quoi
s'ajoutent des outrances qui rappellent celles du drame bourgeois
et annoncent le mélodrame. On pleure, on s'agite beaucoup ; la
Comtesse s'évanouit et on la croit morte ; et personnage d'un
auteur athée et anticlérical, elle ne cesse de prier aux moments les
moins opportuns*[25]*. La rhétorique gâte les sentiments exprimés et
là encore le drame en pâtit.*

*Ces réserves faites, il faut ajouter que la pièce reste intéres-
sante, non seulement parce qu'elle marque une étape entre le
drame et le mélodrame, parce qu'elle appartient au théâtre de la
Révolution, mais aussi parce qu'elle est finalement inséparable,
malgré les différences signalées, des deux autres pièces de la
trilogie. On y retrouve les mêmes thèmes et au-delà des différences
d'intention, de structures et de qualité, on peut souligner l'unité de
ces trois pièces et de l'ensemble de l'œuvre. La Mère coupable
confirme ce qu'a écrit Gudin : « Toutes ses pièces, même son
opéra, sont des plaidoyers en faveur des femmes. » Beaumarchais
les a aimées passionnément, comme Chérubin qui chante :*

> *Sexe aimé, sexe volage,*
> *Qui tourmentez nos beaux jours,*

22. Voir p. 274.
23. Acte IV, sc. 3.
24. Par exemple, la réplique du Comte : « Occupé de toi, mon enfant », etc.
(acte II, sc. 3).
25. « On ne dialogue pas un quart d'heure avec Dieu, quand il faut répondre à un mari », commente La Harpe.

> *Si de vous chacun dit rage,*
> *Chacun vous revient toujours*[26]...

Éternel retour vers un éternel féminin qu'on adore et qui vous le rend bien... La Comtesse, « indulgente et sensible », finit par pardonner. Et Beaumarchais ajoute : « c'est ce qu'elles font toujours », formule optimiste qui fournira à Mozart, avec une valeur très différente, le titre d'un opéra, Cosi fan tutte, *en 1790. On peut remarquer aussi que* La Mère coupable *devait s'intituler* La femme comme il y en a tant[27], *femme peu coupable, « très malheureuse », à qui l'on reproche ce qui était à peine une faute et le fruit d'une simple « surprise nocturne ». La compassion qu'éprouve Beaumarchais à l'égard de la Comtesse s'étend finalement à toutes les femmes. Résolument féministe, il juge que le sexe qu'il a aimé passionnément toute sa vie et auquel il devra d'avoir la vie sauve[28] est injustement traité dans la société. La femme est aimée si elle est aimable; c'est-à-dire objet de désir et instrument du plaisir; mais l'on est moins indulgent pour elle que pour les hommes. Mari infidèle et qui délaisse sa femme, le Comte, dans le* Mariage, *frémit à la pensée qu'il pourrait être trompé[29]; et dans* La Mère coupable *il oppose les deux infidélités et leurs conséquences respectives. « Les misérables femmes, en se laissant séduire, ne savent guère les maux qu'elles s'apprêtent! Nos désordres, à nous, ne leur enlèvent presque rien... Ah! ce n'est point légèrement qu'on a donné tant d'importance à la fidélité des femmes! Le bien, le mal de la*

---

26. P. 267.
27. Nous le savons par une remarque du feuilliste Métra dans la *Correspondance littéraire secrète* du 27 janvier 1795. Ce premier titre par allusion peut-être à une pièce jouée en janvier 1784, *Le Sculpteur ou la femme comme il y en a peu*, de Mme Robineau de Beaunoir.
28. Il est à peu près certain que si Manuel alla délivrer Beaumarchais de la prison de l'Abbaye, fin août 1792, c'est à la demande d'Amélie Houret de la Marinaie, maîtresse des deux hommes.
29. Voir la sc. 4 de l'acte III.

société, sont attachés à leur conduite ; le paradis ou l'enfer des
familles dépend à tout jamais de l'opinion qu'elles ont donnée
d'elles [30]. » Doctrine commode qui permet sans doute à Beaumarchais de résoudre une contradiction personnelle : mari volage, il
avait au plus haut point le sens de la famille et unissait dans la
même affection sa femme et sa fille Eugénie. Il était d'autre part
trop lucide pour ne pas voir les dangers que faisait courir aux
jeunes filles l'égoïsme masculin. On comprend dès lors l'indignation de Marceline dans le passage que l'auteur a dû sacrifier à la
scène et qu'il recueille dans sa préface [31] parce qu'on y trouve
résumées en quelques lignes ses idées personnelles. A ce problème
de la place de la femme dans la société, il rattache un thème que
l'on retrouve dans toutes les pièces : le thème de l'enfant naturel.
Thème traité de manières très différentes selon les œuvres, mais
thème obsédant. Figaro, au troisième acte du Mariage, est à la
fois heureux et déçu de retrouver ses parents, dans une scène de
reconnaissance où les personnages sont partagés entre les rires et
les larmes [32]. Dans La Mère coupable, Léon est le fruit des
amours de la Comtesse et de Chérubin ; Florestine présentée
comme la pupille du Comte est en réalité sa fille. L'action est faite
des révélations successives des liens de parenté réels. Ce qui
permet d'utiliser un autre thème, obsédant lui aussi, le thème de
l'inceste. Il était déjà rapidement évoqué dans le Mariage. Les
sentiments troubles qui lient la Comtesse et Chérubin choquaient
les contemporains dans la mesure où les relations amoureuses
entre marraine et filleul (ou parrain et filleule) étaient volontiers
considérées à cette époque comme incestueuses ; d'autre part,
Figaro manque d'épouser sa mère. Marceline met finalement au
compte de l'amour maternel le penchant qu'elle éprouvait pour le

30. Acte II, sc. 2.
31. *Le Mariage de Figaro*, acte III, sc. 16, et la préface, pp. 36-38.
32. Acte III, sc. 16.

barbier[33]. *Dans La Mère* coupable, *les deux jeunes gens, une fois qu'on sait que Florestine est la fille du Comte, peuvent être regardés comme frère et sœur, que pourtant l'on marie.* Bégearss dans sa fureur s'indigne de cet inceste[34], mais en fait il n'y a pas inceste ni selon la loi, ni selon la nature. Beaumarchais le démontre dans une longue lettre[35] et l'ardeur qu'il met à défendre sa thèse indique assez que le problème l'a inquiété. Il se promettait d'écrire à ce sujet une nouvelle pièce, *La Vengeance de Bégearss* ou *Le Mariage de Léon*; *la mort l'a empêché de réaliser ce projet. Il ne reste aucune trace de cette pièce qui aurait transformé la trilogie en tétralogie.*

Un mot enfin sur l'auteur et ses musiciens. Pour rappeler d'abord que Beaumarchais adorait la musique, était capable de composer, a écrit le livret d'un opéra, *Tarare*, qui a été joué avec succès. Il y a moins de musique dans le *Mariage* que dans le *Barbier*, mais *Chérubin* chante une romance dont le timbre est une chanson populaire, *Figaro* une séguedille, *Bazile* rentre en scène (acte IV) en chantant un air qui sera celui du vaudeville. Autant d'airs notés que l'auteur avait vraisemblablement rapportés d'Espagne. Le 1er mai 1786, c'est-à-dire deux ans presque jour pour jour après le *Mariage*, sont jouées à Vienne *Les Noces de Figaro*. *La comparaison des deux chefs-d'œuvre est riche d'enseignements; les modifications que le librettiste Da Ponte fait subir au texte de Beaumarchais sont intéressantes à étudier; mais surtout la musique de Mozart commente le texte avec une profondeur dont étaient bien incapables les critiques littéraires de l'époque. On le sait, mais on sait moins que La Mère coupable a, elle aussi, intéressé les musiciens. Grétry d'abord qui, peu de*

---

33. Voir la réplique : « Mon cœur entraîné vers lui ne se trompait que de motif ; c'était le sang qui me parlait » (acte III, sc. 18).

34. Voir p. 397.

35. Lettre à M. Martineau. Voir aussi la dernière réplique du Comte : « Nous consulterons, sous des noms supposés, des gens de loi discrets, éclairés, pleins d'honneur. »

temps après la première représentation, offrit d'en mettre en musique certains passages. Darius Milhaud ensuite qui, en 1965, a composé un opéra. L'abondance des péripéties et la violence des sentiments permettaient en effet de tirer du drame un bon livret.

L'opéra a plus de chances d'être rejoué que le drame dont Péguy regrette l'oubli. On relira son commentaire de quelques pages[36], si pénétrant, et qui retient de l'œuvre l'essentiel. Il reprend la réplique du comte : « Un certain Léon d'Astorga, qui fut jadis mon page, et que l'on nommait Chérubin[37]... » et en souligne la mélancolie. En vingt ans le monde a changé, et les êtres, et leurs souvenirs. Dans ce théâtre, le temps joue son rôle. C'est ce que constate avec amertume la courte préface qui finalement nous émeut davantage que la pièce.

Pierre Larthomas.

---

36. Péguy, *Œuvres en prose*, 1909-1914, Bibliothèque de la Pléiade, pp. 173-177.
37. Acte I, sc. 8.

La Folle Journée

OU

Le Mariage de Figaro

COMÉDIE EN CINQ ACTES
EN PROSE

En faveur du badinage,
Faites grâce à la raison.

Vaudeville
de la pièce.

Préface

En écrivant cette préface, mon but n'est pas de rechercher oiseusement [1] si j'ai mis au théâtre une pièce bonne ou mauvaise ; il n'est plus temps pour moi : mais d'examiner scrupuleusement (et je le dois toujours) si j'ai fait une œuvre blâmable.

Personne n'étant tenu de faire une comédie qui ressemble aux autres, si je me suis écarté d'un chemin trop battu, pour des raisons qui m'ont paru solides, ira-t-on me juger, comme l'ont fait MM. tels, sur des règles qui ne sont pas les miennes ? imprimer puérilement que je reporte l'art à son enfance, parce que j'entreprends de frayer un nouveau sentier à cet art dont la loi première, et peut-être la seule, est d'amuser en instruisant ? Mais ce n'est pas de cela qu'il s'agit.

Il y a souvent très loin du mal que l'on dit d'un ouvrage à celui qu'on en pense. Le trait qui nous poursuit, le mot qui importune reste enseveli dans le cœur, pendant que la bouche se venge en blâmant presque tout le reste. De sorte qu'on peut regarder comme un point établi au théâtre, qu'en fait de reproche à l'auteur, ce qui nous affecte le plus est ce dont on parle le moins.

Il est peut-être utile de dévoiler, aux yeux de tous, ce double aspect des comédies ; et j'aurai fait encore un bon usage de la mienne, si je parviens, en la scrutant, à fixer l'opinion publique sur ce qu'on doit entendre par ces mots : Qu'est-ce que LA DÉCENCE THÉÂTRALE ?

A force de nous montrer délicats, fins connaisseurs, et d'affecter, comme j'ai dit autre part [2], l'hypocrisie de la décence auprès du relâchement des mœurs, nous devenons des êtres nuls, incapables de s'amuser et de juger de ce qui leur convient : faut-il le dire enfin ? des bégueules rassasiées [3] qui ne savent plus ce qu'elles veulent, ni ce qu'elles doivent aimer ou rejeter. Déjà ces mots si rebattus, *bon ton, bonne compagnie,* toujours ajustés au niveau de chaque insipide coterie, et dont la latitude est si grande qu'on ne sait où ils commencent et finissent, ont détruit la franche et vraie gaieté qui distinguait de tout autre le comique de notre nation.

Ajoutez-y le pédantesque abus de ces autres grands mots, *décence* et *bonnes mœurs,* qui donnent un air si important, si supérieur que nos jugeurs de comédies seraient désolés de n'avoir pas à les prononcer sur toutes les pièces de théâtre, et vous connaîtrez à peu près ce qui garrotte le génie, intimide tous les auteurs, et porte un coup mortel à la vigueur de l'intrigue, sans laquelle il n'y a pourtant que du bel esprit à la glace et des comédies de quatre jours.

Enfin, pour dernier mal, tous les états de la société sont parvenus à se soustraire à la censure dramatique : on ne pourrait mettre au théâtre *Les Plaideurs* de Racine, sans entendre aujourd'hui les Dandins et les Brid'oisons [4], même des gens plus éclairés, s'écrier qu'il n'y a plus ni mœurs, ni respect pour les magistrats.

On ne ferait point le *Turcaret* [5], sans avoir à l'instant sur les bras fermes, sous-fermes, traites et gabelles, droits réunis, tailles, taillons, le trop-plein, le trop-bu [6], tous les impositeurs royaux. Il est vrai qu'aujourd'hui *Turcaret* n'a plus de modèles. On l'offrirait sous d'autres traits, l'obstacle resterait le même.

On ne jouerait point les fâcheux, les marquis, les emprunteurs de Molière, sans révolter à la fois la haute, la moyenne, la moderne et l'antique noblesse. Ses *Femmes savantes* irriteraient nos féminins bureaux d'esprit [7]. Mais quel calculateur peut évaluer la force et la longueur du levier qu'il faudrait, de nos jours, pour élever jusqu'au théâtre l'œuvre sublime du *Tartuffe* ? Aussi l'auteur qui se compromet avec le public *pour l'amuser ou pour l'instruire,* au lieu d'intriguer à son choix son ouvrage, est-il obligé de tourniller [8] dans des incidents impossibles, de persifler au lieu de rire, et de prendre ses modèles hors de la société, crainte de se trouver mille ennemis, dont il ne connaissait aucun en composant son triste drame.

J'ai donc réfléchi que si quelque homme courageux ne secouait pas toute cette poussière, bientôt l'ennui des pièces françaises porterait la nation au frivole opéra-comique, et plus loin encore, aux boulevards, à ce ramas infect de tréteaux élevés à notre honte, où la décente liberté, bannie du théâtre français, se change en une licence effrénée ; où la jeunesse va se nourrir de grossières inepties, et perdre, avec ses mœurs, le goût de la décence et des chefs-d'œuvre de nos maîtres. J'ai tenté d'être cet homme ; et si je n'ai pas mis plus de talent à mes ouvrages, au moins mon intention s'est-elle manifestée dans tous.

J'ai pensé, je pense encore, qu'on n'obtient ni grand pathétique, ni profonde moralité, ni bon et vrai comique au théâtre, sans des situations fortes, et qui naissent toujours d'une disconvenance sociale dans le sujet qu'on veut traiter. L'auteur tragique, hardi dans ses moyens, ose admettre le crime atroce : les conspirations, l'usurpation du trône, le meurtre, l'empoisonnement, l'inceste dans *Œdipe* et *Phèdre*; le fratricide dans *Vendôme*; le parricide dans *Mahomet*[9] ; le régicide dans *Macbeth,* etc., etc. La comédie, moins audacieuse, n'excède pas les disconvenances, parce que ses tableaux sont tirés de nos mœurs, ses sujets de la société. Mais comment frapper sur l'avarice, à moins de mettre en scène un méprisable avare ? démasquer l'hypocrisie, sans montrer, comme Orgon, dans le *Tartuffe,* un abominable hypocrite, *épousant sa fille et convoitant sa femme ?* un homme à bonnes fortunes, sans le faire parcourir un cercle entier de femmes galantes ? un joueur effréné, sans l'envelopper de fripons, s'il ne l'est pas déjà lui-même ?

Tous ces gens-là sont loin d'être vertueux ; l'auteur ne les donne pas pour tels : il n'est le patron d'aucun d'eux, il est le peintre de leurs vices. Et parce que le lion est féroce, le loup vorace et glouton, le renard rusé, cauteleux, la fable est-elle sans moralité ? Quand l'auteur la dirige contre un sot que sa louange enivre, il fait choir du bec du corbeau le fromage dans la gueule du renard ; sa moralité est remplie ; s'il la tournait contre le bas flatteur, il finirait son apologue ainsi : *Le renard s'en saisit, le dévore ; mais le fromage était empoisonné.* La fable est une comédie légère, et toute comédie n'est qu'un long apologue : leur différence est que dans la fable les animaux ont de l'esprit, et que dans notre comédie les hommes sont souvent des bêtes, et, qui pis est, des bêtes méchantes.

Ainsi, lorsque Molière, qui fut si tourmenté par les sots, donne à l'avare un fils prodigue et vicieux qui lui vole sa cassette et l'injurie en face, est-ce des vertus ou des vices qu'il tire sa moralité ? que lui importent ces fantômes ? c'est vous qu'il entend corriger. Il est vrai que les afficheurs et balayeurs littéraires de son temps ne manquèrent pas d'apprendre au bon public combien tout cela était horrible ! Il est aussi prouvé que des envieux très importants, ou des importent ses fantômes ? c'est vous qu'il entend corriger. Il est vrai Boileau, dans son épître au grand Racine, venger son ami qui n'est plus, en rappelant ainsi les faits :

> *L'Ignorance et l'Erreur, à ses naissantes pièces,*
> *En habits de marquis, en robes de comtesses,*

Venaient pour diffamer son chef-d'œuvre nouveau,
Et secouaient la tête à l'endroit le plus beau.
Le commandeur voulait la scène plus exacte ;
Le vicomte, indigné, sortait au second acte :
L'un, défenseur zélé des dévots mis en jeu,
Pour prix de ses bons mots le condamnait au feu ;
L'autre, fougueux marquis, lui déclarant la guerre,
Voulait venger la Cour immolée au parterre [10].

On voit même dans un placet de Molière à Louis XIV, qui fut si grand en protégeant les arts, et sans le goût éclairé duquel notre théâtre n'aurait pas un seul chef-d'œuvre de Molière, on voit ce philosophe auteur se plaindre amèrement au roi que, pour avoir démasqué les hypocrites, ils imprimaient partout qu'il était *un libertin, un impie, un athée, un démon vêtu de chair, habillé en homme* [11] ; et cela s'imprimait avec APPROBATION ET PRIVILÈGE de ce roi qui le protégeait : rien là-dessus n'est empiré.

Mais, parce que les personnages d'une pièce s'y montrent sous des mœurs vicieuses, faut-il les bannir de la scène ? Que poursuivrait-on au théâtre ? les travers et les ridicules ? Cela vaut bien la peine d'écrire ! Ils sont chez nous comme les modes : on ne s'en corrige point, on en change.

Les vices, les abus, voilà ce qui ne change point, mais se déguise en mille formes sous le masque des mœurs dominantes : leur arracher ce masque et les montrer à découvert, telle est la noble tâche de l'homme qui se voue au théâtre. Soit qu'il moralise en riant, soit qu'il pleure en moralisant, Héraclite ou Démocrite [12], il n'a pas un autre devoir. Malheur à lui, s'il s'en écarte ! On ne peut corriger les hommes qu'en les faisant voir tels qu'ils sont. La comédie utile et véridique n'est point un éloge menteur, un vain discours d'académie.

Mais gardons-nous bien de confondre cette critique générale, un des plus nobles buts de l'art, avec la satire odieuse et personnelle : l'avantage de la première est de corriger sans blesser. Faites prononcer au théâtre, par l'homme juste, aigri de l'horrible abus des bienfaits, *tous les hommes sont des ingrats :* quoique chacun soit bien près de penser comme lui, personne ne s'en offensera. Ne pouvant y avoir un ingrat sans qu'il existe un bienfaiteur, ce reproche même établit une balance égale entre les bons et les mauvais cœurs, on le sent et cela console. Que si l'humoriste [13] répond *qu'un bienfaiteur fait cent ingrats,* on répliquera justement *qu'il n'y a peut-être pas un ingrat qui n'ait été plusieurs fois bienfaiteur :* et cela console encore. Et c'est ainsi qu'en généralisant, la critique la plus amère porte du fruit sans nous blesser, quand la satire personnelle, aussi stérile que funeste, blesse toujours et ne produit jamais. Je hais partout cette dernière, et je la crois un si punissable abus que j'ai plusieurs fois d'office invoqué la vigilance du magistrat pour empêcher que le théâtre ne devînt une arène de gladiateurs, où le puissant se crût en droit de faire exercer ses vengeances par les plumes vénales, et malheureusement trop communes, qui mettent leur bassesse à l'enchère.

N'ont-ils donc pas assez, ces Grands, des mille et un feuillistes, faiseurs de bulletins, afficheurs, pour y trier les plus mauvais, en choisir un bien lâche, et dénigrer qui les offusque ? On tolère un si léger mal, parce qu'il est sans conséquence, et que la vermine éphémère démange un instant et périt ; mais le théâtre est un géant qui blesse à mort tout ce qu'il frappe. On doit réserver ses grands coups pour les abus et pour les maux publics.

Ce n'est donc ni le vice ni les incidents qu'il amène, qui font l'indécence théâtrale ; mais le défaut de leçons et de moralité. Si l'auteur, ou faible ou timide, n'ose en tirer de son sujet, voilà ce qui rend sa pièce équivoque ou vicieuse.

Lorsque je mis *Eugénie* au théâtre [14] (et il faut bien que je me cite, puisque c'est toujours moi qu'on attaque), lorsque je mis *Eugénie* au théâtre, tous nos jurés-crieurs à la décence jetaient des flammes dans les foyers sur ce que j'avais osé montrer un seigneur libertin, habillant ses valets en prêtres, et feignant d'épouser une jeune personne qui paraît enceinte au théâtre sans avoir été mariée.

Malgré leurs cris, la pièce a été jugée, sinon le meilleur, au moins le plus moral des drames, constamment jouée sur tous les théâtres, et traduite dans toutes les langues. Les bons esprits ont vu que la moralité, que l'intérêt y naissait entièrement de l'abus qu'un homme puissant et vicieux fait de son nom, de son crédit pour tourmenter une faible fille sans appui, trompée, vertueuse et délaissée. Ainsi tout ce que l'ouvrage a d'utile et de bon naît du courage qu'eut l'auteur d'oser porter la disconvenance sociale au plus haut point de liberté.

Depuis, j'ai fait *Les Deux Amis* [15], pièce dans laquelle un père avoue à sa prétendue nièce qu'elle est sa fille illégitime. Ce drame est aussi très moral, parce qu'à travers les sacrifices de la plus parfaite amitié, l'auteur s'attache à y montrer les devoirs qu'impose la nature sur les fruits d'un ancien amour, que la rigoureuse dureté des convenances sociales, ou plutôt leur abus, laisse trop souvent sans appui.

Entre autres critiques de la pièce, j'entendis dans une loge, auprès de celle que j'occupais, un jeune *important* de la Cour qui disait gaiement à des dames : « L'auteur, sans doute, est un garçon fripier qui ne voit rien de plus élevé que des commis des Fermes et des marchands d'étoffes ; et c'est au fond d'un magasin qu'il va chercher les nobles amis qu'il traduit à la scène française. — Hélas ! monsieur, lui dis-je en m'avançant, il a fallu du moins les prendre où il n'est pas impossible de les supposer. Vous ririez bien plus de l'auteur s'il eût tiré deux vrais amis de l'Œil-de-bœuf [16] ou des carrosses ? Il faut un peu de vraisemblance, même dans les actes vertueux. »

Me livrant à mon gai caractère, j'ai depuis tenté, dans *Le Barbier de Séville,* de ramener au théâtre l'ancienne et franche gaieté, en l'alliant avec le ton léger de notre plaisanterie actuelle ; mais comme cela même était une espèce de nouveauté, la pièce fut vivement poursuivie. Il semblait que j'eusse ébranlé l'État ; l'excès des précautions qu'on prit et des cris qu'on fit contre moi décelait surtout la frayeur que certains vicieux de ce temps avaient de s'y voir démasqués. La pièce fut censurée quatre fois, cartonnée [17] trois fois sur l'affiche à l'instant d'être jouée, dénoncée même au Parlement d'alors [18], et moi, frappé de ce tumulte, je persistais à demander que le public restât le juge de ce que j'avais destiné à l'amusement du public.

Je l'obtins au bout de trois ans. Après les clameurs, les éloges, et chacun me disait tout bas : « Faites-nous donc des pièces de ce genre, puisqu'il n'y a plus que vous qui osiez rire en face. »

Un auteur désolé par la cabale et les criards, mais qui voit sa pièce marcher, reprend courage ; et c'est ce que j'ai fait. Feu M. le prince de Conti, de patriotique mémoire (car, en frappant l'air de son nom, l'on sent vibrer le vieux mot *patrie*), feu M. le prince de Conti [19], donc, me porta le défi public de mettre au théâtre ma préface du *Barbier,* plus gaie, disait-il, que la pièce, et d'y montrer la famille de Figaro, que j'indiquais dans cette préface. « Monseigneur, lui répondis-je, si je mettais une seconde fois ce caractère sur la scène, comme je le montrerais plus âgé, qu'il en saurait quelque peu davantage, ce serait bien un autre bruit ; et qui sait s'il verrait le jour ? » Cependant, par respect, j'acceptai le défi ; je composai cette *Folle journée,* qui cause aujourd'hui la rumeur. Il daigna la voir le premier. C'était un homme d'un grand caractère, un prince auguste, un esprit noble et fier : le dirai-je ? il en fut content.

Mais quel piège, hélas ! j'ai tendu au jugement de nos critiques en appelant ma comédie du vain nom de *Folle journée* ! Mon objet était bien de lui ôter quelque importance ; mais je ne savais pas encore à quel point un changement d'annonce peut égarer tous les esprits. En lui laissant son véritable titre, on eût lu *L'Époux suborneur.* C'était pour eux une autre piste, on me courait différemment. Mais ce nom de *Folle journée* les a mis à cent lieues de moi : ils n'ont plus rien vu dans l'ouvrage que ce qui n'y sera jamais ; et cette remarque un peu sévère sur la facilité de prendre le change a plus d'étendue qu'on ne croit. Au lieu du nom de *George Dandin,* si Molière eût appelé son drame *La Sottise des alliances,* il eût porté bien plus de fruit ; si Regnard eût nommé son *Légataire* [20], *La Punition du célibat,* la pièce nous eût fait frémir. Ce à quoi il ne songea pas, je l'ai fait avec réflexion. Mais qu'on ferait un beau chapitre sur tous les jugements des hommes et la morale du théâtre, et qu'on pourrait intituler : *De l'influence de l'affiche* !

Quoi qu'il en soit, *La Folle Journée* resta cinq ans au portefeuille [21] ; les Comédiens ont su que je l'avais, ils me l'ont enfin arrachée. S'ils ont bien ou mal fait pour eux, c'est ce qu'on a pu voir depuis. Soit que la difficulté de la rendre excitât leur émulation, soit qu'ils sentissent avec le public que pour lui plaire en comédie il fallait de nouveaux efforts, jamais pièce aussi difficile n'a été jouée avec autant d'ensemble, et si l'auteur (comme on le dit) est resté au-dessous de lui-même, il n'y a pas un seul acteur dont cet ouvrage n'ait établi, augmenté ou confirmé la réputation. Mais revenons à sa lecture, à l'adoption des Comédiens.

Sur l'éloge outré qu'ils en firent, toutes les sociétés voulurent le connaître, et dès lors il fallut me faire des querelles de toute espèce ou céder aux instances universelles. Dès lors aussi les grands ennemis de l'auteur ne manquèrent pas de répandre à la Cour qu'il blessait dans cet ouvrage, d'ailleurs *un tissu de bêtises,* la religion, le gouvernement, tous les états de la société, les bonnes mœurs, et qu'enfin la vertu y était opprimée et le vice triomphant, *comme de raison,* ajoutait-on. Si les graves messieurs qui m'ont tant répété me font l'honneur de lire cette préface, ils y verront au moins que j'ai cité bien juste ; et la bourgeoise intégrité que je mets à mes citations n'en fera que mieux ressortir la noble infidélité des leurs.

Ainsi, dans *Le Barbier de Séville,* je n'avais qu'ébranlé l'État : dans ce nouvel essai plus infâme et plus séditieux, je le renversais de fond en comble. Il n'y avait plus rien de sacré, si l'on permettait cet ouvrage. On abusait l'autorité par les plus insidieux rapports ; on cabalait auprès des corps puissants ; on alarmait les dames timorées ; on me faisait des ennemis sur le prie-Dieu des oratoires : et moi, selon les hommes et les lieux, je repoussais la basse intrigue par mon excessive patience, par la roideur de mon respect, l'obstination de ma docilité ; par la raison, quand on voulait l'entendre.

Ce combat a duré quatre ans. Ajoutez-les aux cinq du portefeuille : que reste-t-il des allusions qu'on s'efforce à voir dans l'ouvrage ? Hélas ! quand il fut composé, tout ce qui fleurit aujourd'hui n'avait pas même encore germé : c'était tout un autre univers.

Pendant ces quatre ans de débat, je ne demandais qu'un censeur ; on m'en accorda cinq ou six. Que virent-ils dans l'ouvrage, objet d'un tel déchaînement ? La plus badine des intrigues. Un grand seigneur espagnol, amoureux d'une jeune fille qu'il veut séduire, et les efforts que cette fiancée, celui qu'elle doit épouser, et la femme du seigneur réunissent pour faire échouer dans son dessein un maître absolu, que son rang, sa fortune et sa prodigalité rendent tout-puissant pour l'accomplir. Voilà tout, rien de plus. La pièce est sous vos yeux.

D'où naissaient donc ces cris perçants ? De ce qu'au lieu de poursuivre un seul caractère vicieux, comme le joueur, l'ambitieux, l'avare, ou l'hypocrite, ce qui ne lui eût mis sur les bras qu'une seule classe d'ennemis, l'auteur a profité d'une composition légère, ou plutôt a formé son plan de façon à y faire entrer la critique d'une foule d'abus qui désolent la société. Mais comme ce n'est pas là ce qui gâte un ouvrage aux yeux du censeur éclairé, tous, en l'approuvant, l'ont réclamé pour le théâtre. Il a donc fallu l'y souffrir : alors les grands du monde ont vu jouer avec scandale

> *Cette pièce où l'on peint un insolent valet*
> *Disputant sans pudeur son épouse à son maître*
>
> M. GUDIN [12].

Oh ! que j'ai de regret de n'avoir pas fait de ce sujet moral une tragédie bien sanguinaire ! Mettant un poignard à la main de l'époux outragé, que je n'aurais pas nommé Figaro, dans sa jalouse fureur je lui aurais fait noblement poignarder le Puissant vicieux ; et comme il aurait vengé son honneur dans des vers carrés, bien ronflants, et que mon jaloux, tout au moins général d'armée, aurait eu pour rival quelque tyran bien horrible et régnant au plus mal sur un peuple désolé [23], tout cela, très loin de nos mœurs, n'aurait, je crois, blessé personne, on eût crié *bravo ! ouvrage bien moral !* Nous étions sauvés, moi et mon Figaro sauvage.

Mais ne voulant qu'amuser nos Français et non faire ruisseler les larmes de leurs épouses, de mon coupable amant j'ai fait un jeune seigneur de ce temps-là, prodigue, assez galant, même un peu libertin, à peu près comme les autres seigneurs de ce temps-là. Mais qu'oserait-on dire au théâtre d'un seigneur, sans les offenser tous, sinon de lui reprocher son trop de galanterie ? N'est-ce pas là le défaut le moins contesté par eux-mêmes ? J'en vois beaucoup d'ici rougir modestement (et c'est un noble effort) en convenant que j'ai raison.

Voulant donc faire le mien coupable, j'ai eu le respect généreux de ne lui prêter aucun des vices du peuple. Direz-vous que je ne le pouvais pas, que c'eût été blesser toutes les vraisemblances ? Concluez donc en faveur de ma pièce, puisque enfin je ne l'ai pas fait.

Le défaut même dont je l'accuse n'aurait produit aucun mouvement comique, si je ne lui avais gaiement opposé l'homme le plus dégourdi de sa nation, *le véritable Figaro,* qui, tout en défendant Suzanne, sa propriété, se moque des projets de son maître, et s'indigne très plaisamment qu'il ose jouter de ruse avec lui, maître passé dans ce genre d'escrime.

Ainsi, d'une lutte assez vive entre l'abus de la puissance, l'oubli des principes, la prodigalité, l'occasion, tout ce que la séduction a de plus entraînant, et le feu, l'esprit, les ressources que l'infériorité piquée au jeu peut opposer à cette attaque, il naît dans ma pièce un jeu plaisant d'intrigue, où l'époux suborneur, contrarié, lassé, harassé, toujours arrêté dans ses vues, est obligé, trois fois[24] dans cette journée, de tomber aux pieds de sa femme, qui, bonne, indulgente et sensible, finit par lui pardonner : c'est ce qu'elles font toujours. Qu'a donc cette moralité de blâmable, messieurs ?

La trouvez-vous un peu badine pour le ton grave que je prends ? Accueillez-en une plus sévère qui blesse vos yeux dans l'ouvrage, quoique vous ne l'y cherchiez pas : c'est qu'un seigneur assez vicieux pour vouloir prostituer à ses caprices tout ce qui lui est subordonné, pour se jouer, dans ses domaines, de la pudicité de toutes ses jeunes vassales, doit finir, comme celui-ci, par être la risée de ses valets. Et c'est ce que l'auteur a très fortement prononcé, lorsqu'en fureur, au cinquième acte, Almaviva, croyant confondre une femme infidèle, montre à son jardinier un cabinet, en lui criant : *Entres-y, toi, Antonio ; conduis devant son juge l'infâme qui m'a déshonoré ;* et que celui-ci lui répond : *Il y a, parguenne, une bonne Providence ! Vous en avez tant fait dans le pays, qu'il faut bien aussi qu'à votre tour* [25] *... !*

Cette profonde moralité se fait sentir dans tout l'ouvrage ; et s'il convenait à l'auteur de démontrer aux adversaires qu'à travers sa forte leçon il a porté la considération pour la dignité du coupable plus loin qu'on ne devait l'attendre de la fermeté de son pinceau, je leur ferais remarquer que, croisé dans tous ses projets, le comte Almaviva se voit toujours humilié, sans être jamais avili.

En effet, si la Comtesse usait de ruse pour aveugler sa jalousie dans le dessein de le trahir, devenue coupable elle-même, elle ne pourrait mettre à ses pieds son époux sans le dégrader à nos yeux. La vicieuse intention de l'épouse brisant un lien respecté, l'on reprocherait justement à l'auteur d'avoir tracé des mœurs blâmables ; car nos jugements sur les mœurs se rapportent toujours aux femmes ; on n'estime pas assez les hommes pour tant exiger d'eux sur ce point délicat. Mais loin qu'elle ait ce vil projet, ce qu'il y a de mieux établi dans l'ouvrage est que nul ne veut faire une tromperie au Comte, mais seulement l'empêcher d'en faire à tout le monde. C'est la pureté des motifs qui sauve ici les moyens du reproche ; et de cela seul que la Comtesse ne veut que ramener son mari, toutes les confusions qu'il éprouve sont certainement très morales, aucune n'est avilissante.

Pour que cette vérité vous frappe davantage, l'auteur oppose à ce mari peu délicat la plus vertueuse des femmes, par goût et par principes.

Abandonnée d'un époux trop aimé, quand l'expose-t-on à vos regards ? Dans le moment critique où sa bienveillance pour un aimable enfant, son filleul, peut devenir un goût dangereux, si elle permet au ressentiment qui l'appuie de prendre trop d'empire sur elle. C'est pour faire mieux sortir l'amour vrai du devoir, que l'auteur la met un moment aux prises avec un goût naissant qui le combat. Oh ! combien on s'est étayé de ce léger mouvement dramatique pour nous accuser d'indécence ! On accorde à la tragédie que toutes les reines, les princesses, aient des passions bien allumées qu'elles combattent plus ou moins ; et l'on ne souffre pas que, dans la comédie, une femme ordinaire puisse lutter contre la moindre faiblesse ! O grande *influence de l'affiche !* jugement sûr et conséquent ! Avec la différence du genre, on blâme ici ce qu'on approuvait là. Et cependant, en ces deux cas, c'est toujours le même principe : point de vertu sans sacrifice.

J'ose en appeler à vous, jeunes infortunées que votre malheur attache à des Almaviva ! Distingueriez-vous toujours votre vertu de vos chagrins, si quelque intérêt importun, tendant trop à les dissiper, ne vous avertissait enfin qu'il est temps de combattre pour elle ? Le chagrin de perdre un mari n'est pas ici ce qui nous touche, un regret aussi personnel est trop loin d'être une vertu. Ce qui nous plaît dans la Comtesse, c'est de la voir lutter franchement contre un goût naissant qu'elle blâme, et des ressentiments légitimes. Les efforts qu'elle fait alors pour ramener son infidèle époux, mettant dans le plus heureux jour les deux sacrifices pénibles de son goût et de sa colère, on n'a nul besoin d'y penser pour applaudir à son triomphe ;

elle est un modèle de vertu, l'exemple de son sexe et l'amour du nôtre.

Si cette métaphysique de l'honnêteté des scènes, si ce principe avoué de toute décence théâtrale n'a point frappé nos juges à la représentation, c'est vainement que j'en étendrais ici le développement, les conséquences ; un tribunal d'iniquité n'écoute point les défenses de l'accusé qu'il est chargé de perdre, et ma Comtesse n'est point traduite au parlement de la nation : c'est une commission qui la juge.

On a vu la légère esquisse de son aimable caractère dans la charmante pièce d'*Heureusement* [26]. Le goût naissant que la jeune femme éprouve pour son petit cousin l'officier, n'y parut blâmable à personne, quoique la tournure des scènes pût laisser à penser que la soirée eût fini d'autre manière, si l'époux ne fût pas rentré, comme dit l'auteur, *heureusement*. Heureusement aussi l'on n'avait pas le projet de calomnier cet auteur : chacun se livra de bonne foi à ce doux intérêt qu'inspire une jeune femme honnête et sensible, qui réprime ses premiers goûts ; et notez que, dans cette pièce, l'époux ne paraît qu'un peu sot ; dans la mienne, il est infidèle : ma Comtesse a plus de mérite.

Aussi, dans l'ouvrage que je défends, le plus véritable intérêt se porte-t-il sur la Comtesse ; le reste est dans le même esprit.

Pourquoi Suzanne, la camariste [27] spirituelle, adroite et rieuse, a-t-elle aussi le droit de nous intéresser ? C'est qu'attaquée par un séducteur puissant, avec plus d'avantage qu'il n'en faudrait pour vaincre une fille de son état, elle n'hésite pas à confier les intentions du Comte aux deux personnes les plus intéressées à bien surveiller sa conduite : sa maîtresse et son fiancé. C'est que, dans tout son rôle, presque le plus long de la pièce, il n'y a pas une phrase, un mot qui ne respire la sagesse et l'attachement à ses devoirs : la seule ruse qu'elle se permette est en faveur de sa maîtresse, à qui son dévouement est cher, et dont tous les vœux sont honnêtes.

Pourquoi, dans ses libertés sur son maître, Figaro m'amuse-t-il au lieu de m'indigner ? C'est que, l'opposé des valets, il n'est pas, et vous le savez, le malhonnête homme de la pièce : en le voyant forcé, par son état, de repousser l'insulte avec adresse, on lui pardonne tout, dès qu'on sait qu'il ne ruse avec son seigneur que pour garantir ce qu'il aime et sauver sa propriété.

Donc, hors le Comte et ses agents, chacun fait dans la pièce à peu près ce qu'il doit. Si vous les croyez malhonnêtes parce qu'ils disent du mal les uns des autres, c'est une règle très fautive. Voyez nos honnêtes gens du siècle : on passe la vie à ne faire autre chose ! Il est même tellement reçu de déchirer sans pitié les absents, que moi, qui les défends toujours, j'entends murmurer très souvent : « Quel diable d'homme, et qu'il est contrariant ! il dit du bien de tout le monde ! »

Est-ce mon page, enfin, qui vous scandalise ? et l'immoralité qu'on reproche au fond de l'ouvrage serait-elle dans l'accessoire ? O censeurs délicats, beaux esprits sans fatigue, inquisiteurs pour la morale, qui condamnez en un clin d'œil les réflexions de cinq années, soyez justes une fois, sans tirer à conséquence [28]. Un enfant de treize ans, aux premiers battements du cœur, cherchant tout sans rien démêler, idolâtre, ainsi qu'on l'est à cet âge heureux, d'un objet céleste pour lui, dont le hasard fit sa marraine, est-il un sujet de scandale ? Aimé de tout le monde au château, vif, espiègle et brûlant comme tous les enfants spirituels, par son agitation extrême, il dérange dix fois sans le vouloir les coupables projets du Comte. Jeune adepte de la nature, tout ce qu'il voit a droit de l'agiter : peut-être il n'est plus un enfant, mais il n'est pas encore un homme ; et c'est le moment que j'ai choisi pour qu'il obtînt de l'intérêt, sans forcer personne à rougir. Ce qu'il éprouve innocemment, il l'inspire partout de même. Direz-vous qu'on l'aime d'amour ? Censeurs, ce n'est pas le mot. Vous êtes trop éclairés pour ignorer que l'amour, même le plus pur, a un motif intéressé : on ne l'aime donc pas encore ; on sent qu'un jour on l'aimera. Et c'est ce que l'auteur a mis avec gaieté dans la bouche de Suzanne, quand elle dit à cet enfant : *Oh ! dans trois ou quatre ans, je prédis que vous serez le plus grand petit vaurien* [29]...

Pour lui imprimer plus fortement le caractère de l'enfance, nous le faisons exprès tutoyer par Figaro. Supposez-lui deux ans de plus, quel valet dans le château prendrait ces libertés ? Voyez-le à la fin de son rôle ; à peine a-t-il un habit d'officier, qu'il porte la main à l'épée aux premières railleries du Comte [30], sur le quiproquo d'un soufflet. Il sera fier, notre étourdi ! mais c'est un enfant, rien de plus. N'ai-je pas vu nos dames, dans les loges, aimer mon page à la folie ? Que lui voulaient-elles ? Hélas ! rien : c'était de l'intérêt aussi ; mais, comme celui de la Comtesse, un pur et naïf intérêt... un intérêt... sans intérêt.

Mais est-ce la personne du page, ou la conscience du seigneur, qui fait le tourment du dernier toutes les fois que l'auteur les condamne à se rencontrer dans la pièce ? Fixez ce léger aperçu, il peut vous mettre sur la voie ; ou plutôt apprenez de lui que cet enfant n'est amené que pour ajouter à la moralité de l'ouvrage, en vous montrant que l'homme le plus absolu chez lui, dès qu'il suit un projet coupable, peut être mis au désespoir par l'être le moins important, par celui qui redoute le plus de se rencontrer sur sa route.

Quand mon page aura dix-huit ans, avec le caractère vif et bouillant que je lui ai donné, je serai coupable à mon tour si je le montre sur la scène. Mais à treize ans, qu'inspire-t-il ? Quelque chose de sensible et doux, qui n'est amitié ni amour, et qui tient un peu de tous deux.

J'aurais de la peine à faire croire à l'innocence de ces impressions, si nous vivions dans un siècle moins chaste, dans un de ces siècles de calcul, où, voulant tout prématuré comme les fruits de leurs serres chaudes, les Grands mariaient leurs enfants à douze ans, et faisaient plier la nature, la décence et le goût aux plus sordides convenances, en se hâtant surtout d'arracher de ces êtres non formés des enfants encore moins formables, dont le bonheur n'occupait personne, et qui n'étaient que le prétexte d'un certain trafic d'avantages qui n'avait nul rapport à eux, mais uniquement à leur nom. Heureusement nous en sommes bien loin : et le caractère de mon page, sans conséquence pour lui-même, en a une relative au Comte, que le moraliste aperçoit, mais qui n'a pas encore frappé le grand commun de nos jugeurs.

Ainsi, dans cet ouvrage, chaque rôle important a quelque but moral. Le seul qui semble y déroger est le rôle de Marceline.

Coupable d'un ancien égarement dont son Figaro fut le fruit, elle devrait, dit-on, se voir au moins punie par la confusion de sa faute, lorsqu'elle reconnaît son fils. L'auteur eût pu même en tirer une moralité plus profonde : dans les mœurs qu'il veut corriger, la faute d'une jeune fille séduite est celle des hommes et non la sienne. Pourquoi donc ne l'a-t-il pas fait ?

Il l'a fait, censeurs raisonnables ! Étudiez la scène suivante, qui faisait le nerf du troisième acte, et que les comédiens m'ont prié de retrancher, craignant qu'un morceau si sévère n'obscurcît la gaieté de l'action.

Quand Molière a bien humilié la coquette ou coquine du *Misanthrope* par la lecture publique de ses lettres à tous ses amants, il la laisse avilie sous les coups qu'il lui a portés : il a raison ; qu'en ferait-il ? Vicieuse par goût et par choix, veuve aguerrie, femme de Cour, sans aucune excuse d'erreur, et fléau d'un fort honnête homme, il l'abandonne à nos mépris, et telle est sa moralité. Quant à moi, saisissant l'aveu naïf de Marceline au moment de la reconnaissance, je montrais cette femme humiliée, et Bartholo qui la refuse, et Figaro, leur fils commun, dirigeant l'attention publique sur les vrais fauteurs du désordre où l'on entraîne sans pitié toutes les jeunes filles du peuple douées d'une jolie figure.

Telle est la marche de la scène [31].

BRID'OISON, *parlant de Figaro,*
qui vient de reconnaître sa mère en Marceline.

C'est clair : i-il ne l'épousera pas.

BARTHOLO

Ni moi non plus.

MARCELINE

Ni vous ! et votre fils ? Vous m'aviez juré...

BARTHOLO

J'étais fou. Si pareils souvenirs engageaient, on serait tenu d'épouser tout le monde.

BRID'OISON

E-et si l'on y regardait de si près, pe-ersonne n'épouserait personne.

BARTHOLO

Des fautes si connues ! une jeunesse déplorable !

MARCELINE, *s'échauffant par degrés.*

Oui, déplorable, et plus qu'on ne croit ! Je n'entends pas nier mes fautes ; ce jour les a trop bien prouvées ! Mais qu'il est dur de les expier après trente ans d'une vie modeste ! J'étais née, moi, pour être sage, et je le suis devenue sitôt qu'on m'a permis d'user de ma raison. Mais dans l'âge des illusions, de l'inexpérience et des besoins, où les séducteurs nous assiègent pendant que la misère nous poignarde, que peut opposer une enfant à tant d'ennemis rassemblés ? Tel nous juge ici sévèrement, qui peut-être en sa vie a perdu dix infortunées !

FIGARO

Les plus coupables sont les moins généreux, c'est la règle.

MARCELINE, *vivement.*

Hommes plus qu'ingrats, qui flétrissez par le mépris les jouets de vos passions, vos victimes, c'est vous qu'il faut punir des erreurs de notre jeunesse : vous et vos magistrats si vains du droit de nous juger, et qui nous laissent enlever, par leur coupable négligence, tout honnête moyen de subsister ! Est-il un seul état pour les malheureuses filles ? Elles avaient un droit naturel à toute la parure des femmes ; on y laisse former mille ouvriers de l'autre sexe.

FIGARO, *en colère.*

Ils font broder jusqu'aux soldats !

MARCELINE, *exaltée.*

Dans les rangs même plus élevés, les femmes n'obtiennent de vous qu'une considération dérisoire. Leurrées de respects apparents, dans une servitude réelle ; traitées en mineures pour nos biens, punies en majeures pour nos fautes : ah ! sous tous les aspects, votre conduite avec nous fait horreur ou pitié !

FIGARO

Elle a raison !

LE COMTE, *à part.*

Que trop raison !

BRID'OISON

Elle a, mon-on Dieu, raison.

MARCELINE

Mais que nous font, mon fils, les refus d'un homme injuste ? Ne regarde pas d'où tu viens, vois où tu vas ; cela seul importe à chacun. Dans quelques mois ta fiancée ne dépendra plus que d'elle-même ; elle t'acceptera, j'en réponds : vis entre une épouse, une mère tendres, qui te chériront à qui mieux mieux. Sois indulgent pour elles, heureux pour toi, mon fils, gai, libre et bon pour tout le monde, il ne manquera rien à ta mère.

FIGARO

Tu parles d'or, maman, et je me tiens à ton avis. Qu'on est sot, en effet ! Il y a des mille et mille ans que le monde roule, et dans cet océan de durée, où j'ai par hasard attrapé quelques chétifs trente ans qui ne reviendront plus, j'irais me tourmenter pour savoir à qui je les dois ! Tant pis pour qui s'en inquiète. Passer ainsi la vie à chamailler, c'est peser sur le collier sans relâche, comme les malheureux chevaux de la remonte des fleuves, qui ne reposent pas, même quand ils s'arrêtent, et qui tirent toujours, quoiqu'ils cessent de marcher. Nous attendrons.

J'ai bien regretté ce morceau ; et maintenant que la pièce est connue, si les Comédiens avaient le courage de le restituer à ma prière, je pense que le public leur en saurait beaucoup de gré. Ils n'auraient plus même à répondre, comme je fus forcé de le faire à certains censeurs du beau monde, qui me reprochaient à la lecture, de les intéresser pour une femme de mauvaises mœurs : — Non, messieurs, je n'en parle pas pour excuser ses mœurs, mais pour vous faire rougir des vôtres sur le point le plus destructeur de toute honnêteté publique, *la corruption des jeunes personnes* ; et j'avais raison de le dire, que vous trouvez ma pièce trop gaie, parce qu'elle est souvent trop sévère. Il n'y a que façon de s'entendre.

— Mais votre Figaro est un soleil tournant, qui brûle, en jaillissant, les manchettes de tout le monde. — *Tout le monde* est exagéré. Qu'on me sache gré du moins s'il ne brûle pas aussi les doigts de ceux qui croient s'y reconnaître : au temps qui court, on a beau jeu sur cette matière au théâtre. M'est-il permis de composer en auteur qui sort du collège ? de toujours faire rire des enfants, sans jamais rien dire à des hommes ? Et ne devez-vous pas me passer un peu de morale en faveur de ma gaieté, comme on passe aux Français un peu de folie en faveur de leur raison ?

Si je n'ai versé sur nos sottises qu'un peu de critique badine, ce n'est pas que je ne sache en former de plus sévères : quiconque a dit tout ce qu'il sait dans son ouvrage, y a mis plus que moi dans le mien. Mais je garde une foule d'idées qui me pressent pour un des sujets les plus moraux du théâtre, aujourd'hui sur mon chantier : *La Mère coupable* ; et si le dégoût dont on m'abreuve me permet jamais de l'achever, mon projet étant d'y faire verser des larmes à toutes les femmes sensibles, j'élèverai mon langage à la hauteur de mes situations ; j'y prodiguerai les traits de la plus austère morale, et je tonnerai fortement sur les vices que j'ai trop ménagés. Apprêtez-vous donc bien, messieurs, à me tourmenter de nouveau : ma poitrine a déjà grondé ; j'ai noirci beaucoup de papier au service de votre colère.

Et vous, honnêtes indifférents qui jouissez de tout sans prendre parti sur rien ; jeunes personnes modestes et timides, qui vous plaisez à ma *Folle journée* (et je n'entreprends sa défense que pour justifier votre goût), lorsque vous verrez dans le monde un de ces hommes tranchants critiquer vaguement la pièce, tout blâmer sans rien désigner, surtout la trouver indécente, examinez bien cet homme-là, sachez son rang, son état, son caractère, et vous connaîtrez sur-le-champ le mot qui l'a blessé dans l'ouvrage.

On sent bien que je ne parle pas de ces écumeurs littéraires qui vendent leurs bulletins ou leurs affiches à tant de liards le paragraphe. Ceux-là, comme l'abbé Bazile, peuvent calomnier ; *ils médiraient, qu'on ne les croirait pas*[32].

Je parle moins encore de ces libellistes honteux qui n'ont trouvé d'autre moyen de satisfaire leur rage, l'assassinat étant trop dangereux, que de lancer, du cintre de nos salles, des vers infâmes contre l'auteur, pendant que l'on jouait sa pièce[33]. Ils savent que je les connais ; si j'avais eu dessein de les nommer, ç'aurait été au ministère public ; leur supplice est de l'avoir craint, il suffit à mon ressentiment. Mais on n'imaginera jamais jusqu'où ils ont osé élever les soupçons du public sur une aussi lâche épigramme ! semblables à ces vils charlatans du Pont-Neuf, qui, pour accréditer leurs drogues, farcissent d'ordres, de cordons, le tableau qui leur sert d'enseigne.

Non, je cite nos importants, qui, blessés, on ne sait pourquoi, des critiques semées dans l'ouvrage, se chargent d'en dire du mal, sans cesser de venir aux noces.

C'est un plaisir assez piquant de les voir d'en bas au spectacle, dans le très plaisant embarras de n'oser montrer ni satisfaction ni colère ; s'avançant sur le bord des loges, prêts à se moquer de l'auteur, et se retirant aussitôt pour celer un peu de grimace ; emportés par un mot de la scène et soudainement rembrunis par le pinceau du moraliste ; au plus léger trait de gaieté jouer tristement les étonnés, prendre un air gauche en faisant les pudiques, et regardant les femmes dans les yeux, comme pour leur reprocher de soutenir un tel scandale ; puis, aux grands applaudissements, lancer sur le public un regard méprisant, dont il est écrasé ; toujours prêts à lui dire, comme ce courtisan dont parle Molière, lequel, outré du succès de *L'École des femmes*, criait des balcons au public : *Ris donc, public, ris donc*[34] ! En vérité, c'est un plaisir, et j'en ai joui bien des fois.

Celui-là m'en rappelle un autre. Le premier jour de *La Folle journée*, on s'échauffait dans le foyer (même d'honnêtes plébéiens) sur ce qu'ils nommaient spirituellement *mon audace*. Un petit vieillard sec et brusque, impatienté de tous ces cris, frappe le plancher de sa canne, et dit en s'en allant : *Nos Français sont comme les enfants, qui braillent quand on les éberne*[35]. Il avait du sens, ce vieillard ! Peut-être on pouvait mieux parler, mais pour mieux penser, j'en défie.

Avec cette intention de tout blâmer, on conçoit que les traits les plus sensés ont été pris en mauvaise part. N'ai-je pas entendu vingt fois un murmure descendre des loges à cette réponse de Figaro :

LE COMTE

Une réputation détestable.

FIGARO

Et si je vaux mieux qu'elle ! Y a-t-il beaucoup de seigneurs qui puissent en dire autant[36] ?

Je dis, moi, qu'il n'y en a point, qu'il ne saurait y en avoir, à moins d'une exception bien rare. Un homme obscur ou peu connu peut valoir mieux que sa réputation, qui n'est que l'opinion d'autrui. Mais de même qu'un sot en place en paraît une fois plus sot, parce qu'il ne peut plus rien cacher, de même un grand seigneur, l'homme élevé en dignités, que la fortune et sa naissance ont placé sur le grand théâtre, et qui en entrant dans le monde, eut toutes les préventions pour lui, vaut presque toujours moins que sa réputation, s'il parvient à la rendre mauvaise. Une assertion si simple et si loin du sarcasme devait-elle exciter le murmure ? Si son application paraît fâcheuse aux Grands peu soigneux de leur gloire, en quel sens fait-elle épigramme sur ceux qui méritent nos respects ? Et quelle maxime plus juste au théâtre peut servir de frein aux puissants, et tenir lieu de leçon à ceux qui n'en reçoivent point d'autres ?

Non qu'il faille oublier (a dit un écrivain sévère, et je me plais à le citer parce que je suis de son avis), « non qu'il faille oublier, dit-il, ce qu'on doit aux rangs élevés : il est juste, au contraire, que l'avantage de la naissance soit le moins contesté de tous, parce que ce bienfait gratuit de l'hérédité, relatif aux exploits, vertus ou qualités des aïeux de qui le reçut, ne peut aucunement blesser l'amour-propre de ceux auxquels il fut refusé ; parce que, dans une monarchie, si l'on ôtait les rangs intermédiaires, il y aurait trop loin du monarque aux sujets ; bientôt on n'y verrait qu'un despote et des esclaves : le maintien d'une échelle graduée du laboureur au potentat intéresse également les hommes de tous les rangs, et peut-être est le plus ferme appui de la constitution monarchique ».

Mais quel auteur parlait ainsi ? qui faisait cette profession de foi sur la noblesse dont on me suppose si loin ? C'était PIERRE-AUGUSTIN CARON DE BEAUMARCHAIS, plaidant par écrit au Parlement d'Aix[37], en 1778, une grande et sévère question qui décida bientôt de l'honneur d'un noble et du sien. Dans l'ouvrage que je défends, on n'attaque point les états, mais les abus de chaque état : les gens seuls qui s'en rendent coupables ont intérêt à le trouver mauvais. Voilà les rumeurs expliquées : mais quoi donc ! les abus sont-ils devenus si sacrés, qu'on n'en puisse attaquer aucun sans lui trouver vingt défenseurs ?

Un avocat célèbre, un magistrat respectable, iront-ils donc s'approprier le plaidoyer d'un Bartholo, le jugement d'un Brid'oison ? Ce mot de Figaro sur l'indigne abus des plaidoiries de nos jours *(C'est dégrader le plus noble institut* [38] *)* a bien montré le cas que je fais du noble métier d'avocat ; et mon respect pour la magistrature ne sera pas plus suspecté quand on saura dans quelle école j'en ai recherché la leçon, quand on lira le morceau suivant, aussi tiré d'un moraliste, lequel, parlant des magistrats, s'exprime en ces termes formels :

« Quel homme aisé voudrait, pour le plus modique honoraire, faire le métier cruel de se lever à quatre heures, pour aller au Palais tous les jours s'occuper, sous des formes prescrites, d'intérêts qui ne sont jamais les siens ? d'éprouver sans cesse l'ennui de l'importunité, le dégoût des sollicitations, le bavardage des plaideurs, la monotonie des audiences, la fatigue des délibérations, et la contention d'esprit nécessaire aux prononcés des arrêts, s'il ne se croyait pas payé de cette vie laborieuse et pénible par l'estime et la considération publiques ? Et cette estime est-elle autre chose qu'un jugement, qui n'est même aussi flatteur pour les bons magistrats qu'en raison de sa rigueur excessive contre les mauvais ? »

Mais quel écrivain m'instruisait ainsi par ses leçons ? Vous allez croire encore que c'est Pierre-Augustin ; vous l'avez dit : c'est lui, en 1773, dans son quatrième Mémoire [39], en défendant jusqu'à la mort sa triste existence, attaquée par un soi-disant magistrat. Je respecte donc hautement ce que chacun doit honorer, et je blâme ce qui peut nuire.

— Mais dans cette *Folle journée*, au lieu de saper les abus, vous vous donnez des libertés très répréhensibles au théâtre ; votre monologue surtout contient, sur les gens disgraciés, des traits qui passent la licence. — Eh ! croyez-vous, messieurs, que j'eusse un talisman pour tromper, séduire, enchaîner la censure et l'autorité, quand je leur soumis mon ouvrage ? que je n'aie pas dû justifier ce que j'avais osé écrire ? Que fais-je dire à Figaro, parlant à l'homme déplacé ? *Que les sottises imprimées n'ont d'importance qu'aux lieux où l'on en gêne le cours* [40]. Est-ce donc là une vérité d'une conséquence dangereuse ? Au lieu de ces inquisitions puériles et fatigantes, et qui seules donnent de l'importance à ce qui n'en aurait jamais, si, comme en Angleterre, on était assez sage ici pour traiter les sottises avec ce mépris qui les tue, loin de sortir du vil fumier qui les enfante, elles y pourriraient en germant, et ne se propageraient point. Ce qui multiplie les libelles est la faiblesse de les craindre ; ce qui fait vendre les sottises est la sottise de les défendre.

Et comment conclut Figaro ? *Que, sans la liberté de blâmer, il n'est point d'éloge flatteur ; et qu'il n'y a que les petits hommes qui redoutent les petits écrits.* Sont-ce là des hardiesses coupables, ou bien des aiguillons de gloire ? des moralités insidieuses, ou des maximes réfléchies, aussi justes qu'encourageantes ?

Supposez-les le fruit des souvenirs. Lorsque, satisfait du présent, l'auteur veille pour l'avenir, dans la critique du passé, qui peut avoir droit de s'en plaindre ? Et si, ne désignant ni temps, ni lieu, ni personne, il ouvre la voie au théâtre à des réformes désirables, n'est-ce pas aller à son but ?

La Folle journée explique donc comment, dans un temps prospère, sous un roi juste et des ministres modérés, l'écrivain peut tonner sur les oppresseurs, sans craindre de blesser personne. C'est pendant le règne d'un bon prince qu'on écrit sans danger l'histoire des méchants rois ; et plus le gouvernement est sage, est éclairé, moins la liberté de dire est en presse [41] : chacun y faisant son devoir, on n'y craint pas les allusions ; nul homme en place ne redoutant ce qu'il est forcé d'estimer, on n'affecte point alors d'opprimer chez nous cette même littérature qui fait notre gloire au dehors, et nous y donne une sorte de primauté que nous ne pouvons tirer d'ailleurs.

En effet, à quel titre y prétendrions-nous ? Chaque peuple tient à son culte et chérit son gouvernement. Nous ne sommes pas restés plus braves que ceux qui nous ont battus à leur tour. Nos mœurs plus douces, mais non meilleures, n'ont rien qui nous élève au-dessus d'eux. Notre littérature seule, estimée de toutes les nations, étend l'empire de la langue française ; et nous obtient de l'Europe entière une prédilection avouée qui justifie, en l'honorant, la protection que le gouvernement lui accorde.

Et comme chacun cherche toujours le seul avantage qui lui manque, c'est alors qu'on peut voir dans nos académies l'homme de la Cour siéger avec les gens de lettres ; les talents personnels et la considération héritée se disputer ce noble objet, et les archives académiques se remplir presque également de papiers et de parchemins.

Revenons à *La Folle journée*.

Un monsieur de beaucoup d'esprit, mais qui l'économise un peu trop, me disait un soir au spectacle : — Expliquez-moi donc, je vous prie, pourquoi dans votre pièce on trouve autant de phrases négligées qui ne sont pas de votre style. — De mon style, monsieur ? Si par malheur j'en avais un, je m'efforcerais de l'oublier quand je fais une comédie, ne connaissant rien d'insipide au théâtre comme ces fades camaïeux où tout est bleu, où tout est rose, où tout est l'auteur, quel qu'il soit.

Lorsque mon sujet me saisit, j'évoque tous mes personnages et les mets en situation. — Songe à toi, Figaro, ton maître va te deviner. Sauvez-vous vite, Chérubin, c'est le Comte que vous touchez. — Ah ! Comtesse, quelle imprudence avec un époux si violent ! — Ce qu'ils diront, je n'en sais rien, c'est ce qu'ils feront qui m'occupe. Puis, quand ils sont bien animés, j'écris sous leur dictée rapide, sûr qu'ils ne me tromperont pas ; que je reconnaîtrai Bazile, lequel n'a pas l'esprit de Figaro, qui n'a pas le ton noble du Comte, qui n'a pas la sensibilité de la Comtesse, qui n'a pas la gaieté de Suzanne, qui n'a pas l'espièglerie du page, et surtout aucun d'eux la sublimité de Brid'oison. Chacun y parle son langage : eh ! que le dieu du naturel les préserve d'en parler d'autre ! Ne nous attachons donc qu'à l'examen de leurs idées, et non à rechercher si j'ai dû leur prêter mon style.

Quelques malveillants ont voulu jeter de la défaveur sur cette phrase de Figaro : *Sommes-nous des soldats qui tuent et se font tuer pour des intérêts qu'ils ignorent ? Je veux savoir, moi, pourquoi je me fâche*[42] ! A travers le nuage d'une conception indigeste, ils ont feint d'apercevoir *que je répands une lumière décourageante sur l'état pénible du soldat ; et il y a des choses qu'il ne faut jamais dire.* Voilà dans toute sa force l'argument de la méchanceté ; reste à en prouver la bêtise.

Si, comparant la dureté du service à la modicité de la paye, ou discutant tel autre inconvénient de la guerre et comptant la gloire pour rien, je versais de la défaveur sur ce plus noble des affreux métiers, on me demanderait justement compte d'un mot indiscrètement échappé. Mais du soldat au colonel, au général exclusivement, quel imbécile homme de guerre a jamais eu la prétention qu'il dût pénétrer les secrets du cabinet, pour lesquels il fait la campagne ? C'est de cela seul qu'il s'agit dans la phrase de Figaro. Que ce fou-là se montre, s'il existe ; nous l'enverrons étudier sous le philosophe Babouc, lequel éclaircit disertement ce point de discipline militaire[43].

En raisonnant sur l'usage que l'homme fait de sa liberté dans les occasions difficiles, Figaro pouvait également opposer à sa situation tout état qui exige une obéissance implicite, et le cénobite zélé dont le devoir est de tout croire sans jamais rien examiner, comme le guerrier valeureux, dont la gloire est de tout affronter sur des ordres non motivés, *de tuer et se faire tuer pour des intérêts qu'il ignore*. Le mot de Figaro ne dit donc rien, sinon qu'un homme libre de ses actions doit agir sur d'autres principes que ceux dont le devoir est d'obéir aveuglément.

Qu'aurait-ce été, bon Dieu ! si j'avais fait usage d'un mot qu'on attribue au grand Condé, et que j'entends louer à outrance par ces mêmes logiciens qui déraisonnent sur ma phrase ? A les croire, le grand Condé montra la plus noble présence d'esprit lorsque, arrêtant Louis XIV prêt à pousser son cheval dans le Rhin, il dit à ce monarque : *Sire, avez-vous besoin du bâton de maréchal ?*

Heureusement on ne prouve nulle part que ce grand homme ait dit cette grande sottise. C'eût été dire au roi, devant toute son armée : « Vous moquez-vous donc, Sire, de vous exposer dans un fleuve ? Pour courir de pareils dangers, il faut avoir besoin d'avancement ou de fortune ! »

Ainsi l'homme le plus vaillant, le plus grand général du siècle aurait compté pour rien l'honneur, le patriotisme et la gloire ! Un misérable calcul d'intérêt eût été, selon lui, le seul principe de la bravoure ! Il eût dit là un affreux mot, et si j'en avais pris le sens pour l'enfermer dans quelque trait, je mériterais le reproche qu'on fait gratuitement au mien.

Laissons donc les cerveaux fumeux louer ou blâmer au hasard, sans se rendre compte de rien ; s'extasier sur une sottise qui n'a pu jamais être dite, et proscrire un mot juste et simple, qui ne montre que du bon sens.

Un autre reproche assez fort, mais dont je n'ai pu me laver, est d'avoir assigné pour retraite à la Comtesse un certain couvent d'Ursulines [14]. *Ursulines !* a dit un seigneur, joignant les mains avec éclat. *Ursulines !* a dit une dame, en se renversant de surprise sur un jeune Anglais de sa loge. *Ursulines !* ah ! milord ! si vous entendiez le français !... — Je sens, je sens beaucoup, madame, dit le jeune homme en rougissant. — C'est qu'on n'a jamais mis au théâtre aucune femme aux *Ursulines !* Abbé, parlez-nous donc ! L'abbé (toujours appuyée sur l'Anglais), comment trouvez-vous *Ursulines ?* — Fort indécent, répond l'abbé, sans cesser de lorgner Suzanne. Et tout le beau monde a répété : *Ursulines est fort indécent.* Pauvre auteur ! on te croit jugé, quand chacun songe à son affaire. En vain j'essayais d'établir que, dans l'événement de la scène, moins la Comtesse a dessein de se cloîtrer, plus elle doit le feindre et faire croire à son époux que sa retraite est bien choisie : ils ont proscrit mes *Ursulines !*

Dans le plus fort de la rumeur, moi, bon homme, j'avais été

jusqu'à prier une des actrices qui font le charme de ma pièce de demander aux mécontents à quel autre couvent de filles ils estimaient qu'il fût *décent* que l'on fit entrer la Comtesse ? A moi, cela m'était égal ; je l'aurais mise où l'on aurait voulu : aux *Augustines*, aux *Célestines*, aux *Clairettes*, aux *Visitandines*, même aux *Petites Cordelières*, tant je tiens peu aux *Ursulines*. Mais on agit si durement !

Enfin, le bruit croissant toujours, pour arranger l'affaire avec douceur, j'ai laissé le mot *Ursulines* à la place où je l'avais mis : chacun alors content de soi, de tout l'esprit qu'il avait montré, s'est apaisé sur *Ursulines*, et l'on a parlé d'autre chose.

Je ne suis point, comme l'on voit, l'ennemi de mes ennemis. En disant bien du mal de moi, ils n'en ont point fait à ma pièce ; et s'ils sentaient seulement autant de joie à la déchirer que j'eus de plaisir à la faire, il n'y aurait personne d'affligé. Le malheur est qu'ils ne rient point ; et ils ne rient point à ma pièce, parce qu'on ne rit point à la leur. Je connais plusieurs amateurs qui sont même beaucoup maigris depuis le succès du *Mariage :* excusons donc l'effet de leur colère.

A des moralités d'ensemble et de détail, répandues dans les flots d'une inaltérable gaieté, à un dialogue assez vif, dont la facilité nous cache le travail ; si l'auteur a joint une intrigue aisément filée, où l'art se dérobe sous l'art, qui se noue et se dénoue sans cesse, à travers une foule de situations comiques, de tableaux piquants et variés qui soutiennent, sans la fatiguer, l'attention du public pendant les trois heures et demie que dure le même spectacle (essai que nul homme de lettres n'avait encore osé tenter), que reste-t-il à faire à de pauvres méchants que tout cela irrite ? Attaquer, poursuivre l'auteur par des injures verbales, manuscrites, imprimées : c'est ce qu'on a fait sans relâche. Ils ont même épuisé jusqu'à la calomnie, pour tâcher de me perdre dans l'esprit de tout ce qui influe en France sur le repos d'un citoyen. Heureusement que mon ouvrage est sous les yeux de la nation, qui depuis dix grands mois le voit, le juge et l'apprécie. Le laisser jouer tant qu'il fera plaisir est la seule vengeance que je me sois permise. Je n'écris point ceci pour les lecteurs actuels : le récit d'un mal trop connu touche peu ; mais dans quatre-vingts ans il portera son fruit. Les auteurs de ce temps-là compareront leur sort au nôtre, et nos enfants sauront à quel prix on pouvait amuser leurs pères.

Allons au fait ; ce n'est pas tout cela qui blesse. Le vrai motif qui se cache, et qui dans les replis du cœur produit tous les autres reproches, est renfermé dans ce quatrain :

> *Pourquoi ce Figaro qu'on va tant écouter*
> *Est-il avec fureur déchiré par les sots ?*

> *Recevoir, prendre et demander,*
> *Voilà le secret en trois mots* [45] *!*

En effet, Figaro, parlant du métier de courtisan, le définit dans ces termes sévères. Je ne puis le nier, je l'ai dit. Mais reviendrai-je sur ce point ? Si c'est un mal, le remède serait pire : il faudrait poser méthodiquement ce que je n'ai fait qu'indiquer ; revenir à montrer qu'il n'y a point de synonyme, en français, entre *l'homme de la Cour, l'homme de Cour*, et le *courtisan par métier*.

Il faudrait répéter qu'*homme de la Cour* peint seulement un noble état ; qu'il s'entend de l'homme de qualité, vivant avec la noblesse et l'éclat que son rang lui impose ; que si cet *homme de la Cour* aime le bien par goût, sans intérêt, si, loin de jamais nuire à personne, il se fait estimer de ses maîtres, aimer de ses égaux et respecter des autres, alors cette acception reçoit un nouveau lustre ; et j'en connais plus d'un que je nommerais avec plaisir, s'il en était question.

Il faudrait montrer qu'*homme de Cour*, en bon français, est moins l'énoncé d'un état que le résumé d'un caractère adroit, liant, mais réservé ; pressant la main de tout le monde en glissant chemin à travers ; menant finement son intrigue avec l'air de toujours servir ; ne se faisant point d'ennemis, mais donnant près d'un fossé, dans l'occasion, de l'épaule au meilleur ami, pour assurer sa chute et le remplacer sur la crête ; laissant à part tout préjugé qui pourrait ralentir sa marche ; souriant à ce qui lui déplaît, et critiquant ce qu'il approuve, selon les hommes qui l'écoutent ; dans les liaisons utiles de sa femme ou de sa maîtresse, ne voyant que ce qu'il doit voir, enfin...

> *Prenant tout, pour le faire court,*
> *En* *véritable* *homme de Cour.*

LA FONTAINE [46].

Cette acception n'est pas aussi défavorable que celle du *courtisan par métier*, et c'est l'homme dont parle Figaro.

Mais quand j'étendrais la définition de ce dernier ; quand parcourant tous les possibles, je le montrerais avec son maintien équivoque, haut et bas à la fois ; rampant avec orgueil, ayant toutes les prétentions sans en justifier une ; se donnant l'air du *protégement* [47] pour se faire chef de parti ; dénigrant tous les concurrents qui balanceraient son crédit ; faisant un métier lucratif de ce qui ne devrait qu'honorer ; vendant ses maîtresses à son maître ; lui faisant payer ses plaisirs, etc., etc., et quatre pages d'etc., il faudrait

toujours revenir au distique de Figaro : *Recevoir, prendre et demander, Voilà le secret en trois mots.*

Pour ceux-ci, je n'en connais point ; il y en eut, dit-on, sous
Henri III, sous d'autres rois encore ; mais c'est l'affaire de l'histo-
rien, et, quant à moi, je suis d'avis que les vicieux du siècle en sont
comme les saints ; qu'il faut cent ans pour les canoniser. Mais
puisque j'ai promis la critique de ma pièce, il faut enfin que je la
donne.

En général son grand défaut est *que je ne l'ai point faite en observant
le monde ; qu'elle ne peint rien de ce qui existe, et ne rappelle jamais
l'image de la société où l'on vit ; que ses mœurs, basses et corrompues,
n'ont pas même le mérite d'être vraies.* Et c'est ce qu'on lisait
dernièrement dans un beau discours imprimé, composé par un
homme de bien[48], auquel il n'a manqué qu'un peu d'esprit pour être
un écrivain médiocre. Mais médiocre ou non, moi qui ne fis jamais
usage de cette allure oblique et torse avec laquelle un sbire, qui n'a
pas l'air de vous regarder, vous donne du stylet au flanc, je suis de
l'avis de celui-ci. Je conviens qu'à la vérité la génération passée
ressemblait beaucoup à ma pièce ; que la génération future lui
ressemblera beaucoup aussi ; mais que pour la génération présente,
elle ne lui ressemble aucunement ; que je n'ai jamais rencontré ni
mari suborneur, ni seigneur libertin, ni courtisan avide, ni juge
ignorant ou passionné, ni avocat injuriant, ni gens médiocres
avancés[49], ni traducteur bassement jaloux. Et que si des âmes pures,
qui ne s'y reconnaissent point du tout, s'irritent contre ma pièce et la
déchirent sans relâche, c'est uniquement par respect pour leurs
grands-pères et sensibilité pour leurs petits-enfants. J'espère, après
cette déclaration, qu'on me laissera bien tranquille : ET J'AI FINI.

Caractères et habillements
de la pièce

LE COMTE ALMAVIVA doit être joué très noblement, mais avec grâce et liberté. La corruption du cœur ne doit rien ôter au bon ton de ses manières. Dans les mœurs *de ce temps-là* les Grands traitaient en badinant toute entreprise sur les femmes. Ce rôle est d'autant plus pénible à bien rendre que le personnage est toujours sacrifié. Mais joué par un comédien excellent (M. Molé), il a fait ressortir tous les rôles, et assuré le succès de la pièce.

Son vêtement du premier et second actes est un habit de chasse avec des bottines à mi-jambe de l'ancien costume espagnol. Du troisième acte jusqu'à la fin, un habit superbe de ce costume.

LA COMTESSE, agitée de deux sentiments contraires, ne doit montrer qu'une sensibilité réprimée, ou une colère très modérée; rien surtout qui dégrade, aux yeux du spectateur, son caractère aimable et vertueux. Ce rôle, un des plus difficiles de la pièce, a fait infiniment d'honneur au grand talent de mademoiselle Saint-Val cadette.

Son vêtement du premier, second et quatrième actes, est une lévite [50] commode et nul ornement sur la tête : elle est chez elle, et censée incommodée. Au cinquième acte, elle a l'habillement et la haute coiffure de Suzanne.

FIGARO. L'on ne peut trop recommander à l'acteur qui jouera ce rôle de bien se pénétrer de son esprit, comme l'a fait M. Dazincourt. S'il y voyait autre chose que de la raison assaisonnée de gaieté et de saillies, surtout s'il y mettait la moindre charge, il avilirait un rôle que le premier comique du théâtre, M. Préville [51], a jugé devoir honorer le talent de tout comédien qui saurait en saisir les nuances multipliées et pourrait s'élever à son entière conception.

Son vêtement comme dans *Le Barbier de Séville.*

SUZANNE. Jeune personne adroite, spirituelle et rieuse, mais non de cette gaieté presque effrontée de nos soubrettes corruptrices ; son joli caractère est dessiné dans la préface, et c'est là que l'actrice qui n'a point vu mademoiselle Contat doit l'étudier pour le bien rendre.

Son vêtement des quatre premiers actes est un juste[52] blanc à basquines, très élégant, la jupe de même, avec une toque, appelée depuis par nos marchandes *à la Suzanne.* Dans la fête du quatrième acte, le Comte lui pose sur la tête une toque à long voile, à hautes plumes et à rubans blancs. Elle porte au cinquième acte la lévite de sa maîtresse, et nul ornement sur la tête.

MARCELINE est une femme d'esprit, née un peu vive, mais dont les fautes et l'expérience ont réformé le caractère. Si l'actrice qui la joue s'élève avec une fierté bien placée à la hauteur très morale qui suit la reconnaissance du troisième acte, elle ajoutera beaucoup à l'intérêt de l'ouvrage.

Son vêtement est celui des duègnes espagnoles, d'une couleur modeste, un bonnet noir sur la tête.

ANTONIO ne doit montrer qu'une demi-ivresse, qui se dissipe par degrés ; de sorte qu'au cinquième acte on ne s'en aperçoive presque plus. Son vêtement est celui d'un paysan espagnol, où les manches pendent par-derrière ; un chapeau et des souliers blancs.

FANCHETTE est une enfant de douze ans, très naïve. Son petit habit est un juste brun avec des ganses et des boutons d'argent, la jupe de couleur tranchante, et une toque noire à plumes sur la tête. Il sera celui des autres paysannes de la noce.

CHÉRUBIN. Ce rôle ne peut être joué, comme il l'a été, que par une jeune et très jolie femme ; nous n'avons point à nos théâtres de très jeune homme assez formé pour en bien sentir les finesses. Timide à l'excès devant la Comtesse, ailleurs un charmant polisson ; un désir inquiet et vague est le fond de son caractère. Il s'élance à la puberté, mais sans projet, sans connaissances, et tout entier à chaque événement ; enfin il est ce que toute mère, au fond du cœur, voudrait peut-être que fût son fils, quoiqu'elle dût beaucoup en souffrir.

Son riche vêtement, au premier et second actes, est celui d'un page de Cour espagnol, blanc et brodé d'argent ; le léger manteau bleu sur l'épaule, et un chapeau chargé de plumes. Au quatrième acte, il a le corset, la jupe et la toque des jeunes paysannes qui l'amènent. Au cinquième acte, un habit uniforme d'officier, une cocarde et une épée.

BARTHOLO. Le caractère et l'habit comme dans *Le Barbier de Séville,* il n'est ici qu'un rôle secondaire.

BAZILE. Caractère et vêtement comme dans *Le Barbier de Séville,* il n'est aussi qu'un rôle secondaire.

BRID'OISON doit avoir cette bonne et franche assurance des bêtes qui n'ont plus leur timidité. Son bégaiement n'est qu'une grâce de plus, qui doit être à peine sentie ; et l'acteur se tromperait lourdement et jouerait à contre-sens, s'il y cherchait le plaisant de son rôle. Il est tout entier dans l'opposition de la gravité de son état au ridicule du caractère ; et moins l'acteur le chargera, plus il montrera de vrai talent.

Son habit est une robe de juge espagnol moins ample que celle de nos procureurs, presque une soutane ; une grosse perruque, une gonille ou rabat espagnol au cou, et une longue baguette blanche à la main.

DOUBLE-MAIN. Vêtu comme le juge ; mais la baguette blanche plus courte.

L'HUISSIER ou ALGUAZIL. Habit, manteau, épée de Crispin, mais portée à son côté sans ceinture de cuir. Point de bottines, une chaussure noire, une perruque blanche naissante [53] et longue, à mille boucles, une courte baguette blanche.

GRIPE-SOLEIL. Habit de paysan, les manches pendantes, veste de couleur tranchée, chapeau blanc.

UNE JEUNE BERGÈRE. Son vêtement comme celui de Fanchette.

PÉDRILLE. En veste, gilet, ceinture, fouet, et bottes de poste, une résille sur la tête, chapeau de courrier.

PERSONNAGES MUETS ? les uns en habits de juges, d'autres en habits de paysans, les autres en habits de livrée.

PERSONNAGES

LE COMTE ALMAVIVA, grand corrégidor [54] d'Andalousie.

LA COMTESSE, sa femme.

FIGARO, valet de chambre du Comte et concierge [55] du château.

SUZANNE, première camariste de la Comtesse et fiancée de Figaro.

MARCELINE, femme de charge.

ANTONIO, jardinier du château, oncle de Suzanne et père de Fanchette.

FANCHETTE, fille d'Antonio.

CHÉRUBIN, premier page du Comte.

BARTHOLO, médecin de Séville.

BAZILE, maître de clavecin de la Comtesse.

DON GUSMAN [56] BRID'OISON, lieutenant du siège.

DOUBLE-MAIN, greffier, secrétaire de don Gusman.

UN HUISSIER AUDIENCIER.

GRIPE-SOLEIL, jeune patoureau.

UNE JEUNE BERGÈRE.

PÉDRILLE, piqueur du Comte.

PERSONNAGES MUETS

TROUPE DE VALETS.
TROUPE DE PAYSANNES.
TROUPE DE PAYSANS.

La scène est au château d'Aguas-Frescas, à trois lieues de Séville.

PLACEMENT DES ACTEURS

Pour faciliter les jeux du théâtre, on a eu l'attention d'écrire au commencement de chaque scène le nom des personnages dans l'ordre où le spectateur les voit. S'ils font quelque mouvement grave dans la scène, il est désigné par un nouvel ordre de noms, écrit en marge [57] à l'instant qu'il arrive. Il est important de conserver les bonnes positions théâtrales ; le relâchement dans la tradition donnée par les premiers acteurs en produit bientôt un total dans le jeu des pièces, qui finit par assimiler les troupes négligentes aux plus faibles comédiens de société.

La Folle Journée

ou

Le Mariage de Figaro

ACTE PREMIER

Le théâtre représente une chambre à demi démeublée ; un grand fauteuil de malade est au milieu. Figaro, avec une toise, mesure le plancher. Suzanne attache à sa tête, devant une glace, le petit bouquet de fleurs d'orange, appelé chapeau de la mariée.

Scène I

FIGARO, SUZANNE.

FIGARO

Dix-neuf pieds sur vingt-six.

SUZANNE

Tiens, Figaro, voilà mon petit chapeau ; le trouves-tu mieux ainsi ?

FIGARO *lui prend les mains.*

Sans comparaison, ma charmante. Oh ! que ce joli bouquet virginal, élevé sur la tête d'une belle fille, est doux, le matin des noces, à l'œil amoureux d'un époux !..

SUZANNE *se retire.*

Que mesures-tu donc là, mon fils ?

FIGARO

Je regarde, ma petite Suzanne, si ce beau lit que Monseigneur nous donne aura bonne grâce ici.

SUZANNE

Dans cette chambre ?

FIGARO

Il nous la cède.

SUZANNE

Et moi, je n'en veux point.

FIGARO

Pourquoi ?

SUZANNE

Je n'en veux point.

FIGARO

Mais encore ?

SUZANNE

Elle me déplaît.

FIGARO

On dit une raison.

SUZANNE

Si je n'en veux pas dire ?

FIGARO

Oh ! quand elles sont sûres de nous !

SUZANNE

Prouver que j'ai raison serait accorder que je puis avoir tort. Es-tu mon serviteur, ou non ?

FIGARO

Tu prends de l'humeur contre la chambre du château la plus commode, et qui tient le milieu des deux appartements. La nuit, si madame est incommodée, elle sonnera de son côté ; zeste, en deux pas tu es chez elle. Monseigneur veut-il quelque chose ? il n'a qu'à tinter du sien ; crac, en trois sauts me voilà rendu.

SUZANNE

Fort bien ! Mais quand il aura *tinté* le matin, pour te donner quelque bonne et longue commission, zeste, en deux pas, il est à ma porte, et crac, en trois sauts...

FIGARO

Qu'entendez-vous par ces paroles ?

SUZANNE

Il faudrait m'écouter tranquillement.

FIGARO

Eh, qu'est-ce qu'il y a ? bon Dieu !

SUZANNE

Il y a, mon ami, que, las de courtiser les beautés des environs, monsieur le comte Almaviva veut rentrer au château, mais non pas chez sa femme ; c'est sur la tienne, entends-tu, qu'il a jeté ses vues, auxquelles il espère que ce logement ne nuira pas. Et c'est ce que le loyal Bazile, honnête agent de ses plaisirs, et mon noble maître à chanter, me répète chaque jour, en me donnant leçon.

FIGARO

Bazile ! ô mon mignon, si jamais volée de bois vert, appliquée sur une échine, a dûment redressé la moelle épinière à quelqu'un...

SUZANNE

Tu croyais, bon garçon, que cette dot qu'on me donne était pour les beaux yeux de ton mérite ?

FIGARO

J'avais assez fait pour l'espérer [58].

SUZANNE

Que les gens d'esprit sont bêtes !

FIGARO

On le dit.

SUZANNE

Mais c'est qu'on ne veut pas le croire.

FIGARO

On a tort.

SUZANNE

Apprends qu'il la destine à obtenir de moi secrètement, certain quart d'heure, seul à seule, qu'un ancien droit du seigneur [59]... Tu sais s'il était triste !

FIGARO

Je le sais tellement, que si monsieur le Comte, en se mariant, n'eût pas aboli ce droit honteux, jamais je ne t'eusse épousée dans ses domaines.

SUZANNE

Eh bien, s'il l'a détruit, il s'en repent ; et c'est de ta fiancée qu'il veut le racheter en secret aujourd'hui.

FIGARO, *se frottant la tête.*

Ma tête s'amollit de surprise, et mon front fertilisé...

SUZANNE

Ne le frotte donc pas !

FIGARO

Quel danger ?

SUZANNE, *riant.*

S'il y venait un petit bouton, des gens superstitieux...

FIGARO

Tu ris, friponne ! Ah ! s'il y avait moyen d'attraper ce grand trompeur, de le faire donner dans un bon piège, et d'empocher son or !

SUZANNE

De l'intrigue et de l'argent, te voilà dans ta sphère.

FIGARO

Ce n'est pas la honte qui me retient.

SUZANNE

La crainte ?

FIGARO

Ce n'est rien d'entreprendre une chose dangereuse, mais d'échapper au péril en la menant à bien : car d'entrer chez quelqu'un la nuit, de lui souffler sa femme, et d'y recevoir cent coups de fouet pour la peine, il n'est rien plus aisé ; mille sots coquins l'ont fait. Mais... *(On sonne de l'intérieur.)*

SUZANNE

Voilà madame éveillée ; elle m'a bien recommandé d'être la première à lui parler le matin de mes noces.

FIGARO

Y a-t-il encore quelque chose là-dessous ?

SUZANNE

Le berger dit que cela porte bonheur aux épouses délaissées. Adieu, mon petit Fi, Fi, Figaro ; rêve à notre affaire.

FIGARO

Pour m'ouvrir l'esprit, donne un petit baiser.

SUZANNE

A mon amant [60] aujourd'hui ? Je t'en souhaite ! Et qu'en dirait demain mon mari ? *(Figaro l'embrasse.)*

SUZANNE

Eh bien ! Eh bien !

FIGARO

C'est que tu n'as pas d'idée de mon amour.

SUZANNE, *se défripant.*

Quand cesserez-vous, importun, de m'en parler du matin au soir ?

FIGARO, *mystérieusement.*

Quand je pourrai te le prouver du soir jusqu'au matin. *(On sonne une seconde fois.)*

SUZANNE, *de loin, les doigts unis sur sa bouche.*

Voilà votre baiser, monsieur ; je n'ai plus rien à vous.

FIGARO *court après elle.*

Oh ! mais ce n'est pas ainsi que vous l'avez reçu.

Scène II

FIGARO, *seul.*

La charmante fille ! toujours riante, verdissante, pleine de gaieté, d'esprit, d'amour et de délices ! mais sage ! *(Il marche vivement en se frottant les mains.)* Ah ! Monseigneur ! mon cher Monseigneur ! vous voulez m'en donner... à garder [61] ! Je cherchais aussi pourquoi m'ayant nommé concierge, il m'emmène à son ambassade, et m'établit courrier de dépêches. J'entends, monsieur le Comte ; trois promotions à la fois : vous, compagnon ministre ; moi, casse-cou politique, et Suzon, dame du lieu, l'ambassadrice de poche, et puis, fouette courrier ! Pendant que je galoperais d'un côté, vous feriez faire de l'autre à ma belle un joli chemin ! Me crottant, m'échinant pour la gloire de votre famille ; vous, daignant concourir à l'accroissement de la mienne ! Quelle douce réciprocité ! Mais, Monseigneur, il y a de l'abus. Faire à Londres, en même temps, les affaires de votre maître et celles de votre valet ! représenter à la fois le Roi et moi dans une Cour étrangère, c'est trop de moitié, c'est trop. — Pour toi, Bazile ! fripon, mon cadet ! je veux t'apprendre à clocher devant les boiteux [62] ; je veux... Non, dissimulons avec eux,

pour les enferrer l'un par l'autre. Attention sur la journée,
monsieur Figaro ! D'abord avancer l'heure de votre petite
fête, pour épouser plus sûrement ; écarter une Marceline qui
de vous est friande en diable ; empocher l'or et les présents ;
donner le change aux petites passions de monsieur le Comte ;
étriller rondement monsieur du Bazile, et...

Scène III

MARCELINE, BARTHOLO, FIGARO.

FIGARO *s'interrompt.*

Hééééé, voilà le gros docteur : la fête sera complète. Eh !
bonjour, cher docteur de mon cœur ! Est-ce ma noce avec
Suzon qui vous attire au château ?

BARTHOLO, *avec dédain.*

Ah ! mon cher monsieur, point du tout !

FIGARO

Cela serait bien généreux !

BARTHOLO

Certainement, et par trop sot.

FIGARO

Moi qui eus le malheur de troubler la vôtre !

BARTHOLO

Avez-vous autre chose à nous dire ?

FIGARO

On n'aura pas pris soin de votre mule[63] !

BARTHOLO, *en colère.*

Bavard enragé ! laissez-nous !

FIGARO

Vous vous fâchez, docteur ? Les gens de votre état sont
bien durs ! Pas plus de pitié des pauvres animaux... en
vérité... que si c'était des hommes ! Adieu, Marceline : avez-
vous toujours envie de plaider contre moi ?

Pour n'aimer pas, faut-il qu'on se haïsse[64] ?

Je m'en rapporte au docteur.

BARTHOLO

Qu'est-ce que c'est ?

FIGARO

Elle vous le contera de reste. *(Il sort.)*

Scène IV

MARCELINE, BARTHOLO.

BARTHOLO *le regarde aller.*

Ce drôle est toujours le même ! Et à moins qu'on ne
l'écorche vif, je prédis qu'il mourra dans la peau du plus fier
insolent...

MARCELINE *le retourne.*

Enfin, vous voilà donc, éternel docteur ! toujours si grave
et compassé qu'on pourrait mourir en attendant vos secours,
comme on s'est marié jadis, malgré vos précautions.

BARTHOLO

Toujours amère et provocante ! Eh bien, qui[65] rend donc ma présence au château si nécessaire ? Monsieur le Comte a-t-il eu quelque accident ?

MARCELINE

Non, docteur.

BARTHOLO

La Rosine, sa trompeuse Comtesse, est-elle incommodée, Dieu merci ?

MARCELINE

Elle languit.

BARTHOLO

Et de quoi ?

MARCELINE

Son mari la néglige.

BARTHOLO, *avec joie.*

Ah ! le digne époux qui me venge !

MARCELINE

On ne sait comment définir le Comte ; il est jaloux et libertin.

BARTHOLO

Libertin par ennui, jaloux par vanité ; cela va sans dire.

MARCELINE

Aujourd'hui, par exemple, il marie notre Suzanne à son Figaro, qu'il comble en faveur de cette union...

BARTHOLO

Que Son Excellence a rendue nécessaire !

MARCELINE

Pas tout à fait ; mais dont Son Excellence voudrait égayer en secret l'événement avec l'épousée…

BARTHOLO

De monsieur Figaro ? C'est un marché qu'on peut conclure avec lui.

MARCELINE

Bazile assure que non.

BARTHOLO

Cet autre maraud loge ici ? C'est une caverne ! Eh ! qu'y fait-il ?

MARCELINE

Tout le mal dont il est capable. Mais le pis que j'y trouve est cette ennuyeuse passion qu'il a pour moi depuis si longtemps.

BARTHOLO

Je me serais débarrassé vingt fois de sa poursuite.

MARCELINE

De quelle manière ?

BARTHOLO

En l'épousant.

MARCELINE

Railleur fade et cruel, que ne vous débarrassez-vous de la mienne à ce prix ? Ne le devez-vous pas ? Où est le souvenir

3

de vos engagements? Qu'est devenu celui de notre petit Emmanuel, ce fruit d'un amour oublié, qui devait nous conduire à des noces?

BARTHOLO, *ôtant son chapeau.*

Est-ce pour écouter ces sornettes que vous m'avez fait venir de Séville? Et cet accès d'hymen qui vous reprend si vif...

MARCELINE

Eh bien! n'en parlons plus. Mais, si rien n'a pu vous porter à la justice de m'épouser, aidez-moi donc du moins à en épouse: un autre.

BARTHOLO

Ah! volontiers: parlons. Mais quel mortel abandonné du ciel et des femmes?...

MARCELINE

Eh! qui pourrait-ce être, docteur, sinon le beau, le gai, l'aimable Figaro?

BARTHOLO

Ce fripon-là?

MARCELINE

Jamais fâché, toujours en belle humeur; donnant le présent à la joie, et s'inquiétant de l'avenir tout aussi peu que du passé; sémillant, généreux! généreux...

BARTHOLO

Comme un voleur.

MARCELINE

Comme un seigneur. Charmant enfin : mais c'est le plus grand monstre !

BARTHOLO

Et sa Suzanne ?

MARCELINE

Elle ne l'aurait pas, la rusée, si vous vouliez m'aider, mon petit docteur, à faire valoir un engagement que j'ai de lui.

BARTHOLO

Le jour de son mariage ?

MARCELINE

On en rompt de plus avancés : et, si je ne craignais d'éventer un petit secret des femmes !...

BARTHOLO

En ont-elles pour le médecin du corps ?

MARCELINE

Ah ! vous savez que je n'en ai pas pour vous. Mon sexe est ardent, mais timide : un certain charme a beau nous attirer vers le plaisir, la femme la plus aventurée[66] sent en elle une voix qui lui dit : Sois belle, si tu peux, sage si tu veux ; mais sois considérée, il le faut. Or, puisqu'il faut être au moins considérée, que toute femme en sent l'importance, effrayons d'abord la Suzanne sur la divulgation des offres qu'on lui fait.

BARTHOLO

Où cela mènera-t-il ?

MARCELINE

Que, la honte la prenant au collet, elle continuera de refuser le Comte, lequel, pour se venger, appuiera l'opposition que j'ai faite à son mariage : alors le mien devient certain.

BARTHOLO

Elle a raison. Parbleu ! c'est un bon tour que de faire épouser ma vieille gouvernante au coquin qui fit enlever ma jeune maîtresse [67].

MARCELINE, *vite.*

Et qui croit ajouter à ses plaisirs en trompant mes espérances.

BARTHOLO, *vite.*

Et qui m'a volé dans le temps cent écus que j'ai sur le cœur.

MARCELINE

Ah ! quelle volupté !...

BARTHOLO

De punir un scélérat...

MARCELINE

De l'épouser, docteur, de l'épouser !

Scène V

MARCELINE, BARTHOLO, SUZANNE.

SUZANNE, *un bonnet de femme avec un large ruban dans la main, une robe de femme sur le bras.*

L'épouser, l'épouser! Qui donc? Mon Figaro?

MARCELINE, *aigrement.*

Pourquoi non? Vous l'épousez bien!

BARTHOLO, *riant.*

Le bon argument de femme en colère! Nous parlions, belle Suzon, du bonheur qu'il aura de vous posséder.

MARCELINE

Sans compter Monseigneur, dont on ne parle pas.

SUZANNE, *une révérence.*

Votre servante, madame; il y a toujours quelque chose d'amer dans vos propos.

MARCELINE, *une révérence.*

Bien la vôtre, madame; où donc est l'amertume? N'est-il pas juste qu'un libéral seigneur partage un peu la joie qu'il procure à ses gens?

SUZANNE

Qu'il procure?

MARCELINE

Oui, madame.

SUZANNE

Heureusement, la jalousie de madame est aussi connue que
ses droits sur Figaro sont légers.

MARCELINE

On eût pu les rendre plus forts en les cimentant à la façon
de madame.

SUZANNE

Oh, cette façon, madame, est celle des dames savantes.

MARCELINE

Et l'enfant ne l'est pas du tout ! Innocente comme un vieux
juge !

BARTHOLO, *attirant Marceline.*

Adieu, jolie fiancée de notre Figaro.

MARCELINE, *une révérence.*

L'accordée secrète de Monseigneur.

SUZANNE, *une révérence.*

Qui vous estime beaucoup, madame.

MARCELINE, *une révérence.*

Me fera-t-elle aussi l'honneur de me chérir un peu,
madame ?

SUZANNE, *une révérence.*

A cet égard, madame n'a rien à désirer.

MARCELINE, *une révérence.*

C'est une si jolie personne que madame !

SUZANNE, *une révérence.*

Eh mais ! assez pour désoler madame.

MARCELINE, *une révérence.*

Surtout bien respectable !

SUZANNE, *une révérence.*

C'est aux duègnes à l'être.

MARCELINE, *outrée.*

Aux duègnes ! aux duègnes !

BARTHOLO, *l'arrêtant.*

Marceline !

MARCELINE

Allons, docteur, car je n'y tiendrais pas. Bonjour, madame.

(Une révérence.)

Scène VI

SUZANNE, *seule.*

Allez, madame ! allez, pédante ! je crains aussi peu vos efforts que je méprise vos outrages. — Voyez cette vieille sibylle [68] ! parce qu'elle a fait quelques études et tourmenté la jeunesse de madame, elle veut tout dominer au château ! *(Elle jette la robe qu'elle tient sur une chaise.)* Je ne sais plus ce que je venais prendre.

Scène VII

SUZANNE, CHÉRUBIN.

CHÉRUBIN, *accourant.*

Ah ! Suzon, depuis deux heures j'épie le moment de te trouver seule. Hélas ! tu te maries, et moi je vais partir.

SUZANNE

Comment mon mariage éloigne-t-il du château le premier page de Monseigneur ?

CHÉRUBIN, *piteusement.*

Suzanne, il me renvoie.

SUZANNE *le contrefait.*

Chérubin, quelque sottise !

CHÉRUBIN

Il m'a trouvé hier au soir chez ta cousine Fanchette, à qui je faisais répéter son petit rôle d'innocente, pour la fête de ce soir : il s'est mis dans une fureur en me voyant ! — *Sortez,* m'a-t-il dit, *petit...* Je n'ose pas prononcer devant une femme le gros mot qu'il a dit : *sortez, et demain vous ne coucherez pas au château.* Si madame, si ma belle marraine ne parvient pas à l'apaiser, c'est fait, Suzon, je suis à jamais privé du bonheur de te voir.

SUZANNE

De me voir ! moi ? c'est mon tour ! Ce n'est donc plus pour ma maîtresse que vous soupirez en secret ?

CHÉRUBIN

Ah ! Suzon, qu'elle est noble et belle ! mais qu'elle est imposante !

SUZANNE

C'est-à-dire que je ne le suis pas, et qu'on peut oser avec moi.

CHÉRUBIN

Tu sais trop bien, méchante, que je n'ose pas oser. Mais que tu es heureuse! à tous moments la voir, lui parler, l'habiller le matin et la déshabiller le soir, épingle à épingle!... Ah! Suzon! je donnerais... Qu'est-ce que tu tiens donc là?

SUZANNE, *raillant.*

Hélas! l'heureux bonnet et le fortuné ruban qui renferment la nuit les cheveux de cette belle marraine...

CHÉRUBIN, *vivement.*

Son ruban de nuit! donne-le-moi, mon cœur.

SUZANNE, *le retirant.*

Eh! que non pas! — *Son cœur!* Comme il est familier donc! Si ce n'était pas un morveux sans conséquence... *(Chérubin arrache le ruban.)* Ah! le ruban!

CHÉRUBIN *tourne autour du grand fauteuil.*

Tu diras qu'il est égaré, gâté, qu'il est perdu. Tu diras tout ce que tu voudras.

SUZANNE *tourne après lui.*

Oh! dans trois ou quatre ans, je prédis que vous serez le plus grand petit vaurien!... Rendez-vous le ruban? *(Elle veut le reprendre.)*

CHÉRUBIN *tire une romance de sa poche.*

Laisse, ah! laisse-le-moi, Suzon; je te donnerai ma romance; et pendant que le souvenir de ta belle maîtresse attristera tous mes moments, le tien y versera le seul rayon de joie qui puisse encore amuser mon cœur.

SUZANNE *arrache la romance.*

Amuser votre cœur, petit scélérat ! vous croyez parler à votre Fanchette. On vous surprend chez elle, et vous soupirez pour madame ; et vous m'en contez à moi, par-dessus le marché !

CHÉRUBIN, *exalté.*

Cela est vrai, d'honneur ! Je ne sais plus ce que je suis ; mais depuis quelque temps je sens ma poitrine agitée ; mon cœur palpite au seul aspect d'une femme ; les mots *amour* et *volupté* le font tressaillir et le troublent. Enfin le besoin de dire à quelqu'un *Je vous aime,* est devenu pour moi si pressant, que je le dis tout seul, en courant dans le parc, à ta maîtresse, à toi, aux arbres, aux nuages, au vent qui les emporte avec mes paroles perdues. — Hier je rencontrai Marceline...

SUZANNE, *riant.*

Ah ! ah ! ah ! ah !

CHÉRUBIN

Pourquoi non ? elle est femme, elle est fille ! Une fille ! une femme ! ah ! que ces noms sont doux ! qu'ils sont intéressants[69] !

SUZANNE

Il devient fou !

CHÉRUBIN

Fanchette est douce ; elle m'écoute au moins : tu ne l'es pas, toi !

SUZANNE

C'est bien dommage ; écoutez donc monsieur ! *(Elle veut arracher le ruban.)*

CHÉRUBIN *tourne en fuyant.*

Ah ! ouiche ! on ne l'aura, vois-tu, qu'avec ma vie. Mais si tu n'es pas contente du prix, j'y joindrai mille baisers. *(Il lui donne chasse à son tour.)*

SUZANNE *tourne en fuyant.*

Mille soufflets, si vous approchez. Je vais m'en plaindre à ma maîtresse ; et loin de supplier pour vous, je dirai moi-même à Monseigneur : C'est bien fait, Monseigneur ; chas-sez-nous ce petit voleur ; renvoyez à ses parents un petit mauvais sujet qui se donne les airs d'aimer madame, et qui veut toujours m'embrasser par contrecoup.

CHÉRUBIN *voit le Comte entrer ;*
il se jette derrière le fauteuil avec effroi.

Je suis perdu !

SUZANNE

Quelle frayeur ?...

Scène VIII

SUZANNE, LE COMTE, CHÉRUBIN, *caché.*

SUZANNE *aperçoit le Comte.*

Ah !... *(Elle s'approche du fauteuil pour masquer Chérubin.)*

LE COMTE *s'avance.*

Tu es émue, Suzon ! tu parlais seule, et ton petit cœur

paraît dans une agitation... bien pardonnable, au reste, un jour comme celui-ci.

SUZANNE, *troublée.*

Monseigneur, que me voulez-vous ? Si l'on vous trouvait avec moi...

LE COMTE

Je serais désolé qu'on m'y surprît ; mais tu sais tout l'intérêt que je prends à toi. Bazile ne t'a pas laissé ignorer mon amour. Je n'ai rien qu'un instant pour t'expliquer mes vues ; écoute. (*Il s'assied dans le fauteuil.*)

SUZANNE, *vivement.*

Je n'écoute rien.

LE COMTE *lui prend la main.*

Un seul mot. Tu sais que le Roi m'a nommé son ambassadeur à Londres. J'emmène avec moi Figaro ; je lui donne un excellent poste ; et, comme le devoir d'une femme est de suivre son mari...

SUZANNE

Ah ! si j'osais parler !

LE COMTE *la rapproche de lui.*

Parle, parle, ma chère ; use aujourd'hui d'un droit que tu prends sur moi pour la vie.

SUZANNE, *effrayée.*

Je n'en veux point, Monseigneur, je n'en veux point. Quittez-moi, je vous prie.

LE COMTE

Mais dis auparavant.

SUZANNE, *en colère.*

Je ne sais plus ce que je disais.

LE COMTE

Sur le devoir des femmes.

SUZANNE

Eh bien ! lorsque Monseigneur enleva la sienne de chez le docteur, et qu'il l'épousa par amour ; lorsqu'il abolit pour elle un certain affreux droit du seigneur...

LE COMTE, *gaiement.*

Qui faisait bien de la peine aux filles ! Ah ! Suzette ! ce droit charmant ! Si tu venais en jaser sur la brune au jardin, je mettrais un tel prix à cette légère faveur...

BAZILE *parle en dehors.*

Il n'est pas chez lui, Monseigneur.

LE COMTE *se lève.*

Quelle est cette voix ?

SUZANNE

Que je suis malheureuse !

LE COMTE

Sors, pour qu'on n'entre pas.

SUZANNE, *troublée.*

Que je vous laisse ici ?

BAZILE *crie en dehors.*

Monseigneur était chez Madame, il en est sorti ; je vais voir.

LE COMTE

Et pas un lieu pour se cacher ! Ah ! derrière ce fauteuil...
assez mal ; mais renvoie-le bien vite. *(Suzanne lui barre le
chemin ; il la pousse doucement, elle recule, et se met ainsi entre
lui et le petit page ; mais, pendant que le Comte s'abaisse et prend
sa place, Chérubin tourne et se jette effrayé sur le fauteuil à
genoux et s'y blottit. Suzanne prend la robe qu'elle apportait, en
couvre le page, et se met devant le fauteuil.)*

Scène IX

LE COMTE ET CHÉRUBIN *cachés*,
SUZANNE, BAZILE.

BAZILE

N'auriez-vous pas vu Monseigneur, mademoiselle ?

SUZANNE, *brusquement*.

Eh ! pourquoi l'aurais-je vu ? Laissez-moi.

BAZILE *s'approche*.

Si vous étiez plus raisonnable, il n'y aurait rien d'étonnant
à ma question. C'est Figaro qui le cherche.

SUZANNE

Il cherche donc l'homme qui lui veut le plus de mal après
vous ?

LE COMTE, *à part*.

Voyons un peu comme il me sert.

BAZILE

Désirer du bien à une femme, est-ce vouloir du mal à son
mari ?

SUZANNE

Non, dans vos affreux principes, agent de corruption !

BAZILE

Que vous demande-t-on ici que vous n'alliez prodiguer à un autre ? Grâce à la douce cérémonie, ce qu'on vous défendait hier, on vous le prescrira demain.

SUZANNE

Indigne !

BAZILE

De toutes les choses sérieuses le mariage étant la plus bouffonne, j'avais pensé...

SUZANNE, *outrée.*

Des horreurs ! Qui vous permet d'entrer ici ?

BAZILE

Là, là, mauvaise ! Dieu vous apaise ! Il n'en sera que ce que vous voulez : mais ne croyez pas non plus que je regarde monsieur Figaro comme l'obstacle qui nuit à Monseigneur ; et sans le petit page...

SUZANNE, *timidement.*

Don Chérubin ?

BAZILE *la contrefait.*

Cherubino di amore, qui tourne autour de vous sans cesse, et qui ce matin encore rôdait ici pour y entrer, quand je vous ai quittée. Dites que cela n'est pas vrai ?

SUZANNE

Quelle imposture ! Allez-vous-en, méchant homme !

BAZILE

On est un méchant homme, parce qu'on y voit clair. N'est-ce pas pour vous aussi, cette romance dont il fait mystère ?

SUZANNE, *en colère.*

Ah ! oui, pour moi !...

BAZILE

A moins qu'il ne l'ait composée pour madame ! En effet, quand il sert à table, on dit qu'il la regarde avec des yeux !... Mais, peste, qu'il ne s'y joue pas ! Monseigneur est *brutal* sur l'article.

SUZANNE, *outrée.*

Et vous bien scélérat, d'aller semant de pareils bruits pour perdre un malheureux enfant tombé dans la disgrâce de son maître.

BAZILE

L'ai-je inventé ? Je le dis, parce que tout le monde en parle.

LE COMTE *se lève.*

Comment, tout le monde en parle !

SUZANNE*

Ah ciel !

BAZILE

Ah ! ah !

---

* Chérubin dans le fauteuil, le comte, Suzanne, Bazile (note de Beaumarchais).

LE COMTE

Courez, Bazile, et qu'on le chasse.

BAZILE

Ah ! que je suis fâché d'être entré !

SUZANNE, *troublée.*

Mon Dieu ! Mon Dieu !

LE COMTE, *à Bazile.*

Elle est saisie. Asseyons-la dans ce fauteuil.

SUZANNE *le repousse vivement.*

Je ne veux pas m'asseoir. Entrer ainsi librement, c'est
indigne !

LE COMTE

Nous sommes deux avec toi, ma chère. Il n'y a plus le
moindre danger !

BAZILE

Moi je suis désolé de m'être égayé sur le page, puisque
vous l'entendiez. Je n'en usais ainsi que pour pénétrer ses
sentiments ; car au fond...

LE COMTE

Cinquante pistoles, un cheval, et qu'on le renvoie à ses
parents.

BAZILE

Monseigneur, pour un badinage ?

LE COMTE

Un petit libertin que j'ai surpris encore hier avec la fille du
jardinier.

BAZILE

Avec Fanchette ?

LE COMTE

Et dans sa chambre.

SUZANNE, *outrée.*

Où Monseigneur avait sans doute affaire aussi !

LE COMTE, *gaiement.*

J'en aime assez la remarque.

BAZILE

Elle est d'un bon augure.

LE COMTE, *gaiement.*

Mais non ; j'allais chercher ton oncle Antonio, mon ivrogne de jardinier, pour lui donner des ordres. Je frappe, on est longtemps à m'ouvrir ; ta cousine a l'air empêtré ; je prends un soupçon, je lui parle, et tout en causant j'examine. Il y avait derrière la porte une espèce de rideau, de portemanteau, de je ne sais pas quoi, qui couvrait des hardes ; sans faire semblant de rien, je vais doucement, doucement lever ce rideau *(pour imiter le geste, il lève la robe du fauteuil),* et je vois... *(Il aperçoit le page.)* Ah * !...

BAZILE

Ah ! ah !

LE COMTE

Ce tour-ci vaut l'autre.

---

* Suzanne. Chérubin *dans le fauteuil.* Le Comte. Bazile (note de Beaumarchais).

BAZILE

Encore mieux.

LE COMTE, *à Suzanne.*

A merveille, mademoiselle ! à peine fiancée, vous faites de ces apprêts ? C'était pour recevoir mon page que vous désiriez d'être seule ? Et vous, monsieur, qui ne changez point de conduite, il vous manquait de vous adresser, sans respect pour votre marraine, à sa première camariste, à la femme de votre ami ! Mais je ne souffrirai pas que Figaro, qu'un homme que j'estime et que j'aime, soit victime d'une pareille tromperie. Était-il avec vous, Bazile ?

SUZANNE, *outrée.*

Il n'y a ni tromperie ni victime ; il était là lorsque vous me parliez.

LE COMTE, *emporté.*

Puisses-tu mentir en le disant ! Son plus cruel ennemi n'oserait lui souhaiter ce malheur.

SUZANNE

Il me priait d'engager madame à vous demander sa grâce. Votre arrivée l'a si fort troublé, qu'il s'est masqué de ce fauteuil.

LE COMTE, *en colère.*

Ruse d'enfer ! Je m'y suis assis en entrant.

CHÉRUBIN

Hélas ! Monseigneur, j'étais tremblant derrière.

LE COMTE

Autre fourberie ! Je viens de m'y placer moi-même.

CHÉRUBIN

Pardon ; mais c'est alors que je me suis blotti dedans.

LE COMTE, *plus outré.*

C'est donc une couleuvre que ce petit... serpent-là ! Il nous écoutait !

CHÉRUBIN

Au contraire, Monseigneur, j'ai fait ce que j'ai pu pour ne rien entendre.

LE COMTE

O perfidie ! *(A Suzanne.)* Tu n'épouseras pas Figaro.

BAZILE

Contenez-vous, on vient.

LE COMTE, *tirant Chérubin du fauteuil*
et le mettant sur ses pieds.

Il resterait là devant toute la terre !

Scène X

CHÉRUBIN, SUZANNE, FIGARO, LA COMTESSE, LE COMTE, FANCHETTE, BAZILE. *Beaucoup de valets, paysannes, paysans vêtus de blanc.*

FIGARO, *tenant une toque de femme, garnie de plumes blanches et de rubans blancs, parle à la Comtesse.*

Il n'y a que vous, madame, qui puissiez nous obtenir cette faveur.

LA COMTESSE

Vous le voyez, monsieur le Comte, ils me supposent un crédit que je n'ai point, mais comme leur demande n'est pas déraisonnable...

LE COMTE, *embarrassé.*

Il faudrait qu'elle le fût beaucoup...

FIGARO, *bas à Suzanne.*

Soutiens bien mes efforts.

SUZANNE, *bas à Figaro.*

Qui ne mèneront à rien.

FIGARO, *bas.*

Va toujours.

LE COMTE, *à Figaro.*

Que voulez-vous ?

FIGARO

Monseigneur, vos vassaux, touchés de l'abolition d'un certain droit fâcheux que votre amour pour madame...

LE COMTE

Eh bien, ce droit n'existe plus. Que veux-tu dire ?...

FIGARO, *malignement.*

Qu'il est bien temps que la vertu d'un si bon maître éclate ; elle m'est d'un tel avantage aujourd'hui que je désire être le premier à la célébrer à mes noces.

LE COMTE, *plus embarrassé.*

Tu te moques, ami ! L'abolition d'un droit honteux n'est que l'acquit [70] d'une dette envers l'honnêteté. Un Espagnol

peut vouloir conquérir la beauté par des soins ; mais en exiger
le premier, le plus doux emploi, comme une servile rede-
vance, ah ! c'est la tyrannie d'un Vandale, et non le droit
avoué d'un noble Castillan.

FIGARO, *tenant Suzanne par la main.*

Permettez donc que cette jeune créature, de qui votre
sagesse a préservé l'honneur, reçoive de votre main, publiquement, la toque virginale, ornée de plumes et de rubans
blancs, symbole de la pureté de vos intentions : adoptez-en la
cérémonie pour tous les mariages, et qu'un quatrain chanté
en chœur rappelle à jamais le souvenir...

LE COMTE, *embarrassé.*

Si je ne savais pas qu'amoureux, poète et musicien sont
trois titres d'indulgence pour toutes les folies...

FIGARO

Joignez-vous à moi, mes amis !

TOUS ENSEMBLE

Monseigneur ! Monseigneur !

SUZANNE, *au Comte.*

Pourquoi fuir un éloge que vous méritez si bien ?

LE COMTE, *à part.*

La perfide !

FIGARO

Regardez-la donc, Monseigneur. Jamais plus jolie fiancée
ne montrera mieux la grandeur de votre sacrifice.

SUZANNE

Laisse là ma figure, et ne vantons que sa vertu.

LE COMTE, *à part.*

C'est un jeu que tout ceci.

LA COMTESSE

Je me joins à eux, monsieur le Comte ; et cette cérémonie me sera toujours chère, puisqu'elle doit son motif à l'amour charmant que vous aviez pour moi.

LE COMTE

Que j'ai toujours, madame ; et c'est à ce titre que je me rends.

TOUS ENSEMBLE

Vivat !

LE COMTE, *à part.*

Je suis pris. *(Haut.)* Pour que la cérémonie eût un peu plus d'éclat, je voudrais seulement qu'on la remît à tantôt. *(A part.)* Faisons vite chercher Marceline.

FIGARO, *à Chérubin.*

Eh bien, espiègle, vous n'applaudissez pas ?

SUZANNE

Il est au désespoir ; Monseigneur le renvoie.

LA COMTESSE

Ah ! monsieur, je demande sa grâce.

LE COMTE

Il ne la mérite point.

LA COMTESSE

Hélas ! il est si jeune !

LE COMTE

Pas tant que vous le croyez.

CHÉRUBIN, *tremblant.*

Pardonner généreusement n'est pas le droit du seigneur auquel vous avez renoncé en épousant madame.

LA COMTESSE

Il n'a renoncé qu'à celui qui vous affligeait tous.

SUZANNE

Si Monseigneur avait cédé le droit de pardonner, ce serait sûrement le premier qu'il voudrait racheter en secret.

LE COMTE, *embarrassé.*

Sans doute.

LA COMTESSE

Eh ! pourquoi le racheter ?

CHÉRUBIN, *au Comte.*

Je fus léger dans ma conduite, il est vrai, Monseigneur ; mais jamais la moindre indiscrétion dans mes paroles...

LE COMTE, *embarrassé.*

Eh bien, c'est assez...

FIGARO

Qu'entend-il ?

LE COMTE, *vivement.*

C'est assez, c'est assez. Tout le monde exige son pardon, je l'accorde ; et j'irai plus loin : je lui donne une compagnie dans ma légion.

TOUS ENSEMBLE

Vivat !

LE COMTE

Mais c'est à condition qu'il partira sur-le-champ pour joindre [71] en Catalogne.

FIGARO

Ah ! Monseigneur, demain.

LE COMTE *insiste.*

Je le veux.

CHÉRUBIN

J'obéis.

LE COMTE

Saluez votre marraine, et demandez sa protection. *(Chérubin met un genou en terre devant la Comtesse, et ne peut parler.)*

LA COMTESSE, *émue.*

Puisqu'on ne peut vous garder seulement aujourd'hui, partez, jeune homme. Un nouvel état vous appelle ; allez le remplir dignement. Honorez votre bienfaiteur. Souvenez-vous de cette maison, où votre jeunesse a trouvé tant d'indulgence. Soyez soumis, honnête et brave ; nous prendrons part à vos succès. *(Chérubin se relève et retourne à sa place.)*

LE COMTE

Vous êtes bien émue, madame !

LA COMTESSE

Je ne m'en défends pas. Qui sait le sort d'un enfant jeté

dans une carrière aussi dangereuse ? Il est allié de mes parents ; et de plus, il est mon filleul.

LE COMTE, *à part.*

Je vois que Bazile avait raison. *(Haut.)* Jeune homme, embrassez Suzanne... pour la dernière fois.

FIGARO

Pourquoi cela, Monseigneur ? Il viendra passer ses hivers. Baise-moi donc aussi, capitaine ! *(Il l'embrasse.)* Adieu, mon petit Chérubin. Tu vas mener un train de vie bien différent, mon enfant : dame ! tu ne rôderas plus tout le jour au quartier des femmes, plus d'échaudés, de goûters à la crème ; plus de main-chaude ou de colin-maillard. De bons soldats, morbleu ! basanés, mal vêtus ; un grand fusil bien lourd : tourne à droite, tourne à gauche, en avant, marche à la gloire ; et ne va pas broncher en chemin, à moins qu'un bon coup de feu...

SUZANNE

Fi donc, l'horreur !

LA COMTESSE

Quel pronostic !

LE COMTE

Où donc est Marceline ? Il est bien singulier qu'elle ne soit pas des vôtres !

FANCHETTE

Monseigneur, elle a pris le chemin du bourg, par le petit sentier de la ferme.

LE COMTE

Et elle en reviendra ?...

BAZILE

Quand il plaira à Dieu.

FIGARO

S'il lui plaisait qu'il ne lui plût jamais...

FANCHETTE

Monsieur le docteur lui donnait le bras.

LE COMTE, *vivement*.

Le docteur est ici ?

BAZILE

Elle s'en est d'abord emparée...

LE COMTE, *à part*.

Il ne pouvait venir plus à propos.

FANCHETTE

Elle avait l'air bien échauffée ; elle parlait tout haut en marchant, puis elle s'arrêtait, et faisait comme ça de grands bras... et monsieur le docteur lui faisait comme ça de la main, en l'apaisant : elle paraissait si courroucée ! elle nommait mon cousin Figaro.

LE COMTE *lui prend le menton*.

Cousin... futur.

FANCHETTE, *montrant Chérubin*.

Monseigneur, nous avez-vous pardonné d'hier ?...

LE COMTE *interrompt*.

Bonjour, bonjour, petite.

FIGARO

C'est son chien d'amour qui la berce : elle aurait troublé notre fête.

LE COMTE, *à part.*

Elle la troublera, je t'en réponds. *(Haut.)* Allons, madame, entrons. Bazile, vous passerez chez moi.

SUZANNE, *à Figaro.*

Tu me rejoindras, mon fils ?

FIGARO, *bas à Suzanne.*

Est-il bien enfilé [72] ?

SUZANNE, *bas.*

Charmant garçon ! *(Ils sortent tous.)*

Scène XI

CHÉRUBIN, FIGARO, BAZILE.
(Pendant qu'on sort, Figaro les arrête tous deux et les ramène.)

FIGARO

Ah ça, vous autres ! la cérémonie adoptée, ma fête de ce soir en est la suite ; il faut bravement nous recorder [73] : ne faisons point comme ces acteurs qui ne jouent jamais si mal que le jour où la critique est le plus éveillée. Nous n'avons point de lendemain qui nous excuse, nous. Sachons bien nos rôles aujourd'hui.

BAZILE, *malignement.*

Le mien est plus difficile que tu ne crois.

FIGARO, *faisant, sans qu'il le voie, le geste de le rosser.*

Tu es loin aussi de savoir tout le succès qu'il te vaudra.

CHÉRUBIN

Mon ami, tu oublies que je pars.

FIGARO

Et toi, tu voudrais bien rester !

CHÉRUBIN

Ah ! si je le voudrais !

FIGARO

Il faut ruser. Point de murmure à ton départ. Le manteau de voyage à l'épaule ; arrange ouvertement ta trousse, et qu'on voie ton cheval à la grille ; un temps de galop jusqu'à la ferme ; reviens à pied par les derrières. Monseigneur te croira parti ; tiens-toi seulement hors de sa vue ; je me charge de l'apaiser après la fête.

CHÉRUBIN

Mais Fanchette qui ne sait pas son rôle !

BAZILE

Que diable lui apprenez-vous donc, depuis huit jours que vous ne la quittez pas ?

FIGARO

Tu n'as rien à faire aujourd'hui : donne-lui, par grâce, une leçon.

BAZILE

Prenez garde, jeune homme, prenez garde ! Le père n'est pas satisfait ; la fille a été souffletée ; elle n'étudie pas avec vous : Chérubin ! Chérubin ! vous lui causerez des chagrins ! *Tant va la cruche à l'eau !*...

FIGARO

Ah ! voilà notre imbécile avec ses vieux proverbes ! Eh ! bien, pédant, que dit la sagesse des nations ? *Tant va la cruche à l'eau, qu'à la fin*...

BAZILE

Elle s'emplit.

FIGARO, *en s'en allant.*

Pas si bête, pourtant, pas si bête !

ACTE DEUXIÈME

Le théâtre représente une chambre à coucher superbe, un grand lit en alcôve, une estrade au-devant. La porte pour entrer s'ouvre et se ferme à la troisième coulisse à droite ; celle d'un cabinet, à la première coulisse à gauche. Une porte dans le fond va chez les femmes. Une fenêtre s'ouvre de l'autre côté.

Scène I

SUZANNE, LA COMTESSE, *entrent par la porte à droite.*

LA COMTESSE *se jette dans une bergère.*

Ferme la porte, Suzanne, et conte-moi tout dans le plus grand détail.

SUZANNE

Je n'ai rien caché à madame.

LA COMTESSE

Quoi ! Suzon, il voulait te séduire ?

SUZANNE

Oh ! que non ! Monseigneur n'y met pas tant de façon avec sa servante : il voulait m'acheter.

LA COMTESSE

Et le petit page était présent ?

SUZANNE

C'est-à-dire caché derrière le grand fauteuil. Il venait me prier de vous demander sa grâce.

LA COMTESSE

Eh, pourquoi ne pas s'adresser à moi-même ? est-ce que je l'aurais refusé, Suzon ?

SUZANNE

C'est ce que j'ai dit : mais ses regrets de partir, et surtout de quitter madame ! *Ah ! Suzon, qu'elle est noble et belle ! mais qu'elle est imposante !*

LA COMTESSE

Est-ce que j'ai cet air-là, Suzon ? Moi qui l'ai toujours protégé.

SUZANNE

Puis il a vu votre ruban de nuit que je tenais : il s'est jeté dessus…

LA COMTESSE, *souriant.*

Mon ruban ?… Quelle enfance [74] !

SUZANNE

J'ai voulu le lui ôter ; madame, c'était un lion ; ses yeux brillaient… Tu ne l'auras qu'avec ma vie, disait-il en forçant sa petite voix douce et grêle.

LA COMTESSE, *rêvant.*

Eh bien, Suzon ?

SUZANNE

Eh bien, madame, est-ce qu'on peut faire finir ce petit démon-là ? Ma marraine par-ci ; je voudrais bien par l'autre ; et parce qu'il n'oserait seulement baiser la robe de madame, il voudrait toujours m'embrasser, moi.

LA COMTESSE, *rêvant.*

Laissons... laissons ces folies... Enfin, ma pauvre Suzanne, mon époux a fini par te dire ?...

SUZANNE

Que si je ne voulais pas l'entendre, il allait protéger Marceline.

LA COMTESSE *se lève et se promène en se servant fortement de l'éventail.*

Il ne m'aime plus du tout.

SUZANNE

Pourquoi tant de jalousie ?

LA COMTESSE

Comme tous les maris, ma chère ! uniquement par orgueil. Ah ! je l'ai trop aimé ! je l'ai lassé de mes tendresses et fatigué de mon amour ; voilà mon seul tort avec lui : mais je n'entends pas que cet honnête aveu te nuise, et tu épouseras Figaro. Lui seul peut nous y aider : viendra-t-il ?

SUZANNE

Dès qu'il verra partir la chasse.

LA COMTESSE, *se servant de l'éventail.*

Ouvre un peu la croisée sur le jardin. Il fait une chaleur ici !...

4

SUZANNE

C'est que madame parle et marche avec action. *(Elle va ouvrir la croisée du fond.)*

LA COMTESSE, *rêvant longtemps.*

Sans cette constance à me fuir… Les hommes sont bien coupables !

SUZANNE *crie de la fenêtre.*

Ah ! voilà Monseigneur qui traverse à cheval le grand potager, suivi de Pédrille, avec deux, trois, quatre lévriers.

LA COMTESSE

Nous avons du temps devant nous. *(Elle s'assied.)* On frappe, Suzon ?

SUZANNE *court ouvrir en chantant.*

Ah ! c'est mon Figaro ! ah ! c'est mon Figaro !

Scène II

FIGARO, SUZANNE, LA COMTESSE, *assise.*

SUZANNE

Mon cher ami, viens donc ! Madame est dans une impatience !…

FIGARO

Et toi, ma petite Suzanne ? — Madame n'en doit prendre aucune. Au fait, de quoi s'agit-il ? d'une misère. Monsieur le Comte trouve notre jeune femme aimable, il voudrait en faire sa maîtresse ; et c'est bien naturel.

SUZANNE

Naturel ?

FIGARO

Puis il m'a nommé courrier de dépêches, et Suzon conseiller d'ambassade. Il n'y a pas là d'étourderie.

SUZANNE

Tu finiras ?

FIGARO

Et parce que Suzanne, ma fiancée, n'accepte pas le
diplôme, il va favoriser les vues de Marceline. Quoi de plus
simple encore ? Se venger de ceux qui nuisent à nos projets en
renversant les leurs, c'est ce que chacun fait, ce que nous
allons faire nous-mêmes. Hé bien, voilà tout pourtant.

LA COMTESSE

Pouvez-vous, Figaro, traiter si légèrement un dessein qui
nous coûte à tous le bonheur ?

FIGARO

Qui dit cela, madame ?

SUZANNE

Au lieu de t'affliger de nos chagrins...

FIGARO

N'est-ce pas assez que je m'en occupe ? Or, pour agir aussi
méthodiquement que lui, tempérons d'abord son ardeur de
nos possessions, en l'inquiétant sur les siennes.

LA COMTESSE

C'est bien dit ; mais comment ?

FIGARO

C'est déjà fait, madame ; un faux avis donné sur vous...

LA COMTESSE

Sur moi ! La tête vous tourne !

FIGARO

Oh ! c'est à lui qu'elle doit tourner.

LA COMTESSE

Un homme aussi jaloux !...

FIGARO

Tant mieux ; pour tirer parti des gens de ce caractère, il ne faut qu'un peu leur fouetter le sang ; c'est ce que les femmes entendent si bien ! Puis les tient-on fâchés tout rouge, avec un brin d'intrigue on les mène où l'on veut, par le nez, dans le Guadalquivir. Je vous ai fait rendre à Bazile un billet inconnu[75], lequel avertit Monseigneur qu'un galant doit chercher à vous voir aujourd'hui pendant le bal.

LA COMTESSE

Et vous vous jouez ainsi de la vérité sur le compte d'une femme d'honneur !...

FIGARO

Il y en a peu, madame, avec qui je l'eusse osé, crainte de rencontrer juste.

LA COMTESSE

Il faudra que je l'en remercie !

FIGARO

Mais, dites-moi s'il n'est pas charmant de lui avoir taillé ses morceaux[76] de la journée, de façon qu'il passe à rôder, à jurer après sa dame, le temps qu'il destinait à se complaire avec la nôtre ? Il est déjà tout dérouté : galopera-t-il celle-ci ? surveillera-t-il celle-là ? Dans son trouble d'esprit, tenez, tenez, le voilà qui court la plaine, et force un lièvre qui n'en peut mais. L'heure du mariage arrive en poste [77], il n'aura pas pris de parti contre, et jamais il n'osera s'y opposer devant madame.

SUZANNE

Non ; mais Marceline, le bel esprit, osera le faire, elle.

FIGARO

Brrrr ! Cela m'inquiète bien, ma foi ! Tu feras dire à Monseigneur que tu te rendras sur la brune au jardin.

SUZANNE

Tu comptes sur celui-là [78] ?

FIGARO

Oh dame ! écoutez donc, les gens qui ne veulent rien faire de rien n'avancent rien et ne sont bons à rien. Voilà mon mot.

SUZANNE

Il est joli !

LA COMTESSE

Comme son idée. Vous consentiriez qu'elle s'y rendît ?

FIGARO

Point du tout. Je fais endosser un habit de Suzanne à quelqu'un : surpris par nous au rendez-vous, le Comte pourra-t-il s'en dédire ?

SUZANNE

A qui mes habits ?

FIGARO

Chérubin.

LA COMTESSE

Il est parti.

FIGARO

Non pas pour moi. Veut-on me laisser faire ?

SUZANNE

On peut s'en fier à lui pour mener une intrigue.

FIGARO

Deux, trois, quatre à la fois ; bien embrouillées, qui se croisent. J'étais né pour être courtisan.

SUZANNE

On dit que c'est un métier si difficile !

FIGARO

Recevoir, prendre et demander, voilà le secret en trois mots.

LA COMTESSE

Il a tant d'assurance qu'il finit par m'en inspirer.

FIGARO

C'est mon dessein.

SUZANNE

Tu disais donc ?

FIGARO

Que, pendant l'absence de Monseigneur je vais vous envoyer le Chérubin ; coiffez-le, habillez-le ; je le renferme et l'endoctrine ; et puis dansez, Monseigneur. (*Il sort.*)

Scène III

SUZANNE, LA COMTESSE, *assise.*

LA COMTESSE, *tenant sa boîte à mouches.*

Mon Dieu, Suzon, comme je suis faite !... Ce jeune homme qui va venir !...

SUZANNE

Madame ne veut donc pas qu'il en réchappe ?

LA COMTESSE *rêve devant sa petite glace.*

Moi ?... Tu verras comme je vais le gronder.

SUZANNE

Faisons-lui chanter sa romance. (*Elle la met sur la Comtesse.*)

LA COMTESSE

Mais c'est qu'en vérité mes cheveux sont dans un désordre...

SUZANNE, *riant.*

Je n'ai qu'à reprendre ces deux boucles, madame le grondera bien mieux.

LA COMTESSE, *revenant à elle.*

Qu'est-ce que vous dites donc, mademoiselle ?

Scène IV

CHÉRUBIN, *l'air honteux*, SUZANNE, LA COMTESSE, *assise*.

SUZANNE

Entrez, monsieur l'officier ; on est visible.

CHÉRUBIN *avance en tremblant.*

Ah ! que ce nom m'afflige, madame ! il m'apprend qu'il faut quitter des lieux... une marraine si... bonne !...

SUZANNE

Et si belle !

CHÉRUBIN, *avec un soupir.*

Ah ! oui.

SUZANNE *le contrefait.*

Ah ! oui. Le bon jeune homme ! avec ses longues paupières hypocrites. Allons, bel oiseau bleu [79], chantez la romance à madame.

LA COMTESSE *la déplie.*

De qui... dit-on qu'elle est ?

SUZANNE

Voyez la rougeur du coupable : en a-t-il un pied sur les joues ?

CHÉRUBIN

Est-ce qu'il est défendu... de chérir ?...

SUZANNE *lui met le poing sous le nez.*

Je dirai tout, vaurien !

LA COMTESSE

Là... chante-t-il ?

CHÉRUBIN

Oh ! madame, je suis si tremblant !...

SUZANNE, *en riant.*

Et gnian, gnian, gnian, gnian, gnian, gnian, gnian ; dès que [80] madame le veut, modeste auteur ! Je vais l'accompagner.

LA COMTESSE

Prends ma guitare. (*La Comtesse assise tient le papier pour suivre. Suzanne est derrière son fauteuil, et prélude, en regardant la musique par-dessus sa maîtresse. Le petit page est devant elle, les yeux baissés. Ce tableau est juste la belle estampe, d'après Vanloo, appelée* La Conversation espagnole.) [81] ★

ROMANCE

AIR : *Marlbroug s'en va-t-en guerre.*

PREMIER COUPLET

Mon coursier hors d'haleine,
(Que mon cœur, mon cœur a de peine !)
J'errais de plaine en plaine,
Au gré du destrier.

DEUXIÈME COUPLET

Au gré du destrier,
Sans varlet, n'écuyer ;

★ Chérubin. La Comtesse. Suzanne (note de Beaumarchais).

Là près d'une fontaine *,
(Que mon cœur, mon cœur a de peine !)
Songeant à ma marraine.
Sentais mes pleurs couler.

TROISIÈME COUPLET

Sentais mes pleurs couler,
Prêt à me désoler.
Je gravais sur un frêne,
(Que mon cœur, mon cœur a de peine !)
Sa lettre sans la mienne ;
Le roi vint à passer.

QUATRIÈME COUPLET

Le roi vint à passer,
Ses barons, son clergier.
Beau page, dit la reine,
(Que mon cœur, mon cœur a de peine !)
Qui vous met à la gêne ?
Qui vous fait tant plorer ?

CINQUIÈME COUPLET

Qui vous fait tant plorer ?
Nous faut le déclarer.
Madame et souveraine,
(Que mon cœur, mon cœur a de peine !)
J'avais une marraine,
Que toujours adorai **.

SIXIÈME COUPLET

Que toujours adorai ;
Je sens que j'en mourrai.
Beau page, dit la reine,
(Que mon cœur, mon cœur a de peine !)
N'est-il qu'une marraine ?
Je vous en servirai.

---

* Au spectacle, on a commencé la romance à ce vers, en disant : *Auprès d'une fontaine* (note de Beaumarchais).
** Ici la Comtesse arrête le page en fermant le papier. Le reste ne se chante pas au théâtre (note de Beaumarchais).

SEPTIÈME COUPLET

Je vous en servirai ;
Mon page vous ferai ;
Puis à ma jeune Hélène,
(Que mon cœur, mon cœur a de peine !)
Fille d'un capitaine,
Un jour vous marierai.

HUITIÈME COUPLET

Un jour vous marierai,
Nenni, n'en faut parler !
Je veux, traînant ma chaîne,
(Que mon cœur, mon cœur a de peine !)
Mourir de cette peine,
Mais non m'en consoler [82].

LA COMTESSE

Il y a de la naïveté... du sentiment même.

SUZANNE *va poser la guitare sur un fauteuil*.

Oh ! pour du sentiment, c'est un jeune homme qui... Ah çà, monsieur l'officier, vous a-t-on dit que pour égayer la soirée nous voulons savoir d'avance si un de mes habits vous ira passablement ?

LA COMTESSE

J'ai peur que non.

SUZANNE *se mesure avec lui*.

Il est de ma grandeur. Otons d'abord le manteau. *(Elle le détache.)*

LA COMTESSE

Et si quelqu'un entrait ?

---

* Chérubin. Suzanne. La Comtesse (note de Beaumarchais).

SUZANNE

Est-ce que nous faisons du mal donc ? Je vais fermer la porte *(elle court)* ; mais c'est la coiffure que je veux voir.

LA COMTESSE

Sur ma toilette, une baigneuse [83] à moi. *(Suzanne entre dans le cabinet dont la porte est au bord du théâtre.)*

Scène V

CHÉRUBIN, LA COMTESSE, *assise.*

LA COMTESSE

Jusqu'à l'instant du bal le Comte ignorera que vous soyez au château. Nous lui dirons après que le temps d'expédier votre brevet [84] nous a fait naître l'idée...

CHÉRUBIN *le lui montre.*

Hélas ! madame, le voici ! Bazile me l'a remis de sa part.

LA COMTESSE

Déjà ? L'on a craint d'y perdre une minute. *(Elle lit.)* Ils se sont tant pressés, qu'ils ont oublié d'y mettre son cachet. *(Elle le lui rend.)*

Scène VI

CHÉRUBIN, LA COMTESSE, SUZANNE.

SUZANNE *entre avec un grand bonnet.*

Le cachet, à quoi ?

LA COMTESSE

A son brevet.

SUZANNE

Déjà ?

LA COMTESSE

C'est ce que je disais. Est-ce là ma baigneuse ?

SUZANNE *s'assied près de la Comtesse**.

Et la plus belle de toutes. *(Elle chante avec des épingles dans
sa bouche.)*

> Tournez-vous donc envers ici,
> Jean de Lyra, mon bel ami.
>> *(Chérubin se met à genoux. Elle le coiffe.)*

Madame, il est charmant !

LA COMTESSE

Arrange son collet d'un air un peu plus féminin.

SUZANNE *l'arrange.*

Là... Mais voyez donc ce morveux, comme il est joli en
fille ! j'en suis jalouse, moi ! *(Elle lui prend le menton.)* Voulez-
vous bien n'être pas joli comme ça ?

LA COMTESSE

Qu'elle est folle ! il faut relever la manche, afin que
l'amadis [85] prenne mieux... *(Elle le retrousse.)* Qu'est-ce qu'il
a donc au bras ? Un ruban !

SUZANNE

Et un ruban à vous. Je suis bien aise que madame l'ait vu.
Je lui avais dit que je le dirais, déjà ! Oh ! si Monseigneur

* Chérubin. Suzanne. La Comtesse (note de Beaumarchais).

n'était pas venu, j'aurais bien repris le ruban; car je suis presque aussi forte que lui.

LA COMTESSE

Il y a du sang ! *(Elle détache le ruban.)*

CHÉRUBIN, *honteux.*

Ce matin, comptant partir, j'arrangeais la gourmette de mon cheval ; il a donné de la tête, et la bossette m'a effleuré le bras.

LA COMTESSE

On n'a jamais mis un ruban...

SUZANNE

Et surtout un ruban volé. — Voyons donc ce que la bossette... la courbette... la cornette du cheval... Je n'entends rien à tous ces noms-là. — Ah ! qu'il a le bras blanc ; c'est comme une femme ! plus blanc que le mien ! Regardez donc, madame ! *(Elle les compare.)*

LA COMTESSE, *d'un ton glacé.*

Occupez-vous plutôt de m'avoir du taffetas gommé dans ma toilette. *(Suzanne lui pousse la tête en riant ; il tombe sur les deux mains. Elle entre dans le cabinet au bord du théâtre.)*

Scène VII

CHÉRUBIN, *à genoux,* **LA COMTESSE,** *assise.*

LA COMTESSE *reste un moment sans parler, les yeux sur son ruban.*
Chérubin la dévore de ses regards.

Pour mon ruban, monsieur... comme c'est celui dont la couleur m'agrée le plus... j'étais fort en colère de l'avoir perdu.

Scène VIII

CHÉRUBIN, *à genoux,* **LA COMTESSE,** *assise,* **SUZANNE.**

SUZANNE, *revenant.*

Et la ligature à son bras ? *(Elle remet à la Comtesse du taffetas gommé et des ciseaux.)*

LA COMTESSE

En allant lui chercher tes hardes, prends le ruban d'un autre bonnet. *(Suzanne sort par la porte du fond, en emportant le manteau du page.)*

Scène IX

CHÉRUBIN, *à genoux,* **LA COMTESSE,** *assise.*

CHÉRUBIN, *les yeux baissés.*

Celui qui m'est ôté m'aurait guéri en moins de rien.

LA COMTESSE

Par quelle vertu ? *(Lui montrant le taffetas.)* Ceci vaut mieux.

CHÉRUBIN, *hésitant.*

Quand un ruban... a serré la tête... ou touché la peau d'une personne...

LA COMTESSE, *coupant la phrase.*

... Étrangère, il devient bon pour les blessures ? J'ignorais cette propriété. Pour l'éprouver, je garde celui-ci qui vous a serré le bras. A la première égratignure... de mes femmes, j'en ferai l'essai.

CHÉRUBIN, *pénétré.*

Vous le gardez, et moi je pars.

LA COMTESSE

Non pour toujours.

CHÉRUBIN

Je suis si malheureux !

LA COMTESSE, *émue.*

Il pleure à présent ! C'est ce vilain Figaro avec son pronostic !

CHÉRUBIN, *exalté.*

Ah ! je voudrais toucher au terme qu'il m'a prédit ! Sûr de mourir à l'instant, peut-être ma bouche oserait...

LA COMTESSE *l'interrompt et lui essuie les yeux avec son mouchoir.*

Taisez-vous, taisez-vous, enfant ! Il n'y a pas un brin de

raison dans tout ce que vous dites. *(On frappe à la porte ; elle élève la voix.)* Qui frappe ainsi chez moi ?

Scène X

CHÉRUBIN, LA COMTESSE, LE COMTE, *en dehors.*

LE COMTE, *en dehors.*

Pourquoi donc enfermée ?

LA COMTESSE, *troublée, se lève.*

C'est mon époux ! grands dieux ! *(A Chérubin qui s'est levé aussi.)* Vous, sans manteau, le col et les bras nus ! seul avec moi ! cet air de désordre, un billet reçu, sa jalousie !...

LE COMTE, *en dehors.*

Vous n'ouvrez pas ?

LA COMTESSE

C'est que... je suis seule.

LE COMTE, *en dehors.*

Seule ! Avec qui parlez-vous donc ?

LA COMTESSE, *cherchant.*

... Avec vous sans doute.

CHÉRUBIN, *à part.*

Après les scènes d'hier et de ce matin, il me tuerait sur la place ! *(Il court au cabinet de toilette, y entre, et tire la porte sur lui.)*

Scène XI

LA COMTESSE, *seule, en ôte la clef, et court ouvrir au Comte.*

Ah ! quelle faute ! quelle faute !

Scène XII

LE COMTE, LA COMTESSE.

LE COMTE, *un peu sévère.*

Vous n'êtes pas dans l'usage de vous enfermer !

LA COMTESSE, *troublée.*

Je... je chiffonnais... oui, je chiffonnais avec Suzanne ; elle est passée un moment chez elle.

LE COMTE *l'examine.*

Vous avez l'air et le ton bien altérés !

LA COMTESSE

Cela n'est pas étonnant... pas étonnant du tout... je vous assure... nous parlions de vous... Elle est passée, comme je vous dis...

LE COMTE

Vous parliez de moi !... Je suis ramené par l'inquiétude ; en montant à cheval, un billet qu'on m'a remis, mais auquel je n'ajoute aucune foi, m'a... pourtant agité.

LA COMTESSE

Comment, monsieur ?... quel billet ?

LE COMTE

Il faut avouer, madame, que vous ou moi sommes entourés d'êtres... bien méchants ! On me donne avis que, dans la journée, quelqu'un que je crois absent doit chercher à vous entretenir.

LA COMTESSE

Quel que soit cet audacieux, il faudra qu'il pénètre ici ; car mon projet est de ne pas quitter ma chambre de tout le jour.

LE COMTE

Ce soir, pour la noce de Suzanne ?

LA COMTESSE

Pour rien au monde ; je suis très incommodée.

LE COMTE

Heureusement le docteur est ici. *(Le page fait tomber une chaise dans le cabinet.)* Quel bruit entends-je ?

LA COMTESSE, *plus troublée.*

Du bruit ?

LE COMTE

On a fait tomber un meuble.

LA COMTESSE

Je... je n'ai rien entendu, pour moi.

LE COMTE

Il faut que vous soyez furieusement préoccupée !

LA COMTESSE

Préoccupée ! de quoi ?

LE COMTE

Il y a quelqu'un dans ce cabinet, madame.

LA COMTESSE

Eh... qui voulez-vous qu'il y ait, monsieur ?

LE COMTE

C'est moi qui vous le demande ; j'arrive.

LA COMTESSE

Eh mais... Suzanne apparemment qui range.

LE COMTE

Vous avez dit qu'elle était passée chez elle !

LA COMTESSE

Passée... ou entrée là ; je ne sais lequel.

LE COMTE

Si c'est Suzanne, d'où vient le trouble où je vous vois ?

LA COMTESSE

Du trouble pour ma camariste ?

LE COMTE

Pour votre camariste, je ne sais ; mais pour du trouble, assurément.

LA COMTESSE

Assurément, monsieur, cette fille vous trouble et vous occupe beaucoup plus que moi.

LE COMTE, *en colère.*

Elle m'occupe à tel point, madame, que je veux la voir à l'instant.

LA COMTESSE

Je crois, en effet, que vous le voulez souvent : mais voilà bien les soupçons les moins fondés...

Scène XIII

LE COMTE, LA COMTESSE, SUZANNE
entre avec des hardes et pousse la porte du fond.

LE COMTE

Ils en seront plus aisés à détruire. *(Il parle au cabinet.)* Sortez, Suzon, je vous l'ordonne ! *(Suzanne s'arrête auprès de l'alcôve dans le fond.)*

LA COMTESSE

Elle est presque nue, monsieur ; vient-on troubler ainsi des femmes dans leur retraite ? Elle essayait des hardes que je lui donne en la mariant ; elle s'est enfuie quand elle vous a entendu.

LE COMTE

Si elle craint tant de se montrer, au moins elle peut parler. *(Il se tourne vers la porte du cabinet.)* Répondez-moi, Suzanne ; êtes-vous dans ce cabinet ? *(Suzanne, restée au fond, se jette dans l'alcôve et s'y cache.)*

LA COMTESSE, *vivement, parlant au cabinet.*

Suzon, je vous défends de répondre. *(Au Comte.)* On n'a jamais poussé si loin la tyrannie !

LE COMTE *s'avance au cabinet.*

Oh ! bien, puisqu'elle ne parle pas, vêtue ou non, je la verrai.

LA COMTESSE *se met au-devant.*

Partout ailleurs je ne puis l'empêcher ; mais j'espère aussi que chez moi...

LE COMTE

Et moi j'espère savoir dans un moment [86] quelle est cette Suzanne mystérieuse. Vous demander la clef serait, je le vois, inutile ; mais il est un moyen sûr de jeter en dedans cette légère porte. Holà ! quelqu'un !

LA COMTESSE

Attirer vos gens, et faire un scandale public d'un soupçon qui nous rendrait la fable du château ?

LE COMTE

Fort bien, madame. En effet, j'y suffirai ; je vais à l'instant prendre chez moi ce qu'il faut... *(Il marche pour sortir, et revient.)* Mais, pour que tout reste au même état, voudrez-vous bien m'accompagner sans scandale et sans bruit, puisqu'il vous déplaît tant ?... Une chose aussi simple, apparemment, ne me sera pas refusée !

LA COMTESSE, *troublée.*

Eh ! monsieur, qui songe à vous contrarier ?

LE COMTE

Ah ! j'oubliais la porte qui va chez vos femmes ; il faut que je la ferme aussi, pour que vous soyez pleinement justifiée. *(Il va fermer la porte du fond et en ôte la clef.)*

LA COMTESSE, *à part.*

O ciel ! étourderie funeste !

LE COMTE, *revenant à elle.*

Maintenant que cette chambre est close, acceptez mon bras, je vous prie ; *(il élève la voix)* et quant à la Suzanne du cabinet, il faudra qu'elle ait la bonté de m'attendre ; et le moindre mal qui puisse lui arriver à mon retour...

LA COMTESSE

En vérité, monsieur, voilà bien la plus odieuse aventure... *(Le Comte l'emmène et ferme la porte à la clef.)*

Scène XIV

SUZANNE, CHÉRUBIN.

SUZANNE *sort de l'alcôve, accourt au cabinet
et parle à la serrure.*

Ouvrez, Chérubin, ouvrez vite, c'est Suzanne ; ouvrez et sortez.

CHÉRUBIN *sort**.

Ah ! Suzon, quelle horrible scène !

SUZANNE

Sortez, vous n'avez pas une minute.

CHÉRUBIN, *effrayé.*

Eh, par où sortir ?

SUZANNE

Je n'en sais rien, mais sortez.

---

* Chérubin, Suzanne (note de Beaumarchais).

CHÉRUBIN

S'il n'y a pas d'issue ?

SUZANNE

Après la rencontre de tantôt, il vous écraserait, et nous serions perdues. — Courez conter à Figaro...

CHÉRUBIN

La fenêtre du jardin n'est peut-être pas bien haute. (*Il court y regarder.*)

SUZANNE, *avec effroi.*

Un grand étage ! impossible ! Ah ! ma pauvre maîtresse ! Et mon mariage, ô ciel !

CHÉRUBIN *revient.*

Elle donne sur la melonnière ; quitte à gâter une couche ou deux.

SUZANNE *le retient et s'écrie.*

Il va se tuer !

CHÉRUBIN, *exalté.*

Dans un gouffre allumé, Suzon ! oui, je m'y jetterais plutôt que de lui nuire... Et ce baiser va me porter bonheur. (*Il l'embrasse et court sauter par la fenêtre.*)

Scène XV

SUZANNE *seule, un cri de frayeur.*

Ah !... (*Elle tombe assise un moment. Elle va péniblement regarder à la fenêtre et revient.*) Il est déjà bien loin. Oh ! le

petit garnement ! Aussi leste que joli ! Si celui-là manque de
femmes... Prenons sa place au plus tôt. *(En entrant dans le
cabinet.)* Vous pouvez à présent, monsieur le Comte, rompre
la cloison, si cela vous amuse ; au diantre qui répond un mot !
(Elle s'y enferme.)

Scène XVI

LE COMTE, LA COMTESSE *rentrent dans la chambre.*

LE COMTE, *une pince à la main qu'il jette sur le fauteuil.*

Tout est bien comme je l'ai laissé. Madame, en m'exposant
à briser cette porte, réfléchissez aux suites : encore une fois,
voulez-vous l'ouvrir ?

LA COMTESSE

Eh ! monsieur, quelle horrible humeur peut altérer ainsi
les égards entre deux époux ? Si l'amour vous dominait au
point de vous inspirer ces fureurs, malgré leur déraison, je les
excuserais ; j'oublierais peut-être, en faveur du motif, ce
qu'elles ont d'offensant pour moi. Mais la seule vanité peut-
elle jeter dans cet excès un galant homme ?

LE COMTE

Amour ou vanité, vous ouvrirez la porte ; ou je vais à
l'instant...

LA COMTESSE, *au-devant.*

Arrêtez, monsieur, je vous prie ! Me croyez-vous capable
de manquer à ce que je me dois ?

LE COMTE

Tout ce qu'il vous plaira, madame ; mais je verrai qui est
dans ce cabinet.

LA COMTESSE, *effrayée.*

Eh bien, monsieur, vous le verrez. Écoutez-moi... tranquillement.

LE COMTE

Ce n'est donc pas Suzanne ?

LA COMTESSE, *timidement.*

Au moins n'est-ce pas non plus une personne... dont vous
deviez rien redouter... Nous disposions une plaisanterie...
bien innocente, en vérité, pour ce soir ; et je vous jure...

LE COMTE

Et vous me jurez ?...

LA COMTESSE

Que nous n'avions pas plus dessein de vous offenser l'un
que l'autre.

LE COMTE, *vite.*

L'un que l'autre ? C'est un homme.

LA COMTESSE

Un enfant, monsieur.

LE COMTE

Eh ! qui donc ?

LA COMTESSE

A peine osé-je le nommer !

LE COMTE, *furieux.*

Je le tuerai.

LA COMTESSE

Grands dieux !

LE COMTE

Parlez donc !

LA COMTESSE

Ce jeune... Chérubin...

LE COMTE

Chérubin ! l'insolent ! Voilà mes soupçons et le billet expliqués.

LA COMTESSE, *joignant les mains.*

Ah ! monsieur ! gardez de penser...

LE COMTE, *frappant du pied, à part.*

Je trouverai partout ce maudit page ! *(Haut.)* Allons, madame, ouvrez ; je sais tout maintenant. Vous n'auriez pas été si émue, en le congédiant ce matin ; il serait parti quand je l'ai ordonné ; vous n'auriez pas mis tant de fausseté dans votre conte de Suzanne, il ne se serait pas si soigneusement caché, s'il n'y avait rien de criminel.

LA COMTESSE

Il a craint de vous irriter en se montrant.

LE COMTE, *hors de lui, crie au cabinet.*

Sors donc, petit malheureux !

LA COMTESSE *le prend à bras-le-corps, en l'éloignant.*

Ah ! monsieur, monsieur, votre colère me fait trembler pour lui. N'en croyez pas un injuste soupçon, de grâce ! et que le désordre où vous l'allez trouver...

LE COMTE

Du désordre !

LA COMTESSE

Hélas, oui ! Prêt à s'habiller en femme, une coiffure à moi sur la tête, en veste et sans manteau, le col ouvert, les bras nus : il allait essayer...

LE COMTE

Et vous vouliez garder votre chambre ! Indigne épouse ! ah ? vous la garderez... longtemps ; mais il faut avant que j'en chasse un insolent, de manière à ne plus le rencontrer nulle part.

LA COMTESSE *se jette à genoux, les bras élevés.*

Monsieur le Comte, épargnez un enfant ; je ne me consolerais pas d'avoir causé...

LE COMTE

Vos frayeurs aggravent son crime.

LA COMTESSE

Il n'est pas coupable, il partait : c'est moi qui l'ai fait appeler.

LE COMTE, *furieux.*

Levez-vous. Otez-vous... Tu es bien audacieuse d'oser me parler pour un autre !

LA COMTESSE

Eh bien ! je m'ôterai, monsieur, je me lèverai ; je vous remettrai même la clef du cabinet : mais, au nom de votre amour...

LE COMTE

De mon amour, perfide !

LA COMTESSE *se lève et lui présente la clef.*

Promettez-moi que vous laisserez aller cet enfant sans lui faire aucun mal ; et puisse, après, tout votre courroux tomber sur moi, si je ne vous convaincs pas...

LE COMTE, *prenant la clef.*

Je n'écoute plus rien.

LA COMTESSE *se jette sur une bergère, un mouchoir sur les yeux.*

O ciel ! il va périr !

LE COMTE *ouvre la porte et recule.*

C'est Suzanne !

Scène XVII

LA COMTESSE, LE COMTE, SUZANNE.

SUZANNE *sort en riant.*

Je le tuerai, je le tuerai ! Tuez-le donc, ce méchant page.

LE COMTE, *à part.*

Ah ! quelle école [87] ! (*Regardant la Comtesse qui est restée stupéfaite.*) Et vous aussi, vous jouez l'étonnement ?... Mais peut-être elle n'y est pas seule. (*Il entre.*)

Scène XVIII

LA COMTESSE, *assise*, SUZANNE.

SUZANNE *accourt à sa maîtresse.*

Remettez-vous, madame; il est bien loin; il a fait un saut...

LA COMTESSE

Ah! Suzon! je suis morte!

Scène XIX

LA COMTESSE, *assise*, SUZANNE, LE COMTE.

LE COMTE *sort du cabinet d'un air confus. Après un court silence.*

Il n'y a personne, et pour le coup j'ai tort. — Madame... vous jouez fort bien la comédie.

SUZANNE, *gaiement.*

Et moi, Monseigneur? *(La Comtesse, son mouchoir sur la bouche, pour se remettre, ne parle pas.)**

LE COMTE *s'approche.*

Quoi! madame, vous plaisantiez?

LA COMTESSE, *se remettant un peu.*

Eh pourquoi non, monsieur?

LE COMTE

Quel affreux badinage! et par quel motif, je vous prie...?

* Suzanne. La Comtesse, *assise.* Le Comte (note de Beaumarchais).

LA COMTESSE

Vos folies méritent-elles de la pitié ?

LE COMTE

Nommer folies ce qui touche à l'honneur !

LA COMTESSE, *assurant son ton par degrés.*

Me suis-je unie à vous pour être éternellement dévouée [88] à l'abandon et à la jalousie, que vous seul osez concilier ?

LE COMTE

Ah ! madame, c'est sans ménagement.

SUZANNE

Madame n'avait qu'à vous laisser appeler les gens.

LE COMTE

Tu as raison, et c'est à moi de m'humilier... Pardon, je suis d'une confusion !...

SUZANNE

Avouez, monseigneur, que vous la méritez un peu !

LE COMTE

Pourquoi donc ne sortais-tu pas lorsque je t'appelais ? Mauvaise !

SUZANNE

Je me rhabillais de mon mieux, à grand renfort d'épingles ; et madame, qui me le défendait, avait bien ses raisons pour le faire.

LE COMTE

Au lieu de rappeler mes torts, aide-moi plutôt à l'apaiser.

LA COMTESSE

Non, monsieur ; un pareil outrage ne se couvre point [89]. Je vais me retirer aux Ursulines [90], et je vois trop qu'il en est temps.

LE COMTE

Le pourriez-vous sans quelques regrets ?

SUZANNE

Je suis sûre, moi, que le jour du départ serait la veille des larmes.

LA COMTESSE

Eh ! quand cela serait, Suzon ? j'aime mieux le regretter que d'avoir la bassesse de lui pardonner ; il m'a trop offensée.

LE COMTE

Rosine !...

LA COMTESSE

Je ne la suis plus, cette Rosine que vous avez tant poursuivie ! Je suis la pauvre comtesse Almaviva, la triste femme délaissée, que vous n'aimez plus.

SUZANNE

Madame !

LE COMTE, *suppliant.*

Par pitié !

LA COMTESSE

Vous n'en aviez aucune pour moi.

LE COMTE

Mais aussi ce billet... Il m'a tourné le sang !

LA COMTESSE

Je n'avais pas consenti qu'on l'écrivît.

LE COMTE

Vous le saviez ?

LA COMTESSE

C'est cet étourdi de Figaro...

LE COMTE

Il en était ?

LA COMTESSE

... qui l'a remis à Bazile.

LE COMTE

Qui m'a dit le tenir d'un paysan. O perfide chanteur, lame à deux tranchants ! C'est toi qui payeras pour tout le monde.

LA COMTESSE

Vous demandez pour vous un pardon que vous refusez aux autres : voilà bien les hommes ! Ah ! si jamais je consentais à pardonner en faveur de [91] l'erreur où vous a jeté ce billet, j'exigerais que l'amnistie fût générale.

LE COMTE

Eh bien, de tout mon cœur, Comtesse. Mais comment réparer une faute aussi humiliante ?

LA COMTESSE *se lève.*

Elle l'était pour tous deux.

LE COMTE

Ah ! dites pour moi seul. — Mais je suis encore à concevoir comment les femmes prennent si vite et si juste l'air et le ton des circonstances. Vous rougissiez, vous pleuriez, votre visage était défait... D'honneur, il l'est encore.

LA COMTESSE, *s'efforçant de sourire.*

Je rougissais... du ressentiment de vos soupçons. Mais les hommes sont-ils assez délicats pour distinguer l'indignation d'une âme honnête outragée, d'avec la confusion qui naît d'une accusation méritée ?

LE COMTE, *souriant.*

Et ce page en désordre, en veste et presque nu...

LA COMTESSE, *montrant Suzanne.*

Vous le voyez devant vous. N'aimez-vous pas mieux l'avoir trouvé que l'autre ? En général vous ne haïssez pas de rencontrer celui-ci.

LE COMTE, *riant plus fort.*

Et ces prières, ces larmes feintes...

LA COMTESSE

Vous me faites rire, et j'en ai peu d'envie.

LE COMTE

Nous croyons valoir quelque chose en politique, et nous ne sommes que des enfants. C'est vous, c'est vous, madame, que le Roi devrait envoyer en ambassade à Londres ! Il faut que votre sexe ait fait une étude bien réfléchie de l'art de se composer, pour réussir à ce point !

LA COMTESSE

C'est toujours vous qui nous y forcez.

SUZANNE

Laissez-nous prisonniers sur parole, et vous verrez si nous
sommes gens d'honneur.

LA COMTESSE

Brisons là, monsieur le Comte. J'ai peut-être été trop loin ;
mais mon indulgence en un cas aussi grave doit au moins
m'obtenir la vôtre.

LE COMTE

Mais vous répéterez que vous me pardonnez.

LA COMTESSE

Est-ce que je l'ai dit, Suzon ?

SUZANNE

Je ne l'ai pas entendu, madame.

LE COMTE

Eh bien ! que ce mot vous échappe.

LA COMTESSE

Le méritez-vous donc, ingrat ?

LE COMTE

Oui, par mon repentir.

SUZANNE

Soupçonner un homme dans le cabinet de madame !

LE COMTE

Elle m'en a si sévèrement puni !

SUZANNE

Ne pas s'en fier à elle, quand elle dit que c'est sa camariste !

LE COMTE

Rosine, êtes-vous donc implacable ?

LA COMTESSE

Ah ! Suzon, que je suis faible ! quel exemple je te donne ! *(Tendant la main au Comte.)* On ne croira plus à la colère des femmes.

SUZANNE

Bon, madame, avec eux ne faut-il pas toujours en venir là ? *(Le Comte baise ardemment la main de sa femme.)*

Scène XX

SUZANNE, FIGARO, LA COMTESSE, LE COMTE.

FIGARO, *arrivant tout essoufflé*.

On disait madame incommodée. Je suis vite accouru... je vois avec joie qu'il n'en est rien.

LE COMTE, *sèchement*.

Vous êtes fort attentif [92].

FIGARO

Et c'est mon devoir. Mais puisqu'il n'en est rien, Monseigneur, tous vos jeunes vassaux des deux sexes sont en bas avec les violons et les cornemuses, attendant, pour m'accompagner, l'instant où vous permettrez que je mène ma fiancée...

LE COMTE

Et qui surveillera la Comtesse au château ?

FIGARO

La veiller ! elle n'est pas malade.

LE COMTE

Non ; mais cet homme absent qui doit l'entretenir ?

FIGARO

Quel homme absent ?

LE COMTE

L'homme du billet que vous avez remis à Bazile.

FIGARO

Qui dit cela ?

LE COMTE

Quand je ne le saurais pas d'ailleurs, fripon, ta physionomie qui t'accuse me prouverait déjà que tu mens.

FIGARO

S'il est ainsi, ce n'est pas moi qui mens, c'est ma physionomie.

SUZANNE

Va, mon pauvre Figaro, n'use pas ton éloquence en défaites[a] ; nous avons tout dit.

FIGARO

Et quoi dit ? Vous me traitez comme un Bazile !

SUZANNE

Que tu avais écrit le billet de tantôt pour faire accroire à Monseigneur, quand il entrerait, que le petit page était dans ce cabinet, où je me suis enfermée.

LE COMTE

Qu'as-tu à répondre ?

LA COMTESSE

Il n'y a plus rien à cacher, Figaro ; le badinage est consommé.

FIGARO, *cherchant à deviner.*

Le badinage... est consommé ?

LE COMTE

Oui, consommé. Que dis-tu là-dessus ?

FIGARO

Moi ! je dis... que je voudrais bien qu'on en pût dire autant de mon mariage ; et si vous l'ordonnez...

LE COMTE

Tu conviens donc enfin du billet ?

FIGARO

Puisque madame le veut, que Suzanne le veut, que vous le voulez vous-même, il faut bien que je le veuille aussi : mais à votre place, en vérité, Monseigneur, je ne croirais pas un mot de tout ce que nous vous disons.

LE COMTE

Toujours mentir contre l'évidence ! A la fin, cela m'irrite.

LA COMTESSE, *en riant.*

Eh ! ce pauvre garçon ! pourquoi voulez-vous, monsieur, qu'il dise une fois la vérité ?

FIGARO, *bas à Suzanne.*

Je l'avertis de son danger ; c'est tout ce qu'un honnête homme peut faire.

SUZANNE, *bas.*

As-tu vu le petit page ?

FIGARO, *bas.*

Encore tout froissé.

SUZANNE, *bas.*

Ah ! pécaïre !

LA COMTESSE

Allons, monsieur le Comte, ils brûlent de s'unir : leur impatience est naturelle ! Entrons pour la cérémonie.

LE COMTE, *à part.*

Et Marceline, Marceline... *(Haut.)* Je voudrais être... au moins vêtu.

LA COMTESSE

Pour nos gens ! Est-ce que je le suis ?

Scène XXI

FIGARO, SUZANNE, LA COMTESSE, LE COMTE, ANTONIO.

ANTONIO, *demi-gris, tenant un pot de giroflées écrasées.*
Monseigneur ! Monseigneur !

LE COMTE
Que me veux-tu, Antonio ?

ANTONIO
Faites donc une fois[94] griller les croisées qui donnent sur mes couches. On jette toutes sortes de choses par ces fenêtres : et tout à l'heure encore on vient d'en jeter un homme.

LE COMTE
Par ces fenêtres ?

ANTONIO
Regardez comme on arrange mes giroflées !

SUZANNE, *bas à Figaro.*
Alerte, Figaro, alerte !

FIGARO
Monseigneur, il est gris dès le matin.

ANTONIO
Vous n'y êtes pas. C'est un petit reste d'hier. Voilà comme on fait des jugements... ténébreux.

LE COMTE, *avec feu.*
Cet homme ! cet homme ! où est-il ?

ANTONIO

Où il est ?

LE COMTE

Oui.

ANTONIO

C'est ce que je dis. Il faut me le trouver, déjà. Je suis votre domestique ; il n'y a que moi qui prends soin de votre jardin ; il y tombe un homme ; et vous sentez... que ma réputation en est effleurée.

SUZANNE, *bas à Figaro*.

Détourne, détourne !

FIGARO

Tu boiras donc toujours ?

ANTONIO

Et si je ne buvais pas, je deviendrais enragé.

LA COMTESSE

Mais en prendre ainsi sans besoin...

ANTONIO

Boire sans soif et faire l'amour en tout temps, madame, il n'y a que ça qui nous distingue des autres bêtes.

LE COMTE, *vivement*.

Réponds-moi donc, ou je vais te chasser.

ANTONIO

Est-ce que je m'en irais ?

LE COMTE

Comment donc ?

ANTONIO, *se touchant le front.*

Si vous n'avez pas assez de ça pour garder un bon domestique, je ne suis pas assez bête, moi, pour renvoyer un si bon maître.

LE COMTE *le secoue avec colère.*

On a, dis-tu, jeté un homme par cette fenêtre ?

ANTONIO

Oui, mon Excellence ; tout à l'heure, en veste blanche, et qui s'est enfui, jarni, courant...

LE COMTE, *impatienté.*

Après ?

ANTONIO

J'ai bien voulu courir après ; mais je me suis donné, contre la grille, une si fière gourde[25] à la main, que je ne peux plus remuer ni pied, ni patte, de ce doigt-là. *(Levant le doigt.)*

LE COMTE

Au moins, tu reconnaîtrais l'homme ?

ANTONIO

Oh ! que oui-dà ! si je l'avais vu pourtant !

SUZANNE, *bas à Figaro.*

Il ne l'a pas vu.

FIGARO

Voilà bien du train pour un pot de fleurs ! combien te faut-il, pleurard, avec ta giroflée ? Il est inutile de chercher, Monseigneur, c'est moi qui ai sauté.

LE COMTE

Comment, c'est vous !

ANTONIO

Combien te faut-il, pleurard ? Votre corps a donc bien grandi depuis ce temps-là ; car je vous ai trouvé beaucoup plus moindre, et plus fluet !

FIGARO

Certainement ; quand on saute, on se pelotonne...

ANTONIO

M'est avis que c'était plutôt... qui dirait, le gringalet de page.

LE COMTE

Chérubin, tu veux dire ?

FIGARO

Oui, revenu tout exprès, avec son cheval, de la porte de Séville, où peut-être il est déjà.

ANTONIO

Oh ! non, je ne dis pas ça, je ne dis pas ça ; je n'ai pas vu sauter de cheval, car je le dirais de même.

LE COMTE

Quelle patience !

FIGARO

J'étais dans la chambre des femmes, en veste blanche : il fait un chaud !... J'attendais là ma Suzannette, quand j'ai ouï tout à coup la voix de Monseigneur et le grand bruit qui se faisait ! je ne sais quelle crainte m'a saisi à l'occasion de ce billet ; et, s'il faut avouer ma bêtise, j'ai sauté sans réflexion sur les couches, où je me suis même un peu foulé le pied droit. *(Il frotte son pied.)*

ANTONIO

Puisque c'est vous, il est juste de vous rendre ce brimborion de papier qui a coulé de votre veste, en tombant.

LE COMTE *se jette dessus.*

Donne-le-moi. *(Il ouvre le papier et le referme.)*

FIGARO, *à part.*

Je suis pris.

LE COMTE, *à Figaro.*

La frayeur ne vous aura pas fait oublier ce que contient ce papier, ni comment il se trouvait dans votre poche ?

FIGARO, *embarrassé, fouille dans ses poches et en tire des papiers.*

Non sûrement... Mais c'est que j'en ai tant. Il faut répondre à tout... *(Il regarde un des papiers.)* Ceci ? ah ! c'est une lettre de Marceline, en quatre pages ; elle est belle !... Ne serait-ce pas la requête de ce pauvre braconnier en prison ?... Non, la voici... J'avais l'état des meubles du petit château dans l'autre poche... *(Le Comte rouvre le papier qu'il tient.)*

LA COMTESSE, *bas à Suzanne.*

Ah ! dieux ! Suzon, c'est le brevet d'officier.

SUZANNE, *bas à Figaro.*

Tout est perdu, c'est le brevet.

LE COMTE *replie le papier.*

Eh bien ! l'homme aux expédients, vous ne devinez pas ?

ANTONIO, *s'approchant de Figaro*.*

Monseigneur dit si vous ne devinez pas ?

FIGARO *le repousse.*

Fi donc, vilain, qui me parle dans le nez !

LE COMTE

Vous ne vous rappelez pas ce que ce peut être ?

FIGARO

A, a, a, ah ! *povero !* ce sera le brevet de ce malheureux enfant, qu'il m'avait remis, et que j'ai oublié de lui rendre. O, o, o, oh ! étourdi que je suis ! que fera-t-il sans son brevet ? Il faut courir...

LE COMTE

Pourquoi vous l'aurait-il remis ?

FIGARO, *embarrassé.*

Il... désirait qu'on y fît quelque chose.

LE COMTE *regarde son papier.*

Il n'y manque rien.

LA COMTESSE, *bas à Suzanne.*

Le cachet.

SUZANNE, *bas à Figaro.*

Le cachet manque.

---

* Antonio. Figaro. Suzanne. La Comtesse. Le Comte (note de Beaumarchais).

LE COMTE, *à Figaro.*

Vous ne répondez pas ?

FIGARO

C'est... qu'en effet, il y manque peu de chose. Il dit que c'est l'usage.

LE COMTE

L'usage ! l'usage ! l'usage de quoi ?

FIGARO

D'y apposer le sceau de vos armes. Peut-être aussi que cela ne valait pas la peine.

LE COMTE *rouvre le papier et le chiffonne de colère.*

Allons, il est écrit que je ne saurai rien. *(A part.)* C'est ce Figaro qui les mène, et je ne m'en vengerais pas ! *(Il veut sortir avec dépit.)*

FIGARO, *l'arrêtant.*

Vous sortez sans ordonner mon mariage ?

Scène XXII

BAZILE, BARTHOLO, MARCELINE, FIGARO, LE COMTE, GRIPE-SOLEIL, LA COMTESSE, SUZANNE, ANTONIO ; *valets du Comte, ses vassaux.*

MARCELINE, *au Comte.*

Ne l'ordonnez pas, Monseigneur ! Avant de lui faire grâce[96], vous nous devez justice. Il a des engagements avec moi.

LE COMTE, *à part.*

Voilà ma vengeance arrivée.

FIGARO

Des engagements ! De quelle nature ? Expliquez-vous.

MARCELINE

Oui, je m'expliquerai, malhonnête ! (*La Comtesse s'assied sur une bergère. Suzanne est derrière elle.*)

LE COMTE

De quoi s'agit-il, Marceline ?

MARCELINE

D'une obligation de mariage.

FIGARO

Un billet, voilà tout, pour de l'argent prêté.

MARCELINE, *au Comte.*

Sous condition de m'épouser. Vous êtes un grand seigneur, le premier juge de la province...

LE COMTE

Présentez-vous au tribunal, j'y rendrai justice à tout le monde.

BAZILE, *montrant Marceline.*

En ce cas, Votre Grandeur permet que je fasse aussi valoir mes droits sur Marceline ?

LE COMTE, *à part.*

Ah, voilà mon fripon du billet.

FIGARO

Autre fou de la même espèce !

LE COMTE, *en colère, à Bazile.*

Vos droits ! vos droits ! Il vous convient bien de parler devant moi, maître sot !

ANTONIO, *frappant dans sa main.*

Il ne l'a, ma foi, pas manqué du premier coup : c'est son nom.

LE COMTE

Marceline, on suspendra tout jusqu'à l'examen de vos titres, qui se fera publiquement dans la grand-salle d'audience. Honnête Bazile, agent fidèle et sûr, allez au bourg chercher les gens du siège.

BAZILE

Pour son affaire ?

LE COMTE

Et vous m'amènerez le paysan du billet.

BAZILE

Est-ce que je le connais ?

LE COMTE

Vous résistez ?

BAZILE

Je ne suis pas entré au château pour en faire les commissions.

LE COMTE

Quoi donc ?

BAZILE

Homme à talent sur l'orgue du village, je montre le clavecin à madame, à chanter à ses femmes, la mandoline aux pages, et mon emploi surtout est d'amuser votre compagnie avec ma guitare, quand il vous plaît me l'ordonner.

GRIPE-SOLEIL *s'avance.*

J'irai bien, Monsigneu, si cela vous plaira.

LE COMTE

Quel est ton nom et ton emploi ?

GRIPE-SOLEIL

Je suis Gripe-Soleil, mon bon signeu ; le petit patouriau des chèvres, commandé pour le feu d'artifice. C'est fête aujourd'hui dans le troupiau ; et je sais ous-ce-qu'est toute l'enragée boutique à procès du pays.

LE COMTE

Ton zèle me plaît ; vas-y : mais vous *(à Bazile)*, accompagnez monsieur en jouant de la guitare, et chantant pour l'amuser en chemin. Il est de ma compagnie.

GRIPE-SOLEIL, *joyeux.*

Oh ! moi, je suis de la ?... *(Suzanne l'apaise de la main, en lui montrant la Comtesse.)*

BAZILE, *surpris.*

Que j'accompagne Gripe-Soleil en jouant ?...

LE COMTE

C'est votre emploi. Partez ou je vous chasse. *(Il sort.)*

Scène XXIII

LES ACTEURS PRÉCÉDENTS, *excepté* LE COMTE.

BAZILE, *à lui-même.*

Ah ! je n'irai pas lutter contre le pot de fer, moi qui ne suis...

FIGARO

Qu'une cruche.

BAZILE, *à part.*

Au lieu d'aider à leur mariage, je m'en vais assurer le mien avec Marceline. *(A Figaro.)* Ne conclus rien, crois-moi, que je ne sois de retour. *(Il va prendre la guitare sur le fauteuil du fond.)*

FIGARO *le suit.*

Conclure ! oh ! va, ne crains rien ; quand même tu ne reviendrais jamais... Tu n'as pas l'air en train de chanter, veux-tu que je commence ?... Allons, gai, haut la-mi-la [97] pour ma fiancée. *(Il se met en marche à reculons, danse en chantant la séguedille suivante ; Bazile accompagne ; et tout le monde le suit.)*

SÉGUEDILLE : *Air noté.*

Je préfère à richesse
    La sagesse
  De ma Suzon,
    Zon, zon, zon,
    Zon, zon, zon,
    Zon, zon, zon,
    Zon, zon, zon.

Aussi sa gentillesse
Est maîtresse
De ma raison,
Zon, zon, zon,
Zon, zon, zon,
Zon, zon, zon,
Zon, zon, zon.

(Le bruit s'éloigne, on n'entend pas le reste.)

Scène XXIV

SUZANNE, LA COMTESSE.

LA COMTESSE, *dans sa bergère.*

Vous voyez, Suzanne, la jolie scène que votre étourdi m'a
value avec son billet.

SUZANNE

Ah ! madame, quand je suis rentrée du cabinet, si vous
aviez vu votre visage ! Il s'est terni tout à coup : mais ce n'a
été qu'un nuage ; et par degrés vous êtes devenue rouge,
rouge, rouge !

LA COMTESSE

Il a donc sauté par la fenêtre ?

SUZANNE

Sans hésiter, le charmant enfant ! Léger... comme une
abeille !

LA COMTESSE

Ah ! ce fatal jardinier ! Tout cela m'a remuée au point...
que je ne pouvais rassembler deux idées.

SUZANNE

Ah ! madame, au contraire ; et c'est là que j'ai vu combien l'usage du grand monde donne d'aisance aux dames comme il faut, pour mentir sans qu'il y paraisse.

LA COMTESSE

Crois-tu que le Comte en soit la dupe ? Et s'il trouvait cet enfant au château !

SUZANNE

Je vais recommander de le cacher si bien...

LA COMTESSE

Il faut qu'il parte. Après ce qui vient d'arriver, vous croyez bien que je ne suis pas tentée de l'envoyer au jardin à votre place.

SUZANNE

Il est certain que je n'irai pas non plus. Voilà donc mon mariage encore une fois...

LA COMTESSE *se lève.*

Attends... au lieu d'un autre, ou de toi, si j'y allais moi-même !

SUZANNE

Vous, madame ?

LA COMTESSE

Il n'y aurait personne d'exposé... Le Comte alors ne pourrait nier... Avoir puni sa jalousie, et lui prouver son infidélité, cela serait... Allons : le bonheur d'un premier hasard [98] m'enhardit à tenter le second. Fais-lui savoir promptement que tu te rendras au jardin. Mais surtout que personne...

SUZANNE

Ah ! Figaro.

LA COMTESSE

Non, non. Il voudrait mettre ici du sien... Mon masque de velours [99] et ma canne ; que j'aille y rêver sur la terrasse. *(Suzanne entre dans le cabinet de toilette.)*

Scène XXV

LA COMTESSE, *seule.*

Il est assez effronté, mon petit projet ! *(Elle se retourne.)* Ah ! le ruban ! mon joli ruban ! je t'oubliais ! *(Elle le prend sur sa bergère et le roule.)* Tu ne me quitteras plus... Tu me rappelleras la scène où ce malheureux enfant... Ah ! monsieur le Comte, qu'avez-vous fait ? et moi, que fais-je en ce moment ?

Scène XXVI

LA COMTESSE, SUZANNE. *(La Comtesse met furtivement le ruban dans son sein.)*

SUZANNE

Voici la canne et votre loup.

LA COMTESSE

Souviens-toi que je t'ai défendu d'en dire un mot à Figaro.

SUZANNE, *avec joie.*

Madame, il est charmant votre projet ! je viens d'y réfléchir. Il rapproche tout, termine tout, embrasse tout ; et, quelque chose qui arrive, mon mariage est maintenant certain. *(Elle baise la main de sa maîtresse. Elles sortent.)*

Pendant l'entracte, des valets arrangent la salle d'audience : on apporte les deux banquettes à dossier des avocats, que l'on place aux deux côtés du théâtre, de façon que le passage soit libre par-derrière. On pose une estrade à deux marches dans le milieu du théâtre, vers le fond, sur laquelle on place le fauteuil du Comte. On met la table du greffier et son tabouret de côté sur le devant, et des sièges pour Brid'oison et d'autres juges, des deux côtés de l'estrade du Comte.

ACTE TROISIÈME

Le théâtre représente une salle du château appelée salle du trône et servant de salle d'audience, ayant sur le côté une impériale[100] en dais, et dessous, le portrait du Roi.

Scène I

LE COMTE, PÉDRILLE, *en veste et botté, tenant un paquet cacheté.*

LE COMTE, *vite.*

M'as-tu bien entendu ?

PÉDRILLE

Excellence, oui. *(Il sort.)*

Scène II

LE COMTE, *seul, criant.*

Pédrille !

Scène III

LE COMTE, PÉDRILLE *revient.*

PÉDRILLE

Excellence ?

LE COMTE

On ne t'a pas vu ?

PÉDRILLE

Ame qui vive.

LE COMTE

Prenez le cheval barbe.

PÉDRILLE

Il est à la grille du potager, tout sellé.

LE COMTE

Ferme, d'un trait, jusqu'à Séville.

PÉDRILLE

Il n'y a que trois lieues, elles sont bonnes.

LE COMTE

En descendant, sachez si le page est arrivé.

PÉDRILLE

Dans l'hôtel ?

LE COMTE

Oui ; surtout depuis quel temps.

PÉDRILLE

J'entends.

LE COMTE

Remets-lui son brevet, et reviens vite.

PÉDRILLE

Et s'il n'y était pas ?

LE COMTE

Revenez plus vite, et m'en rendez compte. Allez.

Scène IV

LE COMTE, *seul, marche en rêvant.*

J'ai fait une gaucherie en éloignant Bazile !... la colère n'est bonne à rien. — Ce billet remis par lui, qui m'avertit d'une entreprise sur la Comtesse ; la camariste enfermée quand j'arrive ; la maîtresse affectée d'une terreur fausse ou vraie ; un homme qui saute par la fenêtre, et l'autre après qui avoue... ou qui prétend que c'est lui... Le fil m'échappe. Il y a là-dedans une obscurité... Des libertés chez mes vassaux, qu'importe à gens de cette étoffe ? Mais la Comtesse ! si quelque insolent attentait... Où m'égaré-je ? En vérité, quand la tête se monte, l'imagination la mieux réglée devient folle comme un rêve ! — Elle s'amusait : ces ris étouffés, cette joie mal éteinte ! — Elle se respecte ; et mon honneur... où diable on l'a placé ! De l'autre part, où suis-je ? cette friponne de Suzanne a-t-elle trahi mon secret ?... Comme il n'est pas encore le sien... Qui donc m'enchaîne à cette fantaisie ? j'ai voulu vingt fois y renoncer... Étrange effet de l'irrésolution ! si je la voulais sans débat, je la désirerais mille fois moins. — Ce Figaro se fait bien attendre ! il faut le sonder adroitement *(Figaro paraît dans le fond, il s'arrête)* et tâcher, dans la conversation que je vais avoir avec lui, de démêler d'une manière détournée s'il est instruit ou non de mon amour pour Suzanne.

Scène V

LE COMTE, FIGARO.

FIGARO, *à part.*

Nous y voilà.

LE COMTE

... S'il en sait par elle un seul mot...

FIGARO, *à part.*

Je m'en suis douté.

LE COMTE

... Je lui fais épouser la vieille.

FIGARO, *à part.*

Les amours de monsieur Bazile ?

LE COMTE

... Et voyons ce que nous ferons de la jeune.

FIGARO, *à part.*

Ah ! ma femme, s'il vous plaît.

LE COMTE *se retourne.*

Hein ? quoi ? qu'est-ce que c'est ?

FIGARO s'avance.

Moi, qui me rends à vos ordres.

LE COMTE

Et pourquoi ces mots ?...

FIGARO

Je n'ai rien dit.

LE COMTE *répète.*

Ma femme, s'il vous plaît ?

FIGARO

C'est... la fin d'une réponse que je faisais : *allez le dire à ma femme, s'il vous plaît.*

LE COMTE *se promène.*

Sa femme !... Je voudrais bien savoir quelle affaire peut arrêter monsieur, quand je le fais appeler ?

FIGARO, *feignant d'assurer son habillement.*

Je m'étais sali sur ces couches en tombant ; je me changeais.

LE COMTE

Faut-il une heure ?

FIGARO

Il faut le temps.

LE COMTE

Les domestiques ici... sont plus longs à s'habiller que les maîtres !

FIGARO

C'est qu'ils n'ont point de valets pour les y aider.

LE COMTE

... Je n'ai pas trop compris ce qui vous avait forcé tantôt de courir un danger inutile, en vous jetant...

FIGARO

Un danger ! on dirait que je me suis engouffré tout vivant...

LE COMTE

Essayez de me donner le change en feignant de le prendre [101], insidieux valet ! Vous entendez fort bien que ce n'est pas le danger qui m'inquiète, mais le motif.

FIGARO

Sur un faux avis, vous arrivez furieux, renversant tout, comme le torrent de la Morena ; vous cherchez un homme, il vous le faut, ou vous allez briser les portes, enfoncer les cloisons ! Je me trouve là par hasard : qui sait dans votre emportement si...

LE COMTE, *interrompant.*

Vous pouviez fuir par l'escalier.

FIGARO

Et vous, me prendre au corridor.

LE COMTE, *en colère.*

Au corridor ! *(A part.)* Je m'emporte, et nuis à ce que je veux savoir.

FIGARO, *à part*.

Voyons-le venir, et jouons serré.

LE COMTE, *radouci*.

Ce n'est pas ce que je voulais dire ; laissons cela. J'avais... oui, j'avais quelque envie de t'emmener à Londres courrier de dépêches... mais, toutes réflexions faites...

FIGARO

Monseigneur a changé d'avis ?

LE COMTE

Premièrement, tu ne sais pas l'anglais.

FIGARO

Je sais *God-dam*[102].

LE COMTE

Je n'entends pas.

FIGARO

Je dis que je sais *God-dam*.

LE COMTE

Eh bien ?

FIGARO

Diable ! c'est une belle langue que l'anglais ! il en faut peu pour aller loin. Avec *God-dam*, en Angleterre, on ne manque de rien nulle part. — Voulez-vous tâter d'un bon poulet gras ? entrez dans une taverne, et faites seulement ce geste au garçon. *(Il tourne la broche.) God-dam !* on vous apporte un pied de bœuf salé, sans pain. C'est admirable. Aimez-vous à boire un coup d'excellent bourgogne ou de clairet[103] ? rien

que celui-ci. *(Il débouche une bouteille.)* *God-dam !* on vous sert
un pot de bière, en bel étain, la mousse aux bords. Quelle
satisfaction ! Rencontrez-vous une de ces jolies personnes qui
vont trottant menu, les yeux baissés, coudes en arrière, et
tortillant un peu des hanches : mettez mignardement tous les
doigts unis sur la bouche. Ah ! *God-dam !* elle vous sangle un
soufflet de crocheteur [104] : preuve qu'elle entend. Les
Anglais, à la vérité, ajoutent par-ci, par-là, quelques autres
mots en conversant ; mais il est bien aisé de voir que *God-dam*
est le fond de la langue ; et si Monseigneur n'a pas d'autre
motif de me laisser en Espagne...

LE COMTE, *à part.*

Il veut venir à Londres ; elle n'a pas parlé.

FIGARO, *à part.*

Il croit que je ne sais rien ; travaillons-le un peu dans son
genre.

LE COMTE

Quel motif avait la Comtesse pour me jouer un pareil tour ?

FIGARO

Ma foi, Monseigneur, vous le savez mieux que moi.

LE COMTE

Je la préviens sur tout [105], et la comble de présents.

FIGARO

Vous lui donnez, mais vous êtes infidèle. Sait-on gré du
superflu à qui nous prive du nécessaire ?

LE COMTE

... Autrefois tu me disais tout.

FIGARO

Et maintenant je ne vous cache rien.

LE COMTE

Combien la Comtesse t'a-t-elle donné pour cette belle association ?

FIGARO

Combien me donnâtes-vous pour la tirer des mains du docteur ? Tenez, Monseigneur, n'humilions pas l'homme qui nous sert bien, crainte d'en faire un mauvais valet.

LE COMTE

Pourquoi faut-il qu'il y ait toujours du louche en ce que tu fais ?

FIGARO

C'est qu'on en voit partout quand on cherche des torts.

LE COMTE

Une réputation détestable !

FIGARO

Et si je vaux mieux qu'elle ? Y a-t-il beaucoup de seigneurs qui puissent en dire autant ?

LE COMTE

Cent fois je t'ai vu marcher à la fortune, et jamais aller droit.

FIGARO

Comment voulez-vous ? la foule est là : chacun veut courir : on se presse, on pousse, on coudoie, on renverse, arrive qui peut ; le reste est écrasé. Aussi c'est fait ; pour moi, j'y renonce.

LE COMTE

A la fortune ? *(A part.)* Voici du neuf.

FIGARO, *à part.*

A mon tour maintenant. *(Haut.)* Votre Excellence m'a gratifié de la conciergerie du château ; c'est un fort joli sort : à la vérité, je ne serai pas le courrier étrenné des nouvelles [106] intéressantes ; mais, en revanche, heureux avec ma femme au fond de l'Andalousie...

LE COMTE

Qui t'empêcherait de l'emmener à Londres ?

FIGARO

Il faudrait la quitter si souvent que j'aurais bientôt du mariage par-dessus la tête.

LE COMTE

Avec du caractère et de l'esprit, tu pourrais un jour t'avancer dans les bureaux.

FIGARO

De l'esprit pour s'avancer ? Monseigneur se rit du mien. Médiocre et rampant, et l'on arrive à tout.

LE COMTE

... Il ne faudrait qu'étudier un peu sous moi la politique.

FIGARO

Je la sais.

LE COMTE

Comme l'anglais, le fond de la langue !

FIGARO

Oui, s'il y avait ici de quoi se vanter. Mais feindre d'ignorer ce qu'on sait, de savoir tout ce qu'on ignore ; d'entendre ce qu'on ne comprend pas, de ne point ouïr ce qu'on entend ; surtout de pouvoir au-delà de ses forces ; avoir souvent pour grand secret de cacher qu'il n'y en a point ; s'enfermer pour tailler des plumes, et paraître profond quand on n'est, comme on dit, que vide et creux ; jouer bien ou mal un personnage, répandre des espions et pensionner des traîtres ; amollir des cachets, intercepter des lettres, et tâcher d'ennoblir la pauvreté des moyens par l'importance des objets : voilà toute la politique, ou je meure !

LE COMTE

Eh ! c'est l'intrigue que tu définis !

FIGARO

La politique, l'intrigue, volontiers ; mais, comme je les crois un peu germaines, en fasse qui voudra ! *J'aime mieux ma mie, ô gué !* comme dit la chanson du bon Roi [107].

LE COMTE, *à part.*

Il veut rester. J'entends... Suzanne m'a trahi.

FIGARO, *à part.*

Je l'enfile [108], et le paye en sa monnaie.

LE COMTE

Ainsi tu espères gagner ton procès contre Marceline ?

FIGARO

Me feriez-vous un crime de refuser une vieille fille, quand Votre Excellence se permet de nous souffler toutes les jeunes !

LE COMTE, *raillant.*

Au tribunal le magistrat s'oublie, et ne voit plus que l'ordonnance.

FIGARO

Indulgente aux grands, dure aux petits...

LE COMTE

Crois-tu donc que je plaisante ?

FIGARO

Eh ! qui le sait, Monseigneur ? *Tempo e galant'uomo*[109], dit l'italien ; il dit toujours la vérité : c'est lui qui m'apprendra qui me veut du mal ou du bien.

LE COMTE, *à part.*

Je vois qu'on lui a tout dit ; il épousera la duègne.

FIGARO, *à part.*

Il a joué au fin avec moi, qu'a-t-il appris ?

Scène VI

LE COMTE, UN LAQUAIS, FIGARO.

LE LAQUAIS, *annonçant.*

Dom Gusman Brid'oison.

LE COMTE

Brid'oison ?

FIGARO

Eh ! sans doute. C'est le juge ordinaire, le lieutenant du siège, votre prud'homme.

LE COMTE

Qu'il attende. *(Le laquais sort.)*

Scène VII

LE COMTE, FIGARO.

FIGARO *reste un moment à regarder le Comte qui rêve*[110].

... Est-ce là ce que Monseigneur voulait ?

LE COMTE, *revenant à lui.*

Moi ?... je disais d'arranger ce salon pour l'audience publique.

FIGARO

Hé ! qu'est-ce qu'il manque ? Le grand fauteuil pour vous, de bonnes chaises aux prud'hommes, le tabouret du greffier, deux banquettes aux avocats, le plancher pour le beau monde et la canaille derrière. Je vais renvoyer les frotteurs. *(Il sort.)*

Scène VIII

LE COMTE, *seul.*

Le maraud m'embarrassait ! en disputant[111], il prend son avantage ; il vous serre, vous enveloppe... Ah ! friponne et fripon, vous vous entendez pour me jouer ! Soyez amis, soyez

amants, soyez ce qu'il vous plaira, j'y consens ; mais parbleu,
pour époux...

Scène IX

SUZANNE, LE COMTE.

SUZANNE, *essoufflée*.

Monseigneur... pardon, Monseigneur.

LE COMTE, *avec humeur*.

Qu'est-ce qu'il y a, mademoiselle ?

SUZANNE

Vous êtes en colère !

LE COMTE

Vous voulez quelque chose apparemment ?

SUZANNE, *timidement*.

C'est que ma maîtresse a ses vapeurs. J'accourais vous
prier de nous prêter votre flacon d'éther. Je l'aurais rapporté
dans l'instant.

LE COMTE *le lui donne*.

Non, non, gardez-le pour vous-même. Il ne tardera pas à
vous être utile.

SUZANNE

Est-ce que les femmes de mon état ont des vapeurs, donc ?
C'est un mal de condition, qu'on ne prend que dans les
boudoirs.

LE COMTE

Une fiancée bien éprise, et qui perd son futur...

SUZANNE

En payant Marceline avec la dot que vous m'avez promise...

LE COMTE

Que je vous ai promise, moi ?

SUZANNE, *baissant les yeux.*

Monseigneur, j'avais cru l'entendre.

LE COMTE

Oui, si vous consentiez à m'entendre vous-même.

SUZANNE, *les yeux baissés.*

Et n'est-ce pas mon devoir d'écouter Son Excellence ?

LE COMTE

Pourquoi donc, cruelle fille, ne me l'avoir pas dit plus tôt ?

SUZANNE

Est-il jamais trop tard pour dire la vérité ?

LE COMTE

Tu te rendrais sur la brune au jardin ?

SUZANNE

Est-ce que je ne m'y promène pas tous les soirs ?

LE COMTE

Tu m'as traité ce matin si durement !

SUZANNE

Ce matin ? — Et le page derrière le fauteuil ?

LE COMTE

Elle a raison, je l'oubliais... Mais pourquoi ce refus obstiné quand Bazile, de ma part ?...

SUZANNE

Quelle nécessité qu'un Bazile... ?

LE COMTE

Elle a toujours raison. Cependant il y a un certain Figaro à qui je crains bien que vous n'ayez tout dit !

SUZANNE

Dame ! oui, je lui dis tout... hors ce qu'il faut lui taire.

LE COMTE, *en riant.*

Ah ! charmante ! Et tu me le promets ? Si tu manquais à ta parole, entendons-nous, mon cœur : point de rendez-vous, point de dot, point de mariage.

SUZANNE, *faisant la révérence.*

Mais aussi point de mariage, point de droit du seigneur, Monseigneur.

LE COMTE

Où prend-elle ce qu'elle dit ? d'honneur j'en raffolerai ! Mais ta maîtresse attend le flacon...

SUZANNE, *riant et rendant le flacon.*

Aurais-je pu vous parler sans un prétexte ?

LE COMTE *veut l'embrasser.*

Délicieuse créature !

SUZANNE *s'échappe.*

Voilà du monde.

LE COMTE, *à part.*

Elle est à moi. *(Il s'enfuit.)*

SUZANNE

Allons vite rendre compte à madame.

Scène X

SUZANNE, FIGARO.

FIGARO

Suzanne, Suzanne ! où cours-tu donc si vite en quittant Monseigneur ?

SUZANNE

Plaide à présent, si tu le veux ; tu viens de gagner ton procès. *(Elle s'enfuit.)*

FIGARO *la suit.*

Ah ! mais, dis donc...

Scène XI

LE COMTE *rentre seul.*

Tu viens de gagner ton procès ! — Je donnais là dans un bon piège ! O mes chers insolents ! je vous punirai de façon… Un bon arrêt… bien juste… Mais s'il allait payer la duègne… Avec quoi ?… S'il payait… Eeeh ! n'ai-je pas le fier Antonio, dont le noble orgueil dédaigne en Figaro un inconnu pour sa nièce ? En caressant cette manie… Pourquoi non ? dans le vaste champ de l'intrigue il faut savoir tout cultiver, jusqu'à la vanité d'un sot. *(Il appelle.)* Anto… *(Il voit entrer Marceline, etc. Il sort.)*

Scène XII

BARTHOLO, MARCELINE, BRID'OISON.

MARCELINE, *à Brid'oison.*

Monsieur, écoutez mon affaire.

BRID'OISON, *en robe, et bégayant un peu.*

Eh bien ! pa-arlons-en verbalement.

BARTHOLO

C'est une promesse de mariage.

MARCELINE

Accompagnée d'un prêt d'argent.

BRID'OISON

J'en-entends, et cætera, le reste.

MARCELINE

Non, monsieur, point d'*et cætera*.

BRID'OISON

J'en-entends : vous avez la somme ?

MARCELINE

Non, monsieur ; c'est moi qui l'ai prêtée.

BRID'OISON

J'en-entends bien, vou-ous redemandez l'argent ?

MARCELINE

Non, monsieur ; je demande qu'il m'épouse.

BRID'OISON

Eh ! mais, j'en-entends fort bien ; et lui veu-eut-il vous épouser ?

MARCELINE

Non, monsieur ; voilà tout le procès !

BRID'OISON

Croyez-vous que je ne l'en-entende pas, le procès ?

MARCELINE

Non, monsieur. *(A Bartholo.)* Où sommes-nous ? *(A Brid'oison).* Quoi ! c'est vous qui nous jugerez ?

BRID'OISON

Est-ce que j'ai a-acheté ma charge pour autre chose ?

MARCELINE, *en soupirant.*

C'est un grand abus que de les vendre !

BRID'OISON

Oui ; l'on-on ferait mieux de nous les donner pour rien. Contre qui plai-aidez-vous ?

Scène XIII

BARTHOLO, MARCELINE, BRID'OISON. FIGARO *rentre en se frottant les mains.*

MARCELINE, *montrant Figaro.*

Monsieur, contre ce malhonnête homme.

FIGARO, *très gaiement, à Marceline.*

Je vous gêne peut-être. — Monseigneur revient dans l'instant, monsieur le conseiller.

BRID'OISON

J'ai vu ce ga-arçon-là quelque part.

FIGARO

Chez madame votre femme, à Séville, pour la servir, monsieur le conseiller.

BRID'OISON

Dan-ans quel temps ?

FIGARO

Un peu moins d'un an avant la naissance de monsieur votre fils le cadet, qui est un bien joli enfant, je m'en vante.

BRID'OISON

Oui, c'est le plus jo-oli de tous. On dit que tu-u fais ici des tiennes ?

FIGARO

Monsieur est bien bon. Ce n'est là qu'une misère.

BRID'OISON

Une promesse de mariage ! A-ah ! le pauvre benêt !

FIGARO

Monsieur...

BRID'OISON

A-t-il vu mon-on secrétaire, ce bon garçon ?

FIGARO

N'est-ce pas Double-Main, le greffier ?

BRID'OISON

Oui ; c'è-est qu'il mange à deux râteliers.

FIGARO

Manger ! je suis garant qu'il dévore. Oh ! que oui, je l'ai vu
pour l'extrait [112] et pour le supplément d'extrait ; comme cela
se pratique, au reste.

BRID'OISON

On-on doit remplir les formes.

FIGARO

Assurément, monsieur ; si le fond des procès appartient
aux plaideurs, on sait bien que la forme est le patrimoine des
tribunaux.

BRID'OISON

Ce garçon-là n'è-est pas si niais que je l'avais cru d'abord.
Eh bien, l'ami, puisque tu en sais tant, nou-ous aurons soin
de ton affaire.

FIGARO

Monsieur, je m'en rapporte à votre équité, quoique vous soyez de notre Justice.

BRID'OISON

Hein ?... Oui, je suis de la-a Justice. Mais si tu dois, et que tu-u ne payes pas ?...

FIGARO

Alors monsieur voit bien que c'est comme si je ne devais pas.

BRID'OISON

San-ans doute. — Hé ! mais qu'est-ce donc qu'il dit ?

Scène XIV

BARTHOLO, MARCELINE, LE COMTE, BRID'OISON, FIGARO, UN HUISSIER.

L'HUISSIER, *précédant le Comte, crie.*

Monseigneur, messieurs.

LE COMTE

En robe ici, seigneur Brid'oison ! Ce n'est qu'une affaire domestique : l'habit de ville était trop bon.

BRID'OISON

C'è-est vous qui l'êtes, monsieur le Comte. Mais je ne vais jamais san-ans elle, parce que la forme, voyez-vous, la forme ! Tel rit d'un juge en habit court, qui-i tremble au seul aspect d'un procureur en robe. La forme, la-a forme !

LE COMTE, *à l'huissier.*

Faites entrer l'audience [113].

L'HUISSIER *va ouvrir en glapissant.*

L'audience !

Scène XV

LES ACTEURS PRÉCÉDENTS, ANTONIO, LES VALETS DU CHÂTEAU, LES PAYSANS ET PAYSANNES *en habits de fête ;* LE COMTE *s'assied sur le grand fauteuil ;* BRID'OISON, *sur une chaise à côté ;* LE GREFFIER, *sur le tabouret derrière sa table ;* LES JUGES, LES AVOCATS, *sur les banquettes ;* MARCELINE, *à côté de* BARTHOLO ; FIGARO, *sur l'autre banquette ;* LES PAYSANS ET VALETS, *debout derrière.*

BRID'OISON, *à Double-Main.*

Double-Main, a-appelez les causes.

DOUBLE-MAIN *lit un papier.*

« Noble, très noble, infiniment noble, *don Pedro George, hidalgo, baron de Los Altos, y Montes Fieros, y Otros Montes ;* contre *Alonzo Calderon,* jeune auteur dramatique. Il est question d'une comédie mort-née, que chacun désavoue et rejette sur l'autre. »

LE COMTE

Ils ont raison tous deux. Hors de cour. S'ils font ensemble un autre ouvrage, pour qu'il marque un peu dans le grand monde, ordonné que le noble y mettra son nom, le poète son talent.

DOUBLE-MAIN *lit un autre papier.*

« *André Petrutchio,* laboureur ; contre le receveur de la province. » Il s'agit d'un forcement arbitraire [114].

LE COMTE

L'affaire n'est pas de mon ressort. Je servirai mieux mes vassaux en les protégeant près du Roi. Passez.

DOUBLE-MAIN *en prend un troisième.*
Bartholo et Figaro se lèvent.

« *Barbe - Agar - Raab - Madeleine - Nicole - Marceline de Verte-Allure,* fille majeure *(Marceline se lève et salue)*; contre *Figaro...* » Nom de baptême en blanc ?

FIGARO

Anonyme.

BRID'OISON

A-anonyme ! Què-el patron est-ce là ?

FIGARO

C'est le mien.

DOUBLE-MAIN *écrit.*

Contre anonyme *Figaro.* Qualités ?

FIGARO

Gentilhomme.

LE COMTE

Vous êtes gentilhomme ? *(Le greffier écrit.)*

FIGARO

Si le ciel l'eût voulu, je serais fils d'un prince.

LE COMTE, *au greffier.*

Allez.

L'HUISSIER, *glapissant.*

Silence ! messieurs.

DOUBLE-MAIN *lit.*

« ... Pour cause d'opposition faite au mariage dudit *Figaro* par ladite *de Verte-Allure*. Le docteur *Bartholo* plaidant pour la demanderesse, et ledit *Figaro* pour lui-même, si la cour le permet, contre le vœu de l'usage et la jurisprudence du siège. »

FIGARO

L'usage, maître Double-Main, est souvent un abus. Le client un peu instruit sait toujours mieux sa cause que certains avocats, qui, suant à froid, criant à tue-tête, et connaissant tout, hors le fait, s'embarrassent aussi peu de ruiner le plaideur que d'ennuyer l'auditoire et d'endormir messieurs : plus boursouflés après que s'ils eussent composé l'*Oratio pro Murena*. Moi, je dirai le fait en peu de mots. Messieurs...

DOUBLE-MAIN

En voilà beaucoup d'inutiles, car vous n'êtes pas demandeur, et n'avez que la défense. Avancez, docteur, et lisez la promesse.

FIGARO

Oui, promesse !

BARTHOLO, *mettant ses lunettes.*

Elle est précise.

BRID'OISON

I-il faut la voir.

DOUBLE-MAIN

Silence donc, messieurs !

L'HUISSIER, *glapissant.*

Silence !

BARTHOLO *lit.*

« *Je soussigné reconnais avoir reçu de damoiselle, etc.* Marceline de Verte-Allure, *dans le château d'Aguas-Frescas, la somme
de deux mille piastres fortes cordonnées*[115], *laquelle somme je lui
rendrai à sa réquisition, dans ce château ; et je l'épouserai, par
forme de reconnaissance, etc.* Signé *Figaro,* tout court. » Mes
conclusions sont au payement du billet et à l'exécution de la
promesse, avec dépens. *(Il plaide.)* Messieurs... jamais cause
plus intéressante ne fut soumise au jugement de la cour ; et,
depuis Alexandre le Grand, qui promit mariage à la belle
Thalestris...

LE COMTE, *interrompant.*

Avant d'aller plus loin, avocat, convient-on de la validité
du titre ?

BRID'OISON, *à Figaro.*

Qu'oppo... qu'oppo-osez-vous à cette lecture ?

FIGARO

Qu'il y a, messieurs, malice, erreur ou distraction dans la
manière dont on a lu la pièce, car il n'est pas dit dans l'écrit :
« *laquelle somme je lui rendrai, ET je l'épouserai* », mais
« *laquelle somme je lui rendrai, OU je l'épouserai* » ; ce qui est
bien différent.

LE COMTE

Y a-t-il ET dans l'acte, ou bien OU ?

BARTHOLO

Il y a ET.

FIGARO

Il y a OU.

BRID'OISON

Dou-ouble-Main, lisez vous-même.

DOUBLE-MAIN, *prenant le papier.*

Et c'est le plus sûr ; car souvent les parties déguisent en lisant. *(Il lit.)* « E, e, e, *Damoiselle* e, e, e, *de Verte-Allure,* e, e, e, Ha ! *laquelle somme je lui rendrai à sa réquisition, dans ce château...* ET... OU... ET... OU... » Le mot est si mal écrit... il y a un pâté.

BRID'OISON

Un pâ-âté ? je sais ce que c'est.

BARTHOLO, *plaidant.*

Je soutiens, moi, que c'est la conjonction copulative ET qui lie les membres corrélatifs de la phrase ; je payerai la demoiselle, ET je l'épouserai.

FIGARO, *plaidant.*

Je soutiens, moi, que c'est la conjonction alternative OU qui sépare lesdits membres ; je payerai la donzelle, OU je l'épouserai. A pédant, pédant et demi. Qu'il s'avise de parler latin, j'y suis grec [116] ; je l'extermine.

LE COMTE

Comment juger pareille question ?

BARTHOLO

Pour la trancher, messieurs, et ne plus chicaner sur un mot, nous passons qu'il y ait OU.

FIGARO

J'en demande acte.

BARTHOLO

Et nous y adhérons. Un si mauvais refuge ne sauvera pas le coupable. Examinons le titre en ce sens. *(Il lit.)* « *Laquelle somme je lui rendrai dans ce château où je l'épouserai.* » C'est ainsi qu'on dirait, messieurs : « *Vous vous ferez saigner dans ce lit* où *vous resterez chaudement* » ; c'est dans lequel. « *Il prendra deux gros* [117] *de rhubarbe* où *vous mêlerez un peu de tamarin* » ; dans lesquels on mêlera. Ainsi « *château* où *je l'épouserai* », messieurs, c'est « *château dans lequel...* »

FIGARO

Point du tout : la phrase est dans le sens de celle-ci : « ou *la maladie vous tuera,* ou *ce sera le médecin* » ; ou bien *le médecin ;* c'est incontestable. Autre exemple : « ou *vous n'écrirez rien qui plaise,* ou *les sots vous dénigreront* » ; ou bien *les sots ;* le sens est clair ; car, audit cas, *sots* ou *méchants* sont le substantif qui gouverne. Maître Bartholo croit-il donc que j'aie oublié ma syntaxe ? Ainsi, je la payerai dans ce château, *virgule, ou* je l'épouserai...

BARTHOLO, *vite.*

Sans virgule.

FIGARO, *vite.*

Elle y est. C'est, *virgule,* messieurs, ou bien je l'épouserai.

BARTHOLO, *regardant le papier, vite.*

Sans virgule, messieurs.

FIGARO, *vite.*

Elle y était, messieurs. D'ailleurs, l'homme qui épouse est-il tenu de rembourser ?

BARTHOLO, *vite.*

Oui ; nous nous marions séparés de biens.

FIGARO, *vite.*

Et nous de corps, dès que mariage n'est pas quittance. (*Les juges se lèvent et opinent tout bas.*)

BARTHOLO

Plaisant acquittement [118] !

DOUBLE-MAIN

Silence, messieurs !

L'HUISSIER, *glapissant.*

Silence !

BARTHOLO

Un pareil fripon appelle cela payer ses dettes !

FIGARO

Est-ce votre cause, avocat, que vous plaidez ?

BARTHOLO

Je défends cette demoiselle.

FIGARO

Continuez à déraisonner, mais cessez d'injurier. Lorsque, craignant l'emportement des plaideurs, les tribunaux ont toléré qu'on appelât des tiers, ils n'ont pas entendu que ces défenseurs modérés deviendraient impunément des insolents privilégiés. C'est dégrader le plus noble institut [119]. *(Les juges continuent d'opiner bas.)*

ANTONIO, *à Marceline, montrant les juges.*

Qu'ont-ils tant à balbucifier ?

MARCELINE

On a corrompu le grand juge ; il corrompt l'autre, et je perds mon procès.

BARTHOLO, *bas, d'un ton sombre.*

J'en ai peur.

FIGARO, *gaiement.*

Courage, Marceline !

DOUBLE-MAIN *se lève ; à Marceline.*

Ah ! c'est trop fort ! je vous dénonce ; et, pour l'honneur du tribunal, je demande qu'avant faire droit sur l'autre affaire, il soit prononcé sur celle-ci.

LE COMTE *s'assied.*

Non, greffier, je ne prononcerai point sur mon injure personnelle ; un juge espagnol n'aura point à rougir d'un excès digne au plus des tribunaux asiatiques : c'est assez des autres abus ! J'en vais corriger un second, en vous motivant mon arrêt : tout juge qui s'y refuse est un grand ennemi des lois. Que peut requérir la demanderesse ? mariage à défaut de payement ; les deux ensemble impliqueraient [120].

DOUBLE-MAIN

Silence, messieurs !

L'HUISSIER, *glapissant.*

Silence.

LE COMTE

Que nous répond le défendeur ? qu'il veut garder sa personne ; à lui permis.

FIGARO, *avec joie.*

J'ai gagné !

LE COMTE

Mais comme le texte dit : « *Laquelle somme je payerai à sa première réquisition,* ou *bien j'épouserai,* etc. », la cour condamne le défendeur à payer deux mille piastres fortes à la demanderesse, ou bien à l'épouser dans le jour. *(Il se lève.)*

FIGARO, *stupéfait.*

J'ai perdu.

ANTONIO, *avec joie.*

Superbe arrêt !

FIGARO

En quoi superbe ?

ANTONIO

En ce que tu n'es plus mon neveu. Grand merci, Monseigneur.

L'HUISSIER, *glapissant.*

Passez, messieurs. *(Le peuple sort.)*

ANTONIO

Je m'en vas tout conter à ma nièce. *(Il sort.)*

Scène XVI

LE COMTE, *allant de côté et d'autre ;*
MARCELINE, BARTHOLO, FIGARO, BRID'OISON

MARCELINE *s'assied.*

Ah ! je respire !

FIGARO

Et moi, j'étouffe.

LE COMTE, *à part.*

Au moins je suis vengé, cela soulage.

FIGARO, *à part.*

Et ce Bazile qui devait s'opposer au mariage de Marceline, voyez comme il revient ! — *(Au Comte qui sort.)* Monseigneur, vous nous quittez ?

LE COMTE

Tout est jugé.

FIGARO, *à Brid'oison.*

C'est ce gros enflé de conseiller...

BRID'OISON

Moi, gros-os enflé !

FIGARO

Sans doute. Et je ne l'épouserai pas : je suis gentilhomme, une fois [121]. *(Le Comte s'arrête.)*

BARTHOLO

Vous l'épouserez.

FIGARO

Sans l'aveu de mes nobles parents ?

BARTHOLO

Nommez-les, montrez-les.

FIGARO

Qu'on me donne un peu de temps : je suis bien près de les revoir ; il y a quinze ans que je les cherche.

BARTHOLO

Le fat ! c'est quelque enfant trouvé !

FIGARO

Enfant perdu, docteur, ou plutôt enfant volé.

LE COMTE *revient.*

Volé, perdu, la preuve ? Il crierait qu'on lui fait injure !

FIGARO

Monseigneur, quand les langes à dentelles, tapis brodés et joyaux d'or trouvés sur moi par les brigands n'indiqueraient pas ma haute naissance, la précaution qu'on avait prise de me faire des marques distinctives témoignerait assez combien j'étais un fils précieux : et cet hiéroglyphe à mon bras... *(Il veut se dépouiller le bras droit.)*

MARCELINE, *se levant vivement.*

Une spatule [122] à ton bras droit ?

FIGARO

D'où savez-vous que je dois l'avoir ?

MARCELINE

Dieux ! c'est lui !

FIGARO

Oui, c'est moi.

BARTHOLO, *à Marceline.*

Et qui ? lui !

MARCELINE, *vivement.*

C'est Emmanuel.

BARTHOLO, *à Figaro.*

Tu fus enlevé par des bohémiens ?

FIGARO, *exalté.*

Tout près d'un château. Bon docteur, si vous me rendez à ma noble famille, mettez un prix à ce service ; des monceaux d'or n'arrêteront pas mes illustres parents.

BARTHOLO, *montrant Marceline.*

Voilà ta mère.

FIGARO

… Nourrice ?

BARTHOLO

Ta propre mère.

LE COMTE

Sa mère !

FIGARO

Expliquez-vous.

MARCELINE, *montrant Bartholo.*

Voilà ton père.

FIGARO, *désolé.*

Oooh ! aïe de moi !

MARCELINE

Est-ce que la nature ne te l'a pas dit mille fois ?

FIGARO

Jamais.

LE COMTE, *à part.*

Sa mère !

BRID'OISON

C'est clair, i-il ne l'épousera pas.

☛ BARTHOLO *

Ni moi non plus.

MARCELINE

Ni vous ! Et votre fils ? Vous m'aviez juré...

BARTHOLO

J'étais fou. Si pareils souvenirs engageaient, on serait tenu d'épouser tout le monde.

BRID'OISON

E-et si l'on y regardait de si près, per-ersonne n'épouserait personne.

---

* Ce qui suit, enfermé entre ces deux index, a été retranché par les Comédiens-Français aux représentations de Paris (note de Beaumarchais).

BARTHOLO

Des fautes si connues ! une jeunesse déplorable.

MARCELINE, *s'échauffant par degrés.*

Oui, déplorable, et plus qu'on ne croit ! Je n'entends pas
nier mes fautes ; ce jour les a trop bien prouvées ! mais qu'il
est dur de les expier après trente ans d'une vie modeste !
J'étais née, moi, pour être sage, et je la suis devenue sitôt
qu'on m'a permis d'user de ma raison. Mais dans l'âge des
illusions, de l'inexpérience et des besoins, où les séducteurs
nous assiègent pendant que la misère nous poignarde, que
peut opposer une enfant à tant d'ennemis rassemblés ? Tel
nous juge ici sévèrement, qui, peut-être, en sa vie a perdu dix
infortunées !

FIGARO

Les plus coupables sont les moins généreux ; c'est la règle.

MARCELINE, *vivement.*

Hommes plus qu'ingrats, qui flétrissez par le mépris les
jouets de vos passions, vos victimes ! c'est vous qu'il faut
punir des erreurs de notre jeunesse ; vous et vos magistrats, si
vains du droit de nous juger, et qui nous laissent enlever, par
leur coupable négligence, tout honnête moyen de subsister.
Est-il un seul état pour les malheureuses filles ? Elles avaient
un droit naturel à toute la parure des femmes : on y laisse
former mille ouvriers de l'autre sexe.

FIGARO, *en colère.*

Ils font broder jusqu'aux soldats !

MARCELINE, *exaltée.*

Dans les rangs même plus élevés, les femmes n'obtiennent
de vous qu'une considération dérisoire ; leurrées de respects
apparents, dans une servitude réelle ; traitées en mineures

pour nos biens, punies en majeures pour nos fautes ! Ah !
sous tous les aspects, votre conduite avec nous fait horreur ou
pitié !

FIGARO

Elle a raison !

LE COMTE, *à part.*

Que trop raison !

BRID'OISON

Elle a, mon-on Dieu, raison.

MARCELINE

Mais que nous font, mon fils, les refus d'un homme
injuste ? Ne regarde pas d'où tu viens, vois où tu vas : cela
seul importe à chacun. Dans quelques mois ta fiancée ne
dépendra plus que d'elle-même ; elle t'acceptera, j'en
réponds. Vis entre une épouse, une mère tendre qui te
chériront à qui mieux mieux. Sois indulgent pour elles,
heureux pour toi, mon fils ; gai, libre et bon pour tout le
monde ; il ne manquera rien à ta mère.

FIGARO

Tu parles d'or, maman, et je me tiens à ton avis. Qu'on est
sot, en effet ! Il y a des mille et mille ans que le monde roule,
et dans cet océan de durée, où j'ai par hasard attrapé
quelques chétifs trente ans qui ne reviendront plus, j'irais me
tourmenter pour savoir à qui je les dois ! Tant pis pour qui
s'en inquiète. Passer ainsi la vie à chamailler, c'est peser sur
le collier sans relâche, comme les malheureux chevaux de la
remonte des fleuves, qui ne reposent pas même quand ils
s'arrêtent, et qui tirent toujours, quoiqu'ils cessent de
marcher. Nous attendrons [123].

LE COMTE

Sot événement qui me dérange !

BRID'OISON, *à Figaro.*

Et la noblesse, et le château ? Vous impo-osez à la justice !

FIGARO

Elle allait me faire faire une belle sottise, la justice ! Après que j'ai manqué, pour ces maudits cent écus [124], d'assommer vingt fois monsieur, qui se trouve aujourd'hui mon père ! Mais puisque le ciel a sauvé ma vertu de ces dangers, mon père, agréez mes excuses ;... et vous, ma mère, embrassez-moi... le plus maternellement que vous pourrez. (*Marceline lui saute au cou.*)

Scène XVII

BARTHOLO, FIGARO, MARCELINE, BRID'OISON, SUZANNE, ANTONIO, LE COMTE

SUZANNE, *accourant, une bourse à la main.*

Monseigneur, arrêtez ; qu'on ne les marie pas : je viens payer madame avec la dot que ma maîtresse me donne.

LE COMTE, *à part.*

Au diable la maîtresse ! Il semble que tout conspire... (*Il sort.*)

Scène XVIII

BARTHOLO, ANTONIO, SUZANNE, FIGARO, MARCELINE,
BRID'OISON

ANTONIO, *voyant Figaro embrasser sa mère, dit à Suzanne.*

Ah ! oui, payer ! Tiens, tiens.

SUZANNE *se retourne.*

J'en vois assez : sortons, mon oncle.

FIGARO, *l'arrêtant.*

Non, s'il vous plaît ! Que vois-tu donc ?

SUZANNE

Ma bêtise et ta lâcheté.

FIGARO

Pas plus de l'une que de l'autre.

SUZANNE, *en colère.*

Et que tu l'épouses à gré, puisque tu la caresses.

FIGARO, *gaiement.*

Je la caresse, mais je ne l'épouse pas. *(Suzanne veut sortir, Figaro la retient.)*

SUZANNE *lui donne un soufflet.*

Vous êtes bien insolent d'oser me retenir !

FIGARO, *à la compagnie.*

C'est-il çà de l'amour ! Avant de nous quitter, je t'en supplie, envisage bien cette chère femme-là.

SUZANNE

Je la regarde.

FIGARO

Et tu la trouves ?...

SUZANNE

Affreuse.

FIGARO

Et vive la jalousie ! elle ne vous marchande pas [125].

MARCELINE, *les bras ouverts.*

Embrasse ta mère, ma jolie Suzannette. Le méchant qui te
tourmente est mon fils.

SUZANNE *court à elle.*

Vous, sa mère ! *(Elles restent dans les bras l'une de l'autre.)*

ANTONIO

C'est donc de tout à l'heure ?

FIGARO

... Que je le sais.

MARCELINE, *exaltée.*

Non, mon cœur entraîné vers lui ne se trompait que de
motif ; c'était le sang qui me parlait.

FIGARO

Et moi le bon sens, ma mère, qui me servait d'instinct
quand je vous refusais ; car j'étais loin de vous haïr, témoin
l'argent...

MARCELINE *lui remet un papier.*

Il est à toi : reprends ton billet [126], c'est ta dot.

SUZANNE *lui jette la bourse.*

Prends encore celle-ci.

FIGARO

Grand merci.

MARCELINE, *exaltée.*

Fille assez malheureuse, j'allais devenir la plus misérable des femmes, et je suis la plus fortunée des mères ! Embrassez-moi, mes deux enfants ; j'unis dans vous toutes mes tendresses. Heureuse autant que je puis l'être, ah ! mes enfants, combien je vais aimer !

FIGARO, *attendri, avec vivacité.*

Arrête donc, chère mère ! arrête donc ! voudrais-tu voir se fondre en eau mes yeux noyés des premières larmes que je connaisse ? Elles sont de joie, au moins. Mais quelle stupidité ! j'ai manqué d'en être honteux : je les sentais couler entre mes doigts : regarde ; *(il montre ses doigts écartés)* et je les retenais bêtement ! Va te promener, la honte ! je veux rire et pleurer en même temps ; on ne sent pas deux fois ce que j'éprouve. *(Il embrasse sa mère d'un côté, Suzanne de l'autre.)**

MARCELINE

O mon ami !

SUZANNE

Mon cher ami !

* Bartholo, Antonio, Suzanne, Figaro, Marceline, Brid'Oison (note de Beaumarchais).

BRID'OISON, *s'essuyant les yeux d'un mouchoir.*

Eh bien ! moi, je suis donc bê-ête aussi !

FIGARO, *exalté.*

Chagrin, c'est maintenant que je puis te défier ! Atteins-moi, si tu l'oses, entre ces deux femmes chéries.

ANTONIO, *à Figaro.*

Pas tant de cajoleries, s'il vous plaît. En fait de mariage dans les familles, celui des parents va devant, savez. Les vôtres se baillent-ils la main ?

BARTHOLO

Ma main ! puisse-t-elle se dessécher et tomber, si jamais je la donne à la mère d'un tel drôle !

ANTONIO, *à Bartholo.*

Vous n'êtes donc qu'un père marâtre ? *(A Figaro.)* En ce cas, not' galant, plus de parole.

SUZANNE

Ah ! mon oncle...

ANTONIO

Irai-je donner l'enfant de not' sœur à sti qui n'est l'enfant de personne ?

BRID'OISON

Est-ce que cela-a se peut, imbécile ? on-on est toujours l'enfant de quelqu'un.

ANTONIO

Tarare [127] !... Il ne l'aura jamais. *(Il sort.)*

Scène XIX

BARTHOLO, SUZANNE, FIGARO, MARCELINE, BRID'OISON

BARTHOLO, *à Figaro.*

Et cherche à présent qui t'adopte. *(Il veut sortir.)*

MARCELINE, *courant prendre Bartholo à bras-le-corps, le ramène.*

Arrêtez, docteur, ne sortez pas !

FIGARO, *à part.*

Non, tous les sots d'Andalousie sont, je crois, déchaînés contre mon pauvre mariage !

SUZANNE, *à Bartholo*.*

Bon petit papa, c'est votre fils.

MARCELINE, *à Bartholo.*

De l'esprit, des talents, de la figure.

FIGARO, *à Bartholo.*

Et qui ne vous a pas coûté une obole.

BARTHOLO

Et les cent écus qu'il m'a pris ?

MARCELINE, *le caressant.*

Nous aurons tant soin de vous, papa !

---

* Suzanne, Bartholo, Marceline, Figaro, Brid'Oison (note de Beaumarchais).

SUZANNE, *le caressant.*

Nous vous aimerons tant, petit papa !

BARTHOLO, *attendri.*

Papa ! bon papa ! petit papa ! Voilà que je suis plus bête encore que monsieur, moi. *(Montrant Brid'oison.)* Je me laisse aller comme un enfant. *(Marceline et Suzanne l'embrassent.)* Oh ! non, je n'ai pas dit oui. *(Il se retourne.)* Qu'est donc devenu Monseigneur ?

FIGARO

Courons le joindre ; arrachons-lui son dernier mot. S'il machinait quelque autre intrigue, il faudrait tout recommencer.

TOUS ENSEMBLE

Courons, courons. *(Ils entraînent Bartholo dehors.)*

Scène XX

BRID'OISON, *seul.*

Plus bê-ête encore que monsieur ! On peut se dire à soi-même ces-es sortes de choses-là, mais... I-ils ne sont pas polis du tout dan-ans cet endroit-ci. *(Il sort.)*

ACTE QUATRIÈME

Le théâtre représente une galerie ornée de candélabres, de lustres allumés, de fleurs, de guirlandes, en un mot, préparée pour donner une fête. Sur le devant, à droite, est une table avec une écritoire, un fauteuil derrière.

Scène I

FIGARO, SUZANNE.

FIGARO, *la tenant à bras-le-corps.*

Eh bien ! amour, es-tu contente ? Elle a converti son docteur, cette fine langue dorée de ma mère ! Malgré sa répugnance, il l'épouse, et ton bourru d'oncle est bridé ; il n'y a que Monseigneur qui rage, car enfin notre hymen va devenir le prix du leur. Ris donc un peu de ce bon résultat.

SUZANNE

As-tu rien vu de plus étrange ?

FIGARO

Ou plutôt d'aussi gai. Nous ne voulions qu'une dot arrachée à l'Excellence ; en voilà deux dans nos mains, qui ne

sortent pas des siennes. Une rivale acharnée te poursuivait ;
j'étais tourmenté par une furie ; tout cela s'est changé, pour
nous, dans *la plus bonne* des mères. Hier, j'étais comme seul
au monde, et voilà que j'ai tous mes parents ; pas si
magnifiques, il est vrai, que je me les étais galonnés ; mais
assez bien pour nous, qui n'avons pas la vanité des riches.

SUZANNE

Aucune des choses que tu avais disposées, que nous
attendions, mon ami, n'est pourtant arrivée !

FIGARO

Le hasard a mieux fait que nous tous, ma petite. Ainsi va le
monde ; on travaille, on projette, on arrange d'un côté ; la
fortune accomplit de l'autre : et depuis l'affamé conquérant
qui voudrait avaler la terre, jusqu'au paisible aveugle qui se
laisse mener par son chien, tous sont le jouet de ses caprices ;
encore l'aveugle au chien est-il souvent mieux conduit, moins
trompé dans ses vues que l'autre aveugle avec son entou-
rage. — Pour cet aimable aveugle qu'on nomme Amour... *(Il
la reprend tendrement à bras-le-corps.)*

SUZANNE

Ah ! c'est le seul qui m'intéresse !

FIGARO

Permets donc que, prenant l'emploi de la Folie [128], je sois
le bon chien qui le mène à ta jolie mignonne porte ; et nous
voilà logés pour la vie.

SUZANNE, *riant.*

L'Amour et toi ?

FIGARO

Moi et l'Amour.

SUZANNE

Et vous ne chercherez pas d'autre gîte ?

FIGARO

Si tu m'y prends, je veux bien que mille millions de galants...

SUZANNE

Tu vas exagérer : dis ta bonne vérité.

FIGARO

Ma vérité la plus vraie !

SUZANNE

Fi donc, vilain ! en a-t-on plusieurs ?

FIGARO

Oh ! que oui. Depuis qu'on a remarqué qu'avec le temps vieilles folies deviennent sagesse, et qu'anciens petits mensonges assez mal plantés ont produit de grosses, grosses vérités, on en a de mille espèces. Et celles qu'on sait, sans oser les divulguer : car toute vérité n'est pas bonne à dire ; et celles qu'on vante, sans y ajouter foi : car toute vérité n'est pas bonne à croire ; et les serments passionnés, les menaces des mères, les protestations des buveurs, les promesses des gens en place, le dernier mot de nos marchands, cela ne finit pas. Il n'y a que mon amour pour Suzon qui soit une vérité de bon aloi.

SUZANNE

J'aime ta joie, parce qu'elle est folle ; elle annonce que tu es heureux. Parlons du rendez-vous du Comte.

FIGARO

Ou plutôt n'en parlons jamais ; il a failli me coûter Suzanne.

SUZANNE

Tu ne veux donc plus qu'il ait lieu ?

FIGARO

Si vous m'aimez, Suzon, votre parole d'honneur sur ce point : qu'il s'y morfonde ; et c'est sa punition.

SUZANNE

Il m'en a plus coûté de l'accorder que je n'ai de peine à le rompre : il n'en sera plus question.

FIGARO

Ta bonne vérité ?

SUZANNE

Je ne suis pas comme vous autres savants, moi ! je n'en ai qu'une.

FIGARO

Et tu m'aimeras un peu ?

SUZANNE

Beaucoup.

FIGARO

Ce n'est guère.

SUZANNE

Et comment ?

FIGARO

En fait d'amour, vois-tu, trop n'est pas même assez.

SUZANNE

Je n'entends pas toutes ces finesses, mais je n'aimerai que mon mari.

FIGARO

Tiens parole, et tu feras une belle exception à l'usage. (*Il veut l'embrasser.*)

Scène II

FIGARO, SUZANNE, LA COMTESSE.

LA COMTESSE

Ah ! j'avais raison de le dire ; en quelque endroit qu'ils soient, croyez qu'ils sont ensemble. Allons donc, Figaro, c'est voler l'avenir, le mariage et vous-même, que d'usurper un tête-à-tête. On vous attend, on s'impatiente.

FIGARO

Il est vrai, madame, je m'oublie. Je vais leur montrer mon excuse. (*Il veut emmener Suzanne.*)

LA COMTESSE *la retient.*

Elle vous suit.

Scène III

SUZANNE, LA COMTESSE.

LA COMTESSE

As-tu ce qu'il nous faut pour troquer de vêtement ?

SUZANNE

Il ne faut rien, madame ; le rendez-vous ne tiendra pas.

LA COMTESSE

Ah ! vous changez d'avis ?

SUZANNE

C'est Figaro.

LA COMTESSE

Vous me trompez.

SUZANNE

Bonté divine !

LA COMTESSE

Figaro n'est pas homme à laisser échapper une dot.

SUZANNE

Madame ! eh, que croyez-vous donc ?

LA COMTESSE

Qu'enfin, d'accord avec le Comte, il vous fâche à présent de m'avoir confié ses projets. Je vous sais par cœur. Laissez-moi. *(Elle veut sortir.)*

SUZANNE *se jette à genoux.*

Au nom du ciel, espoir de tous ! Vous ne savez pas, madame, le mal que vous faites à Suzanne ! Après vos bontés continuelles et la dot que vous me donnez !...

LA COMTESSE *la relève.*

Eh mais... je ne sais ce que je dis ! En me cédant ta place au jardin, tu n'y vas pas, mon cœur ; tu tiens parole à ton mari, tu m'aides à ramener le mien.

SUZANNE

Comme vous m'avez affligée !

LA COMTESSE

C'est que je ne suis qu'une étourdie. *(Elle la baise au front.)* Où est ton rendez-vous ?

SUZANNE *lui baise la main.*

Le mot de jardin m'a seul frappée.

LA COMTESSE, *montrant la table.*

Prends cette plume, et fixons un endroit.

SUZANNE

Lui écrire !

LA COMTESSE

Il le faut.

SUZANNE

Madame ! au moins c'est vous...

LA COMTESSE

Je mets tout sur mon compte. *(Suzanne s'assied, la Comtesse dicte.)*

Chanson nouvelle, sur l'air... « Qu'il fera beau ce soir sous les grands marronniers... Qu'il fera beau ce soir... »

SUZANNE *écrit.*

« Sous les grands marronniers... » Après ?

LA COMTESSE

Crains-tu qu'il ne t'entende pas ?

SUZANNE *relit.*

C'est juste. *(Elle plie le billet.)* Avec quoi cacheter ?

LA COMTESSE

Une épingle, dépêche : elle servira de réponse. Écris sur le revers : *Renvoyez-moi le cachet.*

SUZANNE *écrit en riant.*

Ah ! *le cachet !...* Celui-ci, madame, est plus gai que celui du brevet.

LA COMTESSE, *avec un souvenir douloureux.*

Ah !

SUZANNE *cherche sur elle.*

Je n'ai pas d'épingle, à présent !

LA COMTESSE *détache sa lévite.*

Prends celle-ci. *(Le ruban du page tombe de son sein à terre.)* Ah ! mon ruban !

SUZANNE *le ramasse.*

C'est celui du petit voleur ! Vous avez eu la cruauté ?...

LA COMTESSE

Fallait-il le laisser à son bras ? C'eût été joli ! Donnez donc !

SUZANNE

Madame ne le portera plus, taché du sang de ce jeune homme.

LA COMTESSE *le reprend.*

Excellent pour Fanchette. Le premier bouquet qu'elle m'apportera...

Scène IV

UNE JEUNE BERGÈRE, CHÉRUBIN *en fille*, FANCHETTE *et beaucoup de jeunes filles habillées comme elle, et tenant des bouquets,* LA COMTESSE, SUZANNE.

FANCHETTE

Madame, ce sont les filles du bourg qui viennent vous présenter des fleurs.

LA COMTESSE, *serrant vite son ruban.*

Elles sont charmantes. Je me reproche, mes belles petites, de ne pas vous connaître toutes. *(Montrant Chérubin.)* Quelle est cette aimable enfant qui a l'air si modeste ?

UNE BERGÈRE

C'est une cousine à moi, madame, qui n'est ici que pour la noce.

LA COMTESSE

Elle est jolie. Ne pouvant porter vingt bouquets, faisons honneur à l'étrangère. *(Elle prend le bouquet de Chérubin, et le*

baise au front.) Elle en rougit ! *(A Suzanne.)* Ne trouves-tu
pas, Suzon... qu'elle ressemble à quelqu'un ?

SUZANNE

A s'y méprendre, en vérité.

CHÉRUBIN, *à part, les mains sur son cœur.*

Ah ! ce baiser-là m'a été bien loin !

Scène V

LES JEUNES FILLES, CHÉRUBIN *au milieu d'elles,* FANCHETTE,
ANTONIO, LE COMTE, LA COMTESSE, SUZANNE.

ANTONIO

Moi je vous dis, Monseigneur, qu'il y est ; elles l'ont
habillé chez ma fille ; toutes ses hardes y sont encore, et voilà
son chapeau d'ordonnance que j'ai retiré du paquet. *(Il
s'avance et regardant toutes les filles, il reconnaît Chérubin, lui
enlève son bonnet de femme, ce qui fait retomber ses longs cheveux
en cadenette*[129]. *Il lui met sur la tête le chapeau d'ordonnance et
dit :)* Eh parguenne, v'là notre officier !

LA COMTESSE *recule.*

Ah ciel !

SUZANNE

Ce friponneau !

ANTONIO

Quand je disais là-haut que c'était lui !...

LE COMTE, *en colère.*

Eh bien, madame ?

LA COMTESSE

Eh bien, monsieur ! vous me voyez plus surprise que vous et, pour le moins, aussi fâchée.

LE COMTE

Oui ; mais tantôt, ce matin ?

LA COMTESSE

Je serais coupable, en effet, si je dissimulais encore. Il était descendu chez moi. Nous entamions le badinage que ces enfants viennent d'achever ; vous nous avez surprises l'habillant : votre premier mouvement est si vif ! il s'est sauvé, je me suis troublée ; l'effroi général a fait le reste.

LE COMTE, *avec dépit, à Chérubin.*

Pourquoi n'êtes-vous pas parti ?

CHÉRUBIN, *ôtant son chapeau brusquement.*

Monseigneur...

LE COMTE

Je punirai ta désobéissance.

FANCHETTE, *étourdiment.*

Ah, Monseigneur, entendez-moi ! Toutes les fois que vous venez m'embrasser, vous savez bien que vous dites toujours : *Si tu veux m'aimer, petite Fanchette, je te donnerai ce que tu voudras.*

LE COMTE, *rougissant.*

Moi ! j'ai dit cela ?

FANCHETTE

Oui, Monseigneur. Au lieu de punir Chérubin, donnez-le-moi en mariage, et je vous aimerai à la folie.

LE COMTE, *à part*.

Être ensorcelé par un page !

LA COMTESSE

Eh bien, monsieur, à votre tour ! L'aveu de cette enfant aussi naïf que le mien atteste enfin deux vérités : que c'est toujours sans le vouloir si je vous cause des inquiétudes, pendant que vous épuisez tout pour augmenter et justifier les miennes.

ANTONIO

Vous aussi, Monseigneur ? Dame ! je vous la redresserai comme feu sa mère [130], qui est morte... Ce n'est pas pour la conséquence ; mais c'est que madame sait bien que les petites filles, quand elles sont grandes...

LE COMTE, *déconcerté, à part*.

Il y a un mauvais génie qui tourne tout ici contre moi !

Scène VI

LES JEUNES FILLES, CHÉRUBIN, ANTONIO, FIGARO, LE COMTE, LA COMTESSE, SUZANNE.

FIGARO

Monseigneur, si vous retenez nos filles, on ne pourra commencer ni la fête, ni la danse.

LE COMTE

Vous, danser ! vous n'y pensez pas. Après votre chute de ce matin, qui vous a foulé le pied droit !

FIGARO, *remuant la jambe.*

Je souffre encore un peu ; ce n'est rien. *(Aux jeunes filles.)* Allons, mes belles, allons !

LE COMTE *le retourne.*

Vous avez été fort heureux que ces couches ne fussent que du terreau bien doux !

FIGARO

Très heureux, sans doute ; autrement...

ANTONIO *le retourne.*

Puis il s'est pelotonné en tombant jusqu'en bas.

FIGARO

Un plus adroit, n'est-ce pas, serait resté en l'air ? *(Aux jeunes filles.)* Venez-vous, mesdemoiselles ?

ANTONIO *le retourne.*

Et, pendant ce temps, le petit page galopait sur son cheval à Séville ?

FIGARO

Galopait, ou marchait au pas...

LE COMTE *le retourne.*

Et vous aviez son brevet dans la poche ?

FIGARO, *un peu étonné.*

Assurément ; mais quelle enquête ? *(Aux jeunes filles.)* Allons donc, jeunes filles !

ANTONIO, *attirant Chérubin par le bras.*

En voici une qui prétend que mon neveu futur n'est qu'un menteur.

FIGARO, *surpris.*

Chérubin !... *(A part.)* Peste du petit fat !

ANTONIO

Y es-tu maintenant ?

FIGARO, *cherchant.*

J'y suis... j'y suis... Hé ! qu'est-ce qu'il chante ?

LE COMTE, *sèchement.*

Il ne chante pas ; il dit que c'est lui qui a sauté sur les giroflées.

FIGARO, *rêvant.*

Ah ! s'il le dit... cela se peut. Je ne dispute pas de ce que j'ignore.

LE COMTE

Ainsi vous et lui ?...

FIGARO

Pourquoi non ? la rage de sauter peut gagner : voyez les moutons de Panurge ; et quand vous êtes en colère, il n'y a personne qui n'aime mieux risquer...

LE COMTE

Comment, deux à la fois ?

FIGARO

On aurait sauté deux douzaines. Et qu'est-ce que cela fait,

Monseigneur, dès qu'il n'y a personne de blessé ? *(Aux jeunes filles.)* Ah çà, voulez-vous venir, ou non ?

LE COMTE, *outré.*

Jouons-nous une comédie ? *(On entend un prélude de fanfare.)*

FIGARO

Voilà le signal de la marche. A vos postes, les belles, à vos postes ! Allons, Suzanne, donne-moi le bras. *(Tous s'enfuient ; Chérubin reste seul, la tête baissée.)*

Scène VII

CHÉRUBIN, LE COMTE, LA COMTESSE.

LE COMTE, *regardant aller Figaro.*

En voit-on de plus audacieux ? *(Au page.)* Pour vous, monsieur le sournois, qui faites le honteux, allez vous rhabiller bien vite, et que je ne vous rencontre nulle part de la soirée.

LA COMTESSE

Il va bien s'ennuyer.

CHÉRUBIN, *étourdiment.*

M'ennuyer ! j'emporte à mon front du bonheur pour plus de cent années de prison. *(Il met son chapeau et s'enfuit.)*

Scène VIII

LE COMTE, LA COMTESSE.
(La Comtesse s'évente fortement sans parler.)

LE COMTE

Qu'a-t-il au front de si heureux ?

LA COMTESSE, *avec embarras.*

Son... premier chapeau d'officier, sans doute ; aux enfants
tout sert de hochet. *(Elle veut sortir.)*

LE COMTE

Vous ne nous restez pas, Comtesse ?

LA COMTESSE

Vous savez que je ne me porte pas bien.

LE COMTE

Un instant pour votre protégée, ou je vous croirais en
colère.

LA COMTESSE

Voici les deux noces, asseyons-nous donc pour les recevoir.

LE COMTE, *à part.*

La noce ! Il faut souffrir ce qu'on ne peut empêcher. *(Le
Comte et la Comtesse s'assoient vers un des côtés de la galerie.)*

Scène IX

LE COMTE, LA COMTESSE, *assis ; l'on joue les Folies d'Espagne*
d'un mouvement de marche (Symphonie notée).

MARCHE

LES GARDES-CHASSE, *fusil sur l'épaule.*
L'ALGUAZIL. LES PRUD'HOMMES. BRID'OISON.
LES PAYSANS ET PAYSANNES *en habits de fête.*
DEUX JEUNES FILLES *portant la toque virginale à plumes blanches.*
DEUX AUTRES, *le voile blanc.*
DEUX AUTRES, *les gants et le bouquet de côté.*
ANTONIO *donne la main à* SUZANNE, *comme étant celui qui la marie*
à FIGARO.
D'AUTRES JEUNES FILLES *portent une autre toque, un autre voile, un*
autre bouquet blanc, semblables aux premiers, pour MARCELINE.
FIGARO *donne la main à* MARCELINE, *comme celui qui doit la*
remettre au DOCTEUR, *lequel ferme la marche, un gros bouquet au côté.*
Les jeunes filles, en passant devant le Comte, remettent à ses valets tous
les ajustements destinés à SUZANNE *et à* MARCELINE.
LES PAYSANS ET PAYSANNES *s'étant rangés sur deux colonnes à*
chaque côté du salon, on danse une reprise du fandango (air noté) avec
des castagnettes : puis on joue la ritournelle du duo, pendant laquelle
ANTONIO *conduit* SUZANNE *au* COMTE *; elle se met à genoux devant lui.*
Pendant que le COMTE *lui pose la toque, le voile, et lui donne le*
bouquet, deux jeunes filles chantent le duo suivant (Air noté) :

Jeune épouse, chantez les bienfaits et la gloire
D'un maître qui renonce aux droits qu'il eut sur vous :
Préférant au plaisir la plus noble victoire,
Il vous rend chaste et pure aux mains de votre époux.

SUZANNE *est à genoux, et, pendant les derniers vers du duo, elle tire le*
COMTE *par son manteau et lui montre le billet qu'elle tient : puis elle*
porte la main qu'elle a du côté des spectateurs à sa tête, où le COMTE *a*
l'air d'ajuster sa toque ; elle lui donne le billet.
LE COMTE *le met furtivement dans son sein ; on achève de chanter le*
duo : la fiancée se relève, et lui fait une grande révérence.
FIGARO *vient la recevoir des mains du* COMTE, *et se retire avec elle à*

l'autre côté du salon, près de MARCELINE. *(On danse une autre reprise
du fandango pendant ce temps.)*

LE COMTE, *pressé de lire ce qu'il a reçu, s'avance au bord du théâtre
et tire le papier de son sein ; mais en le sortant il fait le geste d'un homme
qui s'est cruellement piqué le doigt ; il le secoue, le presse, le suce, et,
regardant le papier cacheté d'une épingle, il dit :*

LE COMTE *(Pendant qu'il parle,
ainsi que Figaro, l'orchestre joue pianissimo.)*

Diantre soit des femmes, qui fourrent des épingles partout ! *(Il la jette à terre, puis il lit le billet et le baise.)*

FIGARO, *qui a tout vu, dit à sa mère et à Suzanne :*

C'est un billet doux, qu'une fillette aura glissé dans sa
main en passant. Il était cacheté d'une épingle, qui l'a
outrageusement piqué.

*La danse reprend : le Comte qui a lu le billet le
retourne ; il y voit l'invitation de renvoyer le cachet
pour réponse. Il cherche à terre, et retrouve enfin
l'épingle qu'il attache à sa manche.*

FIGARO, *à Suzanne et à Marceline.*

D'un objet aimé tout est cher. Le voilà qui ramasse
l'épingle. Ah ! c'est une drôle de tête !

*(Pendant ce temps, Suzanne a des signes d'intel-
ligence avec la Comtesse. La danse finit ; la
ritournelle du duo recommence.)*
*Figaro conduit Marceline au Comte, ainsi qu'on
a conduit Suzanne ; à l'instant où le Comte prend
la toque, et où l'on va chanter le duo, on est
interrompu par les cris suivants :*

L'HUISSIER, *criant à la porte.*

Arrêtez donc, messieurs ! vous ne pouvez entrer tous... Ici
les gardes ! les gardes ! *(Les gardes vont vite à cette porte.)*

LE COMTE, *se levant.*

Qu'est-ce qu'il y a ?

L'HUISSIER

Monseigneur, c'est monsieur Bazile entouré d'un village entier, parce qu'il chante en marchant.

LE COMTE

Qu'il entre seul.

LA COMTESSE

Ordonnez-moi de me retirer.

LE COMTE

Je n'oublie pas votre complaisance.

LA COMTESSE

Suzanne !... Elle reviendra. (*A part, à Suzanne.*) Allons changer d'habits. (*Elle sort avec Suzanne.*)

MARCELINE

Il n'arrive jamais que pour nuire.

FIGARO

Ah ! je m'en vais vous le faire déchanter.

Scène X

TOUS LES ACTEURS PRÉCÉDENTS, *excepté la Comtesse et Suzanne ;* BAZILE *tenant sa guitare ;* CRIPE-SOLEIL.

BAZILE *entre en chantant sur l'air du vaudeville de la fin.*
(*Air noté.*)

> Cœurs sensibles, cœurs fidèles,
> Qui blâmez l'amour léger,

Cessez vos plaintes cruelles :
Est-ce un crime de changer ?
Si l'Amour porte des ailes,
N'est-ce pas pour voltiger ?
N'est-ce pas pour voltiger ?
N'est-ce pas pour voltiger ?

FIGARO *s'avance à lui.*

Oui, c'est pour cela justement qu'il a des ailes au dos. Notre ami, qu'entendez-vous par cette musique ?

BAZILE, *montrant Gripe-Soleil.*

Qu'après avoir prouvé mon obéissance à Monseigneur en amusant monsieur, qui est de sa compagnie [131], je pourrai à mon tour réclamer sa justice.

GRIPE-SOLEIL

Bah ! Monsigneu, il ne m'a pas amusé du tout : avec leux guenilles d'ariettes...

LE COMTE

Enfin que demandez-vous, Bazile ?

BAZILE

Ce qui m'appartient, Monseigneur, la main de Marceline ; et je viens m'opposer...

FIGARO *s'approche.*

Y a-t-il longtemps que monsieur n'a vu la figure d'un fou ?

BAZILE

Monsieur, en ce moment même.

FIGARO

Puisque mes yeux vous servent si bien de miroir, étudiez-y

l'effet de ma prédiction. Si vous faites mine seulement
d'approximer [132] madame...

BARTHOLO, *en riant.*

Eh pourquoi ? Laisse-le parler.

BRID'OISON *s'avance entre deux.*

Fau-aut-il que deux amis ?...

FIGARO

Nous, amis !

BAZILE

Quelle erreur !

FIGARO, *vite.*

Parce qu'il fait de plats airs de chapelle ?

BAZILE, *vite.*

Et lui, des vers comme un journal ?

FIGARO, *vite.*

Un musicien de guinguette !

BAZILE, *vite.*

Un postillon de gazette !

FIGARO, *vite.*

Cuistre d'oratorio !

BAZILE, *vite.*

Jockey diplomatique !

LE COMTE, *assis.*

Insolents tous les deux !

BAZILE

Il me manque en toute occasion.

FIGARO

C'est bien dit, si cela se pouvait !

BAZILE

Disant partout que je ne suis qu'un sot.

FIGARO

Vous me prenez donc pour un écho ?

BAZILE

Tandis qu'il n'est pas un chanteur que mon talent n'ait fait briller.

FIGARO

Brailler.

BAZILE

Il le répète !

FIGARO

Et pourquoi non, si cela est vrai ? Es-tu un prince, pour qu'on te flagorne ? Souffre la vérité, coquin, puisque tu n'as pas de quoi gratifier un menteur ; ou si tu la crains de notre part, pourquoi viens-tu troubler nos noces ?

BAZILE, *à Marceline.*

M'avez-vous promis, oui ou non, si, dans quatre ans, vous n'étiez pas pourvue, de me donner la préférence ?

MARCELINE

A quelle condition l'ai-je promis ?

BAZILE

Que si vous retrouviez un certain fils perdu, je l'adopterais par complaisance.

TOUS ENSEMBLE

Il est trouvé.

BAZILE

Qu'à cela ne tienne !

TOUS ENSEMBLE, *montrant Figaro.*

Et le voici.

BAZILE, *reculant de frayeur.*

J'ai vu le diable !

BRID'OISON, *à Bazile.*

Et vou-ous renoncez à sa chère mère ?

BAZILE

Qu'y aurait-il de plus fâcheux que d'être cru le père d'un garnement ?

FIGARO

D'en être cru le fils ; tu te moques de moi !

BAZILE, *montrant Figaro.*

Dès que monsieur est quelque chose ici, je déclare, moi, que je n'y suis plus de rien. *(Il sort.)*

Scène XI

LES ACTEURS PRÉCÉDENTS, *excepté* BAZILE.

BARTHOLO, *riant.*

Ah ! ah ! ah ! ah !

FIGARO, *sautant de joie.*

Donc à la fin j'aurai ma femme !

LE COMTE, *à part.*

Moi, ma maîtresse ! *(Il se lève.)*

BRID'OISON, *à Marceline.*

Et tou-out le monde est satisfait.

LE COMTE

Qu'on dresse les deux contrats ; j'y signerai.

TOUS ENSEMBLE

Vivat ! *(Ils sortent.)*

LE COMTE

J'ai besoin d'une heure de retraite. *(Il veut sortir avec les autres.)*

Scène XII

GRIPE-SOLEIL, FIGARO, MARCELINE, LE COMTE.

GRIPE-SOLEIL, *à Figaro.*

Et moi, je vais aider à ranger le feu d'artifice [133] sous les grands marronniers, comme on l'a dit.

LE COMTE *revient en courant.*

Quel sot a donné un tel ordre ?

FIGARO

Où est le mal ?

LE COMTE, *vivement.*

Et la Comtesse qui est incommodée, d'où le verra-t-elle, l'artifice ? C'est sur la terrasse qu'il le faut, vis-à-vis son appartement.

FIGARO

Tu l'entends, Gripe-Soleil ? la terrasse.

LE COMTE

Sous les grands marronniers ! belle idée ! *(En s'en allant, à part.)* Ils allaient incendier mon rendez-vous !

Scène XIII

FIGARO, MARCELINE.

FIGARO

Quel excès d'attention pour sa femme ! *(Il veut sortir.)*

MARCELINE *l'arrête.*

Deux mots, mon fils. Je veux m'acquitter avec toi [134] : un sentiment mal dirigé m'avait rendue injuste envers ta charmante femme ; je la supposais d'accord avec le Comte, quoique j'eusse appris de Bazile qu'elle l'avait toujours rebuté.

FIGARO

Vous connaissiez mal votre fils de le croire ébranlé par ces impulsions féminines. Je puis défier la plus rusée de m'en faire accroire.

MARCELINE

Il est toujours heureux de le penser, mon fils ; la jalousie…

FIGARO

… N'est qu'un sot enfant de l'orgueil, ou c'est la maladie d'un fou. Oh ! j'ai là-dessus, ma mère, une philosophie… imperturbable ; et si Suzanne doit me tromper un jour, je le lui pardonne d'avance ; elle aura longtemps travaillé… *(Il se retourne et aperçoit Fanchette qui cherche de côté et d'autre.)*

Scène XIV

FIGARO, FANCHETTE, MARCELINE.

FIGARO

Eeeh !… ma petite cousine qui nous écoute !

FANCHETTE

Oh ! pour ça, non : on dit que c'est malhonnête.

FIGARO

Il est vrai ; mais comme cela est utile, on fait aller souvent l'un pour l'autre.

FANCHETTE

Je regardais si quelqu'un était là.

FIGARO

Déjà dissimulée, friponne ! vous savez bien qu'il n'y peut être.

FANCHETTE

Et qui donc ?

FIGARO

Chérubin.

FANCHETTE

Ce n'est pas lui que je cherche, car je sais fort bien où il est ; c'est ma cousine Suzanne.

FIGARO

Et que lui veut ma petite cousine ?

FANCHETTE

A vous, petit cousin, je le dirai. — C'est... ce n'est qu'une épingle que je veux lui remettre.

FIGARO, *vivement.*

Une épingle ! une épingle !... Et de quelle part, coquine ? A votre âge, vous faites déjà un mét... *(Il se reprend et dit d'un ton doux.)* Vous faites déjà très bien tout ce que vous entreprenez, Fanchette ; et ma jolie cousine est si obligeante...

FANCHETTE

A qui donc en a-t-il de se fâcher ? Je m'en vais.

FIGARO, *l'arrêtant.*

Non, non, je badine. Tiens, ta petite épingle est celle que Monseigneur t'a dit de remettre à Suzanne, et qui servait à cacheter un petit papier qu'il tenait : tu vois que je suis au fait.

FANCHETTE

Pourquoi donc le demander, quand vous le savez si bien ?

FIGARO, *cherchant.*

C'est qu'il est assez gai de savoir comment Monseigneur s'y est pris pour te donner la commission.

FANCHETTE, *naïvement.*

Pas autrement que vous le dites : *Tiens, petite Fanchette, rends cette épingle à ta belle cousine, et dis-lui seulement que c'est le cachet des grands marronniers.*

FIGARO

Des grands ?...

FANCHETTE

Marronniers. Il est vrai qu'il a ajouté : *Prends garde que personne ne te voie...*

FIGARO

Il faut obéir, ma cousine : heureusement personne ne vous a vue. Faites donc joliment votre commission, et n'en dites pas plus à Suzanne que Monseigneur n'a ordonné.

FANCHETTE

Et pourquoi lui en dirais-je ? Il me prend pour un enfant, mon cousin. (*Elle sort en sautant.*)

Scène XV

FIGARO, MARCELINE.

FIGARO

Eh bien, ma mère ?

MARCELINE

Eh bien, mon fils ?

FIGARO, *comme étouffé.*

Pour celui-ci [135] !... Il y a réellement des choses !...

MARCELINE

Il y a des choses ! Hé, qu'est-ce qu'il y a ?

FIGARO, *les mains sur sa poitrine.*

Ce que je viens d'entendre, ma mère, je l'ai là comme un plomb.

MARCELINE, *riant.*

Ce cœur plein d'assurance n'était donc qu'un ballon gonflé ? une épingle a tout fait partir !

FIGARO, *furieux.*

Mais cette épingle, ma mère, est celle qu'il a ramassée !

MARCELINE, *rappelant ce qu'il a dit.*

La jalousie ! oh ! j'ai là-dessus, ma mère, une philoso-phie... imperturbable ; et si Suzanne m'attrape un jour, je le lui pardonne...

FIGARO, *vivement.*

Oh, ma mère ! On parle comme on sent : mettez le plus
glacé des juges à plaider dans sa propre cause, et voyez-le
expliquer la loi ! — Je ne m'étonne plus s'il avait tant
d'humeur sur ce feu[136] ! — Pour la mignonne aux fines
épingles, elle n'en est pas où elle le croit, ma mère, avec ses
marronniers ! Si mon mariage est assez fait pour légitimer
ma colère, en revanche il ne l'est pas assez pour que je
n'en puisse épouser une autre, et l'abandonner...

MARCELINE

Bien conclu ! Abîmons tout sur un soupçon. Qui t'a prouvé
dis-moi, que c'est toi qu'elle joue, et non le Comte ? L'as-tu
étudiée de nouveau, pour la condamner sans appel ? Sais-tu si
elle se rendra sous les arbres, à quelle intention elle y va ? ce
qu'elle y dira, ce qu'elle y fera ? Je te croyais plus fort en
jugement !

FIGARO, *lui baisant la main avec respect.*

Elle a raison, ma mère ; elle a raison, raison, toujours
raison ! Mais accordons, maman, quelque chose à la nature :
on en vaut mieux après. Examinons en effet avant d'accuser
et d'agir. Je sais où est le rendez-vous. Adieu, ma mère. *(Il
sort.)*

Scène XVI

MARCELINE, *seule.*

Adieu. Et moi aussi, je le sais. Après l'avoir arrêté, veillons
sur les voies[137] de Suzanne, ou plutôt avertissons-la ; elle est

si jolie créature ! Ah ! quand l'intérêt personnel ne nous arme pas les unes contre les autres, nous sommes toutes portées à soutenir notre pauvre sexe opprimé contre ce fier, ce terrible... *(en riant)* et pourtant un peu nigaud de sexe masculin. *(Elle sort.)*

ACTE CINQUIÈME

Le théâtre représente une salle[138] *de marronniers, dans un parc ; deux pavillons, kiosques, ou temples de jardins, sont à droite et à gauche ; le fond est une clairière ornée, un siège de gazon sur le devant. Le théâtre est obscur.*

Scène I

FANCHETTE, *seule, tenant d'une main deux biscuits et une orange, et de l'autre une lanterne de papier allumée.*

Dans le pavillon à gauche, a-t-il dit. C'est celui-ci. — S'il allait ne pas venir à présent ! mon petit rôle[139]... Ces vilaines gens de l'office qui ne voulaient pas seulement me donner une orange et deux biscuits ! — Pour qui, mademoiselle ? — Eh bien, monsieur, c'est pour quelqu'un. — Oh ! nous savons. — Et quand ça serait ? Parce que Monseigneur ne veut pas le voir, faut-il qu'il meure de faim ? — Tout ça pourtant m'a coûté un fier baiser sur la joue !... Que sait-on ? Il me le rendra peut-être. *(Elle voit Figaro qui vient l'examiner ; elle fait un cri.)* Ah !... *(Elle s'enfuit, et elle entre dans le pavillon à sa gauche.)*

Scène II

FIGARO, *un grand manteau sur les épaules, un large chapeau rabattu,* BAZILE, ANTONIO, BARTHOLO, BRID'OISON, GRIPE-SOLEIL, TROUPE DE VALETS ET DE TRAVAILLEURS.

FIGARO, *d'abord seul.*

C'est Fanchette ! *(Il parcourt des yeux les autres à mesure qu'ils arrivent, et dit d'un ton farouche.)* Bonjour, messieurs ; bonsoir : êtes-vous tous ici ?

BAZILE

Ceux que tu as pressés d'y venir.

FIGARO

Quelle heure est-il bien à peu près ?

ANTONIO *regarde en l'air.*

La lune devrait être levée.

BARTHOLO

Eh ! quels noirs apprêts fais-tu donc ? Il a l'air d'un conspirateur !

FIGARO, *s'agitant.*

N'est-ce pas pour une noce, je vous prie, que vous êtes rassemblés au château ?

BRID'OISON

Cè-ertainement.

ANTONIO

Nous allions là-bas, dans le parc, attendre un signal pour ta fête.

FIGARO

Vous n'irez pas plus loin, messieurs ; c'est ici, sous ces marronniers, que nous devons tous célébrer l'honnête fiancée que j'épouse, et le loyal seigneur qui se l'est destinée.

BAZILE, *se rappelant la journée.*

Ah ! vraiment, je sais ce que c'est. Retirons-nous, si vous m'en croyez : il est question d'un rendez-vous ; je vous conterai cela près d'ici.

BRID'OISON, *à Figaro.*

Nou-ous reviendrons.

FIGARO

Quand vous m'entendrez appeler, ne manquez pas d'accourir tous ; et dites du mal de Figaro, s'il ne vous fait voir une belle chose.

BARTHOLO

Souviens-toi qu'un homme sage ne se fait point d'affaires avec les grands.

FIGARO

Je m'en souviens.

BARTHOLO

Qu'ils ont quinze et bisque [140] sur nous, par leur état.

FIGARO

Sans leur industrie [141], que vous oubliez. Mais souvenez-vous aussi que l'homme qu'on sait timide [142] est dans la dépendance de tous les fripons.

BARTHOLO

Fort bien.

FIGARO

Et que j'ai nom *de Verte-Allure,* du chef honoré de ma mère.

BARTHOLO

Il a le diable au corps.

BRID'OISON

I-il l'a.

BAZILE, *à part.*

Le Comte et sa Suzanne se sont arrangés sans moi ? Je ne suis pas fâché de l'algarade.

FIGARO, *aux valets.*

Pour vous autres, coquins, à qui j'ai donné l'ordre, illuminez-moi ces entours ; ou, par la mort que je voudrais tenir aux dents, si j'en saisis un par le bras... *(Il secoue le bras de Gripe-Soleil.)*

GRIPE-SOLEIL *s'en va en criant et pleurant.*

A, a, o, oh ! damné brutal !

BAZILE, *en s'en allant.*

Le ciel vous tienne en joie, monsieur du marié ! *(Ils sortent.)*

Scène III

FIGARO, *seul, se promenant dans l'obscurité, dit du ton le plus sombre :*

O femme ! femme ! femme ! créature faible et décevante !... nul animal [143] créé ne peut manquer à son instinct : le tien est-il donc de tromper ?... Après m'avoir obstinément refusé quand je l'en pressais devant sa maîtresse ; à l'instant qu'elle me donne sa parole, au milieu même de la cérémonie... Il riait en lisant, le perfide ! et moi comme un benêt... Non, monsieur le Comte, vous ne l'aurez pas... vous ne l'aurez pas. Parce que vous êtes un grand seigneur, vous vous croyez un grand génie !... Noblesse, fortune, un rang, des places, tout cela rend si fier ! Qu'avez-vous fait pour tant de biens ? Vous vous êtes donné la peine de naître, et rien de plus. Du reste, homme assez ordinaire ; tandis que moi, morbleu ! perdu dans la foule obscure, il m'a fallu déployer plus de science et de calculs, pour subsister seulement, qu'on n'en a mis depuis cent ans à gouverner toutes les Espagnes : et vous voulez jouter... On vient... c'est elle... ce n'est personne. — La nuit est noire en diable, et me voilà faisant le sot métier de mari, quoique je ne le sois qu'à moitié ! *(Il s'assied sur un banc.)* Est-il rien de plus bizarre que ma destinée ? Fils de je ne sais pas qui, volé par des bandits, élevé dans leurs mœurs, je m'en dégoûte et veux courir une carrière honnête ; et partout je suis repoussé ! J'apprends la chimie, la pharmacie, la chirurgie, et tout le crédit d'un grand seigneur peut à peine me mettre à la main une lancette vétérinaire ! — Las d'attrister des bêtes malades, et pour faire un métier contraire, je me jette à corps perdu dans le théâtre : me fussé-je mis une pierre au cou ! Je broche une comédie dans les mœurs du sérail. Auteur espagnol, je crois pouvoir y fronder Mahomet sans scrupule : à l'instant un

envoyé... de je ne sais où se plaint que j'offense dans mes vers
la Sublime-Porte[144], la Perse, une partie de la presqu'île de
l'Inde, toute l'Égypte, les royaumes de Barca, de Tripoli, de
Tunis, d'Alger et de Maroc : et voilà ma comédie flambée,
pour plaire aux princes mahométans, dont pas un, je crois, ne
sait lire, et qui nous meurtrissent l'omoplate, en nous disant :
chiens de chrétiens. — Ne pouvant avilir l'esprit, on se venge
en le maltraitant. — Mes joues creusaient, mon terme était
échu : je voyais de loin arriver l'affreux recors[145], la plume
fichée dans sa perruque : en frémissant je m'évertue. Il
s'élève une question sur la nature des richesses ; et, comme il
n'est pas nécessaire de tenir les choses pour en raisonner,
n'ayant pas un sou, j'écris sur la valeur de l'argent et sur son
produit net : sitôt je vois du fond d'un fiacre baisser pour moi
le pont d'un château fort, à l'entrée duquel je laissai
l'espérance et la liberté. *(Il se lève.)* Que je voudrais bien tenir
un de ces puissants de quatre jours, si légers sur le mal qu'ils
ordonnent, quand une bonne disgrâce a cuvé son orgueil ! Je
lui dirais... que les sottises imprimées n'ont d'importance
qu'aux lieux où l'on en gêne le cours ; que, sans la liberté de
blâmer, il n'est point d'éloge flatteur ; et qu'il n'y a que les
petits hommes qui redoutent les petits écrits. *(Il se rassied.)*
Las de nourrir un obscur pensionnaire, on me met un jour
dans la rue ; et comme il faut dîner, quoiqu'on ne soit plus en
prison, je taille encore ma plume, et demande à chacun de
quoi il est question : on me dit que, pendant ma retraite
économique, il s'est établi dans Madrid un système de liberté
sur la vente des productions, qui s'étend même à celles de la
presse ; et que, pourvu que je ne parle en mes écrits ni de
l'autorité, ni du culte, ni de la politique, ni de la morale, ni
des gens en place, ni des corps en crédit, ni de l'Opéra, ni des
autres spectacles, ni de personne qui tienne à quelque chose,
je puis tout imprimer librement, sous l'inspection de deux ou
trois censeurs. Pour profiter de cette douce liberté, j'annonce

un écrit périodique, et, croyant n'aller sur les brisées d'aucun autre, je le nomme *Journal inutile*. Pou-ou ! je vois s'élever contre moi mille pauvres diables à la feuille [146], on me supprime, et me voilà derechef sans emploi ! — Le désespoir m'allait saisir ; on pense à moi pour une place, mais par malheur j'y étais propre : il fallait un calculateur, ce fut un danseur qui l'obtint. Il ne me restait plus qu'à voler ; je me fais banquier de pharaon : alors, bonnes gens ! je soupe en ville, et les personnes dites *comme il faut* m'ouvrent poliment leur maison, en retenant pour elles les trois quarts du profit [147]. J'aurais bien pu me remonter ; je commençais même à comprendre que, pour gagner du bien, le savoir-faire vaut mieux que le savoir. Mais comme chacun pillait autour de moi, en exigeant que je fusse honnête, il fallut bien périr encore. Pour le coup je quittais le monde, et vingt brasses d'eau m'en allaient séparer, lorsqu'un dieu bienfaisant m'appelle à mon premier état. Je reprends ma trousse et mon cuir anglais ; puis, laissant la fumée aux sots qui s'en nourrissent, et la honte au milieu du chemin comme trop lourde à un piéton, je vais rasant de ville en ville, et je vis enfin sans souci. Un grand seigneur passe à Séville ; il me reconnaît, je le marie ; et pour prix d'avoir eu par mes soins son épouse, il veut intercepter la mienne ! Intrigue, orage à ce sujet. Prêt à tomber dans un abîme, au moment d'épouser ma mère, mes parents m'arrivent à la file. *(Il se lève en s'échauffant.)* On se débat, c'est vous, c'est lui, c'est moi, c'est toi, non, ce n'est pas nous ; eh ! mais qui donc ? *(Il retombe assis.)* O bizarre suite d'événements ! Comment cela m'est-il arrivé ? Pourquoi ces choses et non pas d'autres ? Qui les a fixées sur ma tête ? Forcé de parcourir la route où je suis entré sans le savoir, comme j'en sortirai sans le vouloir, je l'ai jonchée d'autant de fleurs que ma gaieté me l'a permis : encore je dis ma gaieté sans savoir si elle est à moi plus que le reste, ni même quel est ce *moi* dont je m'occupe : un assemblage informe de parties

inconnues ; puis un chétif être imbécile ; un petit animal
folâtre ; un jeune homme ardent au plaisir, ayant tous les
goûts pour jouir, faisant tous les métiers pour vivre ; maître
ici, valet là, selon qu'il plaît à la fortune ; ambitieux par
vanité, laborieux par nécessité, mais paresseux... avec délices ! orateur selon le danger ; poète par délassement ; musicien par occasion ; amoureux par folles bouffées ; j'ai tout vu,
tout fait, tout usé. Puis l'illusion s'est détruite et, trop
désabusé... Désabusé... ! Suzon, Suzon, Suzon ! que tu me
donnes de tourments !... J'entends marcher... on vient. Voici
l'instant de la crise. *(Il se retire près de la première coulisse à sa
droite.)*

Scène IV

FIGARO, LA COMTESSE *avec les habits de Suzon,* SUZANNE *avec
ceux de la Comtesse,* MARCELINE.

SUZANNE, *bas à la Comtesse.*

Oui, Marceline m'a dit que Figaro y serait.

MARCELINE

Il y est aussi ; baisse la voix.

SUZANNE

Ainsi l'un nous écoute, et l'autre va venir me chercher.
Commençons.

MARCELINE

Pour n'en pas perdre un mot, je vais me cacher dans le
pavillon. *(Elle entre dans le pavillon où est entrée Fanchette.)*

Scène V

FIGARO, LA COMTESSE, SUZANNE.

SUZANNE, *haut.*

Madame tremble ! est-ce qu'elle aurait froid ?

LA COMTESSE, *haut.*

La soirée est humide, je vais me retirer.

SUZANNE, *haut.*

Si madame n'avait pas besoin de moi, je prendrais l'air un moment sous ces arbres.

LA COMTESSE, *haut.*

C'est le serein que tu prendras.

SUZANNE, *haut.*

J'y suis toute faite.

FIGARO, *à part.*

Ah oui, le serein ! *(Suzanne se retire près de la coulisse, du côté opposé à Figaro.)*

Scène VI

FIGARO, CHÉRUBIN, LE COMTE, LA COMTESSE, SUZANNE.
(Figaro et Suzanne retirés de chaque côté sur le devant.)

CHÉRUBIN, *en habit d'officier,*
arrive en chantant gaiement la reprise de l'air de la romance.

La, la, la, etc.

J'avais une marraine,
Que toujours adorai.

LA COMTESSE, *à part.*

Le petit page !

CHÉRUBIN *s'arrête.*

On se promène ici ; gagnons vite mon asile, où la petite Fanchette... C'est une femme !

LA COMTESSE *écoute.*

Ah, grands dieux !

CHÉRUBIN *se baisse en regardant de loin.*

Me trompé-je ? à cette coiffure en plumes qui se dessine au loin dans le crépuscule, il me semble que c'est Suzon.

LA COMTESSE, *à part.*

Si le Comte arrivait !... *(Le Comte paraît dans le fond.)*

CHÉRUBIN *s'approche et prend la main de la Comtesse qui se défend.*

Oui, c'est la charmante fille qu'on nomme Suzanne. Eh ! pourrais-je m'y méprendre à la douceur de cette main, à ce petit tremblement qui l'a saisie ; surtout au battement de mon cœur ! *(Il veut y appuyer le dos de la main de la Comtesse ; elle la retire.)*

LA COMTESSE, *bas.*

Allez-vous-en !

CHÉRUBIN

Si la compassion t'avait conduite exprès dans cet endroit du parc, où je suis caché depuis tantôt ?...

LA COMTESSE

Figaro va venir.

LE COMTE, *s'avançant, dit à part.*

N'est-ce pas Suzanne que j'aperçois ?

CHÉRUBIN, *à la Comtesse.*

Je ne crains point du tout Figaro, car ce n'est pas lui que tu attends.

LA COMTESSE

Qui donc ?

LE COMTE, *à part.*

Elle est avec quelqu'un.

CHÉRUBIN

C'est Monseigneur, friponne, qui t'a demandé ce rendez-vous ce matin, quand j'étais derrière le fauteuil.

LE COMTE, *à part, avec fureur.*

C'est encore le page infernal !

FIGARO, *à part.*

On dit qu'il ne faut pas écouter !

SUZANNE, *à part.*

Petit bavard !

LA COMTESSE, *au page.*

Obligez-moi de vous retirer.

CHÉRUBIN

Ce ne sera pas au moins sans avoir reçu le prix de mon obéissance.

LA COMTESSE, *effrayée.*

Vous prétendez ?...

CHÉRUBIN, *avec feu.*

D'abord vingt baisers pour ton compte, et puis cent pour ta belle maîtresse.

LA COMTESSE

Vous oseriez ?...

CHÉRUBIN

Oh ! que oui, j'oserai. Tu prends sa place auprès de Monseigneur ; moi celle du Comte auprès de toi : le plus attrapé, c'est Figaro.

FIGARO, *à part.*

Ce brigandeau !

SUZANNE, *à part.*

Hardi comme un page. (*Chérubin veut embrasser la Comtesse ; le Comte se met entre deux et reçoit le baiser.*)

LA COMTESSE, *se retirant.*

Ah ! ciel !

FIGARO, *à part, entendant le baiser.*

J'épousais une jolie mignonne ! (*Il écoute.*)

CHÉRUBIN, *tâtant les habits du Comte. (A part.)*

C'est Monseigneur ! (*Il s'enfuit dans le pavillon où sont entrées Fanchette et Marceline.*)

Scène VII

FIGARO, LE COMTE, LA COMTESSE, SUZANNE.

FIGARO *s'approche.*

Je vais...

LE COMTE, *croyant parler au page.*

Puisque vous ne redoublez pas le baiser... *(Il croit lui donner un soufflet.)*

FIGARO, *qui est à portée, le reçoit.*

Ah !

LE COMTE

... Voilà toujours le premier payé.

FIGARO, *à part, s'éloigne en se frottant la joue.*

Tout n'est pas gain non plus, en écoutant.

SUZANNE, *riant tout haut, de l'autre côté.*

Ah ! ah ! ah ! ah !

LE COMTE, *à la Comtesse, qu'il prend pour Suzanne.*

Entend-on quelque chose à ce page ? Il reçoit le plus rude soufflet, et s'enfuit en éclatant de rire.

FIGARO, *à part.*

S'il s'affligeait de celui-ci !...

LE COMTE

Comment ! je ne pourrai faire un pas... *(A la Comtesse.)* Mais laissons cette bizarrerie ; elle empoisonnerait le plaisir que j'ai de te trouver dans cette salle.

LA COMTESSE, *imitant le parler de Suzanne.*

L'espériez-vous ?

LE COMTE

Après ton ingénieux billet ! *(Il lui prend la main.)* Tu trembles ?

LA COMTESSE

J'ai eu peur.

LE COMTE

Ce n'est pas pour te priver du baiser que je l'ai pris. *(Il la baise au front.)*

LA COMTESSE

Des libertés !

FIGARO, *à part.*

Coquine !

SUZANNE, *à part.*

Charmante !

LE COMTE *prend la main de sa femme.*

Mais quelle peau fine et douce, et qu'il s'en faut que la Comtesse ait la main aussi belle !

LA COMTESSE, *à part.*

Oh ! la prévention !

LE COMTE

A-t-elle ce bras ferme et rondelet ! ces jolis doigts pleins de grâce et d'espièglerie ?

LA COMTESSE, *de la voix de Suzanne*.

Ainsi l'amour...

LE COMTE

L'amour... n'est que le roman du cœur : c'est le plaisir qui en est l'histoire ; il m'amène à tes genoux.

LA COMTESSE

Vous ne l'aimez plus ?

LE COMTE

Je l'aime beaucoup ; mais trois ans d'union rendent l'hymen si respectable !

LA COMTESSE

Que vouliez-vous en elle ?

LE COMTE, *la caressant*.

Ce que je trouve en toi, ma beauté...

LA COMTESSE

Mais dites donc.

LE COMTE

... Je ne sais : moins d'uniformité peut-être, plus de piquant dans les manières, un je ne sais quoi qui fait le charme ; quelquefois un refus, que sais-je ? Nos femmes croient tout accomplir en nous aimant ; cela dit une fois, elles nous aiment, nous aiment (quand elles nous aiment) et sont si complaisantes et si constamment obligeantes, et toujours, et sans relâche, qu'on est tout surpris, un beau soir, de trouver la satiété où l'on recherchait le bonheur.

LA COMTESSE, *à part.*

Ah ! quelle leçon !

LE COMTE

En vérité, Suzon, j'ai pensé mille fois que si nous poursuivons ailleurs ce plaisir qui nous fuit chez elles, c'est qu'elles n'étudient pas assez l'art de soutenir notre goût, de se renouveler à l'amour, de ranimer, pour ainsi dire, le charme de leur possession par celui de la variété.

LA COMTESSE, *piquée.*

Donc elles doivent tout ?...

LE COMTE, *riant.*

Et l'homme rien ? Changerons-nous la marche de la nature ? Notre tâche, à nous, fut de les obtenir ; la leur...

LA COMTESSE

La leur ?...

LE COMTE

Est de nous retenir : on l'oublie trop.

LA COMTESSE

Ce ne sera pas moi.

LE COMTE

Ni moi.

FIGARO, *à part.*

Ni moi.

SUZANNE, *a part.*

Ni moi.

LE COMTE *prend la main de sa femme.*

Il y a de l'écho ici, parlons plus bas. Tu n'as nul besoin d'y songer, toi que l'amour a faite et si vive et si jolie ! Avec un grain de caprice, tu seras la plus agaçante maîtresse ! *(Il la baise au front.)* Ma Suzanne, un Castillan n'a que sa parole. Voici tout l'or promis pour le rachat du droit que je n'ai plus sur le délicieux moment que tu m'accordes. Mais comme la grâce que tu daignes y mettre est sans prix, j'y joindrai ce brillant, que tu porteras pour l'amour de moi.

LA COMTESSE, *une révérence.*

Suzanne accepte tout.

FIGARO, *à part.*

On n'est pas plus coquine que cela.

SUZANNE, *à part.*

Voilà du bon bien qui nous arrive.

LE COMTE, *à part.*

Elle est intéressée ; tant mieux !

LA COMTESSE *regarde au fond.*

Je vois des flambeaux.

LE COMTE

Ce sont les apprêts de ta noce. Entrons-nous un moment dans l'un de ces pavillons, pour les laisser passer ?

LA COMTESSE

Sans lumière ?

LE COMTE *l'entraîne doucement.*

A quoi bon ? Nous n'avons rien à lire.

FIGARO, *à part.*

Elle y va, ma foi ! Je m'en doutais. *(Il s'avance.)*

LE COMTE *grossit sa voix en se retournant.*

Qui passe ici ?

FIGARO, *en colère.*

Passer ! on vient exprès.

LE COMTE, *bas, à la Comtesse.*

C'est Figaro !... *(Il s'enfuit.)*

LA COMTESSE

Je vous suis. *(Elle entre dans le pavillon à sa droite, pendant que le Comte se perd dans le bois au fond.)*

Scène VIII

FIGARO, SUZANNE, *dans l'obscurité.*

FIGARO *cherche à voir*
où vont le Comte et la Comtesse, qu'il prend pour Suzanne.

Je n'entends plus rien ; ils sont entrés ; m'y voilà. *(D'un ton altéré.)* Vous autres, époux maladroits, qui tenez des espions à gages et tournez des mois entiers autour d'un soupçon sans l'asseoir, que ne m'imitez-vous ? Dès le premier jour, je suis ma femme et je l'écoute ; en un tour de main, on est au fait : c'est charmant ; plus de doutes ; on sait à quoi s'en tenir. *(Marchant vivement.)* Heureusement que je ne m'en soucie guère, et que sa trahison ne me fait plus rien du tout. Je les tiens donc enfin !

SUZANNE, *qui s'est avancée doucement dans l'obscurité. (A part.)*

Tu vas payer tes beaux soupçons. *(Du ton de voix de la Comtesse.)* Qui va là ?

FIGARO, *extravagant.*

Qui va là ? Celui qui voudrait de bon cœur que la peste eût étouffé en naissant...

SUZANNE, *du ton de la Comtesse.*

Eh ! mais, c'est Figaro !

FIGARO *regarde et dit vivement.*

Madame la Comtesse !

SUZANNE

Parlez bas.

FIGARO, *vite.*

Ah ! madame, que le ciel vous amène à propos ! Où croyez-vous qu'est Monseigneur ?

SUZANNE

Que m'importe un ingrat ? Dis-moi...

FIGARO, *plus vite.*

Et Suzanne, mon épousée, où croyez-vous qu'elle soit ?

SUZANNE

Mais parlez bas !

FIGARO, *très vite.*

.Cette Suzon qu'on croyait si vertueuse, qui faisait la réservée ! Ils sont enfermés là-dedans. Je vais appeler.

SUZANNE, *lui fermant la bouche avec sa main,*
oublie de déguiser sa voix.

N'appelez pas !

FIGARO, *à part.*

Et c'est Suzon ! God-dam !

SUZANNE, *du ton de la Comtesse.*

Vous paraissez inquiet.

FIGARO, *à part.*

Traîtresse ! qui veut me surprendre !

SUZANNE

Il faut nous venger, Figaro.

FIGARO

En sentez-vous le vif désir ?

SUZANNE

Je ne serais donc pas de mon sexe ! Mais les hommes en ont cent moyens.

FIGARO, *confidemment.*

Madame, il n'y a personne ici de trop. Celui des femmes... les vaut tous.

SUZANNE, *à part.*

Comme je le souffletterais !

FIGARO, *à part.*

Il serait bien gai qu'avant la noce...

SUZANNE

Mais qu'est-ce qu'une telle vengeance, qu'un peu d'amour n'assaisonne pas ?

FIGARO

Partout où vous n'en voyez point, croyez que le respect dissimule.

SUZANNE, *piquée.*

Je ne sais si vous le pensez de bonne foi, mais vous ne le dites pas de bonne grâce.

FIGARO, *avec une chaleur comique, à genoux.*

Ah ! madame, je vous adore. Examinez le temps, le lieu, les circonstances, et que le dépit supplée en vous aux grâces qui manquent à ma prière.

SUZANNE, *à part.*

La main me brûle !

FIGARO, *à part.*

Le cœur me bat.

SUZANNE

Mais, monsieur, avez-vous songé ?...

FIGARO

Oui, madame ; oui, j'ai songé.

SUZANNE

... Que pour la colère et l'amour...

FIGARO

... Tout ce qui se diffère est perdu. Votre main, madame ?

SUZANNE, *de sa voix naturelle et lui donnant un soufflet.*
La voilà.

FIGARO

Ah ! *demonio !* quel soufflet !

SUZANNE *lui en donne un second.*
Quel soufflet ! Et celui-ci ?

FIGARO

Et *ques-à-quo*[148] ? de par le diable ! est-ce ici la journée des tapes ?

SUZANNE *le bat à chaque phrase.*

Ah ! *ques-à-quo ?* Suzanne ; et voilà pour tes soupçons, voilà pour tes vengeances et pour tes trahisons, tes expédients, tes injures et tes projets. C'est-il çà de l'amour[149] ? dis donc comme ce matin ?

FIGARO *rit en se relevant.*

Santa Barbara ! oui, c'est de l'amour. O bonheur ! ô délices ! ô cent fois heureux Figaro ! Frappe, ma bien-aimée, sans te lasser. Mais quand tu m'auras diapré tout le corps de meurtrissures, regarde avec bonté, Suzon, l'homme le plus fortuné qui fut jamais battu par une femme.

SUZANNE

Le plus fortuné ! Bon fripon, vous n'en séduisiez pas moins la Comtesse, avec un si trompeur babil que m'oubliant moi-même, en vérité, c'était pour elle que je cédais.

FIGARO

Ai-je pu me méprendre au son de ta jolie voix ?

SUZANNE, *en riant.*

Tu m'as reconnue ? Ah ! comme je m'en vengerai !

FIGARO

Bien rosser et garder rancune est aussi par trop féminin !
Mais dis-moi donc par quel bonheur je te vois là, quand je te
croyais avec lui ; et comment cet habit, qui m'abusait, te
montre enfin innocente...

SUZANNE

Eh ! c'est toi qui es un innocent, de venir te prendre au
piège apprêté pour un autre ! Est-ce notre faute, à nous, si
voulant museler un renard, nous en attrapons deux ?

FIGARO

Qui donc prend l'autre ?

SUZANNE

Sa femme.

FIGARO

Sa femme ?

SUZANNE

Sa femme.

FIGARO, *follement.*

Ah ! Figaro ! pends-toi ! tu n'as pas deviné celui-là. — Sa
femme ! Oh ! douze ou quinze mille fois spirituelles femelles !
— Ainsi les baisers de cette salle ?...

SUZANNE

Ont été donnés à madame.

FIGARO

Et celui du page ?

SUZANNE, *riant.*

A monsieur.

FIGARO

Et tantôt, derrière le fauteuil ?

SUZANNE

A personne.

FIGARO

En êtes-vous sûre ?

SUZANNE, *riant.*

Il pleut des soufflets, Figaro.

FIGARO *lui baise la main.*

Ce sont des bijoux que les tiens. Mais celui du Comte était de bonne guerre.

SUZANNE

Allons, superbe, humilie-toi !

FIGARO *fait tout ce qu'il annonce.*

Cela est juste : à genoux, bien courbé, prosterné, ventre à terre.

SUZANNE, *en riant.*

Ah ! ce pauvre Comte ! quelle peine il s'est donnée...

FIGARO *se relève sur ses genoux.*

... Pour faire la conquête de sa femme !

Scène IX

LE COMTE *entre par le fond du théâtre et va droit au pavillon à sa droite ;* FIGARO, SUZANNE.

LE COMTE, *à lui-même.*

Je la cherche en vain dans le bois, elle est peut-être entrée ici.

SUZANNE, *à Figaro, parlant bas.*

C'est lui.

LE COMTE, *ouvrant le pavillon.*

Suzon, es-tu là-dedans ?

FIGARO, *bas.*

Il la cherche, et moi je croyais...

SUZANNE, *bas.*

Il ne l'a pas reconnue.

FIGARO

Achevons-le, veux-tu ? *(Il lui baise la main.)*

LE COMTE *se retourne.*

Un homme aux pieds de la Comtesse !... Ah ! je suis sans armes. *(Il s'avance.)*

FIGARO *se relève tout à fait en déguisant sa voix.*

Pardon, madame, si je n'ai pas réfléchi que ce rendez-vous ordinaire était destiné pour la noce.

LE COMTE, *à part.*

C'est l'homme du cabinet de ce matin. *(Il se frappe le front.)*

FIGARO *continue.*

Mais il ne sera pas dit qu'un obstacle aussi sot aura retardé nos plaisirs.

LE COMTE, *à part.*

Massacre ! mort ! enfer !

FIGARO, *la conduisant au cabinet.*

(Bas.) Il jure. *(Haut.)* Pressons-nous donc, madame, et réparons le tort qu'on nous a fait tantôt, quand j'ai sauté par la fenêtre.

LE COMTE, *à part.*

Ah ! tout se découvre enfin.

SUZANNE, *près du pavillon à sa gauche.*

Avant d'entrer, voyez si personne n'a suivi. *(Il la baise au front.)*

LE COMTE *s'écrie :*

Vengeance ! *(Suzanne s'enfuit dans le pavillon où sont entrés Fanchette, Marceline et Chérubin.)*

Scène X

LE COMTE, FIGARO. *(Le Comte saisit le bras de Figaro.)*

FIGARO, *jouant la frayeur excessive.*

C'est mon maître !

LE COMTE *le reconnaît.*

Ah ! scélérat, c'est toi ! Holà ! quelqu'un ! quelqu'un !

Scène XI

PÉDRILLE, LE COMTE, FIGARO.

PÉDRILLE, *botté.*

Monseigneur, je vous trouve enfin.

LE COMTE

Bon, c'est Pédrille. Es-tu tout seul ?

PÉDRILLE

Arrivant de Séville, à étripe-cheval.

LE COMTE

Approche-toi de moi, et crie bien fort !

PÉDRILLE, *criant à tue-tête.*

Pas plus de page que sur ma main. Voilà le paquet [150].

LE COMTE *le repousse.*

Eh ! l'animal !

PÉDRILLE

Monseigneur me dit de crier.

LE COMTE, *tenant toujours Figaro.*

Pour appeler. — Holà, quelqu'un ! Si l'on m'entend, accourez tous !

PÉDRILLE

Figaro et moi, nous voilà deux ; que peut-il donc vous arriver ?

Scène XII

LES ACTEURS PRÉCÉDENTS, BRID'OISON, BARTHOLO, BAZILE, ANTONIO, GRIPE-SOLEIL, *toute la noce accourt avec des flambeaux.*

BARTHOLO, *à Figaro.*

Tu vois qu'à ton premier signal...

LE COMTE, *montrant le pavillon à sa gauche.*

Pédrille, empare-toi de cette porte. *(Pédrille y va.)*

BAZILE, *bas, à Figaro.*

Tu l'as surpris avec Suzanne ?

LE COMTE, *montrant Figaro.*

Et vous, tous mes vassaux, entourez-moi cet homme, et m'en répondez sur la vie.

BAZILE

Ah ! ah !

LE COMTE, *furieux.*

Taisez-vous donc ! *(A Figaro, d'un ton glacé.)* Mon cavalier, répondez-vous à mes questions ?

FIGARO, *froidement.*

Eh ! qui pourrait m'en exempter, Monseigneur ? Vous commandez à tout ici, hors à vous-même.

LE COMTE, *se contenant.*

Hors à moi-même !

ANTONIO

C'est ça parler.

LE COMTE, *reprenant sa colère.*

Non, si quelque chose pouvait augmenter ma fureur, ce serait l'air calme qu'il affecte.

FIGARO

Sommes-nous des soldats qui tuent et se font tuer pour des intérêts qu'ils ignorent [151] ? Je veux savoir, moi, pourquoi je me fâche.

LE COMTE, *hors de lui.*

O rage ! *(Se contenant.)* Homme de bien qui feignez d'ignorer, nous ferez-vous au moins la faveur de nous dire quelle est la dame actuellement par vous amenée dans ce pavillon ?

FIGARO, *montrant l'autre avec malice.*

Dans celui-là ?

LE COMTE, *vite.*

Dans celui-ci.

FIGARO, *froidement.*

C'est différent. Une jeune personne qui m'honore de ses bontés particulières.

BAZILE, *étonné.*

Ah ! ah !

LE COMTE, *vite.*

Vous l'entendez, messieurs ?

BARTHOLO, *étonné.*

Nous l'entendons ?

LE COMTE, *à Figaro.*

Et cette jeune personne a-t-elle un autre engagement, que vous sachiez ?

FIGARO, *froidement.*

Je sais qu'un grand seigneur s'en est occupé quelque temps, mais, soit qu'il l'ait négligée ou que je lui plaise mieux qu'un plus aimable, elle me donne aujourd'hui la préférence.

LE COMTE, *vivement.*

La préf... *(Se contenant.)* Au moins il est naïf ! car ce qu'il avoue, messieurs, je l'ai ouï, je vous jure, de la bouche même de sa complice.

BRID'OISON, *stupéfait.*

Sa-a complice !

LE COMTE, *avec fureur.*

Or, quand le déshonneur est public, il faut que la vengeance le soit aussi. *(Il entre dans le pavillon.)*

Scène XIII

TOUS LES ACTEURS PRÉCÉDENTS, *hors* LE COMTE.

ANTONIO

C'est juste.

BRID'OISON, *à Figaro.*

Qui-i donc a pris la femme de l'autre ?

FIGARO, *en riant.*

Aucun n'a eu cette joie-là.

Scène XIV

LES ACTEURS PRÉCÉDENTS, LE COMTE, CHÉRUBIN.

LE COMTE, *parlant dans le pavillon,
et attirant quelqu'un qu'on ne voit pas encore.*

Tous vos efforts sont inutiles ; vous êtes perdue, madame,
et votre heure est bien arrivée ! *(Il sort sans regarder.)* Quel
bonheur qu'aucun gage d'une union aussi détestée...

FIGARO *s'écrie.*

Chérubin !

LE COMTE

Mon page ?

BAZILE

Ah ! ah !

9

LE COMTE, *hors de lui, à part.*

Et toujours le page endiablé ! *(A Chérubin.)* Que faisiez-vous dans ce salon ?

CHÉRUBIN, *timidement.*

Je me cachais, comme vous me l'avez ordonné.

PÉDRILLE

Bien la peine de crever un cheval !

LE COMTE

Entres-y, toi, Antonio ; conduis devant son juge l'infâme qui m'a déshonoré.

BRID'OISON

C'est madame que vous y-y cherchez ?

ANTONIO

L'y a, parguenne, une bonne Providence : vous en avez tant fait dans le pays...

LE COMTE, *furieux.*

Entre donc ! *(Antonio entre.)*

Scène XV

LES ACTEURS PRÉCÉDENTS, *excepté* ANTONIO.

LE COMTE

Vous allez voir, messieurs, que le page n'y était pas seul.

CHÉRUBIN, *timidement.*

Mon sort eût été trop cruel, si quelque âme sensible n'en eût adouci l'amertume.

Scène XVI

LES ACTEURS PRÉCÉDENTS, ANTONIO, FANCHETTE.

ANTONIO, *attirant par le bras quelqu'un qu'on ne voit pas encore.*

Allons, madame, il ne faut pas vous faire prier pour en sortir, puisqu'on sait que vous y êtes entrée.

FIGARO *s'écrie.*

La petite cousine !

BAZILE

Ah ! ah !

LE COMTE

Fanchette !

ANTONIO *se retourne et s'écrie.*

Ah ! palsambleu, Monseigneur, il est gaillard de me choisir pour montrer à la compagnie que c'est ma fille qui cause tout ce train-là !

LE COMTE, *outré.*

Qui la savait là dedans ? *(Il veut rentrer.)*

BARTHOLO, *au devant.*

Permettez, monsieur le Comte, ceci n'est pas plus clair. Je suis de sang-froid, moi... *(Il entre.)*

BRID'OISON

Voilà une affaire au-aussi trop embrouillée.

Scène XVII

LES ACTEURS PRÉCÉDENTS, MARCELINE .

BARTHOLO, *parlant en dedans et sortant.*

Ne craignez rien, madame, il ne vous sera fait aucun mal.
J'en réponds. *(Il se retourne et s'écrie :)* Marceline !

BAZILE

Ah ! ah !

FIGARO, *riant.*

Eh, quelle folie ! ma mère en est ?

ANTONIO

A qui pis fera.

LE COMTE, *outré.*

Que m'importe à moi ? La Comtesse...

Scène XVIII

LES ACTEURS PRÉCÉDENTS, SUZANNE, *son éventail sur le visage.*

LE COMTE

... Ah ! la voici qui sort. *(Il la prend violemment par le bras.)*
Que croyez-vous, messieurs, que mérite une odieuse...
(Suzanne se jette à genoux la tête baissée.) — *Le Comte :* Non,
non ! *(Figaro se jette à genoux de l'autre côté.)* — *Le Comte, plus
fort :* Non, non ! *(Marceline se jette à genoux devant lui.)* — *Le
Comte plus fort :* Non, non ! *(Tous se mettent à genoux, excepté
Brid'oison.)* — *Le Comte hors de lui :* Y fussiez-vous un cent !

Scène XIX et dernière

TOUS LES ACTEURS PRÉCÉDENTS, LA COMTESSE *sort de l'autre pavillon.*

LA COMTESSE *se jette à genoux.*

Au moins je ferai nombre.

LE COMTE, *regardant la Comtesse et Suzanne.*

Ah ! qu'est-ce que je vois ?

BRID'OISON, *riant.*

Eh pardi, c'è-est madame.

LE COMTE *veut relever la Comtesse.*

Quoi ! c'était vous, Comtesse ? *(D'un ton suppliant.)* Il n'y a qu'un pardon bien généreux...

LA COMTESSE, *en riant.*

Vous diriez : *Non, non,* à ma place ; et moi, pour la troisième fois d'aujourd'hui [152], je l'accorde sans condition. *(Elle se relève.)*

SUZANNE *se relève.*

Moi aussi.

MARCELINE *se relève.*

Moi aussi.

FIGARO *se relève.*

Moi aussi, il y a de l'écho ici ! *(Tous se relèvent.)*

LE COMTE

De l'écho ! — J'ai voulu ruser avec eux ; ils m'ont traité comme un enfant !

LA COMTESSE, *en riant.*

Ne le regrettez pas, monsieur le Comte.

FIGARO, *s'essuyant les genoux avec son chapeau.*

Une petite journée comme celle-ci forme bien un ambassadeur !

LE COMTE, *à Suzanne.*

Ce billet fermé d'une épingle ?...

SUZANNE

C'est madame qui l'avait dicté.

LE COMTE

La réponse lui en est bien due. (*Il baise la main de la Comtesse.*)

LA COMTESSE

Chacun aura ce qui lui appartient. (*Elle donne la bourse à Figaro et le diamant à Suzanne.*)

SUZANNE, *à Figaro.*

Encore une dot !

FIGARO, *frappant la bourse dans sa main.*

Et de trois [153]. Celle-ci fut rude à arracher !

SUZANNE

Comme notre mariage.

GRIPE-SOLEIL

Et la jarretière de la mariée, l'aurons-je ?

LA COMTESSE *arrache le ruban*
qu'elle a tant gardé dans son sein et le jette à terre.

La jarretière ? Elle était avec ses habits ; la voilà. *(Les garçons de la noce veulent la ramasser.)*

CHÉRUBIN, *plus alerte, court la prendre, et dit.*

Que celui qui la veut vienne me la disputer !

LE COMTE, *en riant, au page.*

Pour un monsieur si chatouilleux, qu'avez-vous trouvé de gai à certain soufflet de tantôt ?

CHÉRUBIN *recule en tirant à moitié son épée.*

A moi, mon Colonel ?

FIGARO, *avec une colère comique.*

C'est sur ma joue qu'il l'a reçu : voilà comme les Grands font justice !

LE COMTE, *riant.*

C'est sur sa joue ? Ah ! ah ! ah ! qu'en dites-vous donc, ma chère Comtesse !

LA COMTESSE, *absorbée, revient à elle et dit avec sensibilité :*

Ah ! oui, cher Comte, et pour la vie, sans distraction, je vous le jure.

LE COMTE, *frappant sur l'épaule du juge.*

Et vous, don Brid'oison, votre avis maintenant ?

BRID'OISON

Su-ur tout ce que je vois, monsieur le Comte ?... Ma-a foi, pour moi je-e ne sais que vous dire : voilà ma façon de penser.

TOUS ENSEMBLE

Bien jugé !

FIGARO

J'étais pauvre, on me méprisait. J'ai montré quelque esprit, la haine est accourue. Une jolie femme et de la fortune...

BARTHOLO, *en riant.*

Les cœurs vont te revenir en foule.

FIGARO

Est-il possible ?

BARTHOLO

Je les connais.

FIGARO, *saluant les spectateurs.*

Ma femme et mon bien mis à part, tous me feront honneur et plaisir. (*On joue la ritournelle du vaudeville. Air noté.*)

VAUDEVILLE

BAZILE

PREMIER COUPLET

Triple dot, femme superbe,
Que de biens pour un époux !

D'un seigneur, d'un page imberbe,
Quelque sot serait jaloux.
Du latin d'un vieux proverbe
L'homme adroit fait son parti.

FIGARO

Je le sais... *(Il chante.)*

Gaudeant bene nati.

BAZILE

Non... *(Il chante.)*

Gaudeat bene *nanti* [154].

SUZANNE

DEUXIÈME COUPLET

Qu'un mari sa foi trahisse,
Il s'en vante, et chacun rit :
Que sa femme ait un caprice,
S'il l'accuse, on la punit.
De cette absurde injustice
Faut-il dire le pourquoi ?
Les plus forts ont fait la loi. *(Bis.)*

FIGARO

TROISIÈME COUPLET

Jean Jeannot, jaloux risible,
Veut unir femme et repos ;
Il achète un chien terrible,
Et le lâche en son enclos.
La nuit, quel vacarme horrible !
Le chien court, tout est mordu,
Hors l'amant qui l'a vendu. *(Bis.)*

LA COMTESSE

QUATRIÈME COUPLET

Telle est fière et répond d'elle,
Qui n'aime plus son mari ;
Telle autre, presque infidèle,
Jure de n'aimer que lui.
La moins folle, hélas ! est celle
Qui se veille en son lien,
Sans oser jurer de rien.   *(Bis.)*

LE COMTE

CINQUIÈME COUPLET

D'une femme de province,
A qui ses devoirs sont chers,
Le succès est assez mince ;
Vive la femme aux bons airs !
Semblable à l'écu du prince,
Sous le coin[155] d'un seul époux,
Elle sert au bien de tous.   *(Bis.)*

MARCELINE

SIXIÈME COUPLET

Chacun sait la tendre mère
Dont il a reçu le jour ;
Tout le reste est un mystère,
C'est le secret de l'amour.

FIGARO *continue l'air.*

Ce secret met en lumière
Comment le fils d'un butor
Vaut souvent son pesant d'or. *(Bis.)*

SEPTIÈME COUPLET

Par le sort de la naissance,
L'un est roi, l'autre est berger :
Le hasard fit leur distance ;
L'esprit seul peut tout changer.

De vingt rois que l'on encense,
Le trépas brise l'autel ;
Et Voltaire est immortel.   *(Bis.)*

CHÉRUBIN

HUITIÈME COUPLET

Sexe aimé, sexe volage,
Qui tourmentez nos beaux jours,
Si de vous chacun dit rage,
Chacun vous revient toujours.
Le parterre est votre image :
Tel paraît le dédaigner,
Qui fait tout pour le gagner. *(Bis.)*

SUZANNE

NEUVIÈME COUPLET

Si ce gai, ce fol ouvrage,
Renfermait quelque leçon,
En faveur du badinage
Faites grâce à la raison.
Ainsi la nature sage
Nous conduit, dans nos désirs,
A son but par les plaisirs.   *(Bis.)*

BRID'OISON

DIXIÈME COUPLET

Or, messieurs, la co-omédie,
Que l'on juge en cè-et instant
Sauf erreur, nous pein-eint la vie
Du bon peuple qui l'entend.
Qu'on l'opprime, il peste, il crie,
Il s'agite en cent fa-açons :
Tout fini-it par des chansons. *(Bis.)*

BALLET GÉNÉRAL

FIN DU CINQUIÈME ET DERNIER ACTE

L'Autre Tartuffe

ou

La Mère coupable

DRAME EN CINQ ACTES
EN PROSE

On gagne assez dans les familles,
quand on en expulse un méchant.

Dernière phrase
de la pièce.

Un mot
sur La Mère coupable

Pendant ma longue proscription [1], quelques amis zélés avaient imprimé cette pièce, uniquement pour prévenir l'abus d'une contrefaçon infidèle, furtive, et prise à la volée, pendant les représentations. Mais ces amis eux-mêmes, pour éviter d'être froissés [2] par les agents de la Terreur, s'ils eussent laissé leurs vrais titres aux personnages espagnols (car alors tout était péril), se crurent obligés de les défigurer, d'altérer même leur langage, et de mutiler plusieurs scènes.

Honorablement rappelé dans ma patrie après quatre années d'infortune, et la pièce étant désirée par les anciens acteurs du Théâtre français [3], dont on connaît les grands talents, je la restitue en entier dans son premier état. Cette édition est celle que j'avoue.

Parmi les vues de ces artistes, j'approuve celle de présenter en trois séances consécutives, tout le roman de la famille *Almaviva*, dont les deux premières époques ne semblent pas, dans leur gaieté légère, offrir de rapport bien sensible avec la profonde et touchante moralité de la dernière ; mais elles ont, dans le plan de l'auteur, une connexion intime, propre à verser le plus vif intérêt sur les représentations de *La Mère coupable*.

J'ai donc pensé, avec les comédiens, que nous pouvions dire au public : Après avoir bien ri, le premier jour, au *Barbier de Séville*, de la turbulente jeunesse du comte Almaviva, laquelle est à peu près celle de tous les hommes ;

Après avoir, le second jour, gaiement considéré, dans *La Folle Journée*, les fautes de son âge viril, et qui sont trop souvent les nôtres ;

Par le tableau de sa vieillesse, et voyant *La Mère coupable*, venez vous convaincre avec nous que tout homme qui n'est pas né un épouvantable méchant, finit toujours par être bon quand l'âge des passions s'éloigne, et surtout quand il a goûté le bonheur si doux d'être père ! C'est le but moral de la pièce. Elle en renferme plusieurs autres que ses détails feront ressortir.

Et moi, l'auteur, j'ajoute ici : Venez juger *La Mère coupable,* avec le bon esprit qui l'a fait composer pour vous. Si vous trouvez quelque plaisir à mêler vos larmes aux douleurs, au pieux repentir de cette femme infortunée, si ses pleurs commandent les vôtres, laissez-les couler doucement. Les larmes qu'on verse au théâtre, sur des maux simulés qui ne font pas le mal de la réalité cruelle, sont bien douces. On est meilleur quand on se sent pleurer. On se trouve si bon après la compassion !

Auprès de ce tableau touchant, si j'ai mis sous vos yeux le machinateur⁴, l'homme affreux qui tourmente aujourd'hui cette malheureuse famille, ah ! je vous jure que je l'ai vu agir⁵ ; je n'aurais pas pu l'inventer. Le *Tartuffe* de Molière était celui de *la religion :* aussi, de toute la famille d'Orgon, ne trompa-t-il que le chef imbécile ! Celui-ci, bien plus dangereux, *Tartuffe de la probité*, a l'art profond de s'attirer la respectueuse confiance de la famille entière qu'il dépouille. C'est celui-là qu'il fallait démasquer. C'est pour vous garantir des pièges de ces monstres (et il en existe partout), que j'ai traduit sévèrement celui-ci sur la scène française. Pardonnez-le-moi en faveur de sa punition, qui fait la clôture de la pièce. Ce cinquième acte m'a coûté ; mais je me serais cru plus méchant que Bégearss, si je l'avais laissé jouir du moindre fruit de ses atrocités, si je ne vous eusse calmés après des alarmes si vives.

Peut-être ai-je attendu trop tard pour achever cet ouvrage terrible qui me consumait la poitrine, et devait être écrit dans la force de l'âge. Il m'a tourmenté bien longtemps ! Mes deux comédies espagnoles ne furent faites que pour le préparer. Depuis, en vieillissant, j'hésitais de m'en occuper : je craignais de manquer de force ; et peut-être n'en ai-je plus à l'époque où je l'ai tenté ; mais enfin, je l'ai composé dans une intention droite et pure : avec la tête froide d'un homme et le cœur brûlant d'une femme, comme on l'a pensé de Rousseau. J'ai remarqué que cet ensemble, cet *hermaphrodisme* moral, est moins rare qu'on ne le croit.

Au reste, sans tenir à nul parti, à nulle secte, *La Mère coupable* est un tableau des peines intérieures qui divisent bien des familles ; peines auxquelles malheureusement le divorce, très bon d'ailleurs, ne remédie point. Quoi qu'on fasse, ces plaies secrètes, il les déchire au lieu de les cicatriser. Le sentiment de la paternité, la bonté du

cœur, l'indulgence en sont les uniques remèdes. Voilà ce que j'ai
voulu peindre et graver dans tous les esprits.

Les hommes de lettres qui se sont voués au théâtre, en examinant
cette pièce, pourront y démêler une intrigue de comédie, fondue
dans le pathétique d'un drame [6]. Ce dernier genre, trop dédaigné de
quelques juges prévenus, ne leur paraissait pas de force à comporter
ces deux éléments réunis. L'*intrigue*, disaient-ils, est le propre des
sujets gais, c'est le nerf de la comédie ; on adapte le *pathétique* à la
marche simple du drame pour en soutenir la faiblesse. Mais ces
principes hasardés [7] s'évanouissent à l'application, comme on peut
s'en convaincre, en s'exerçant dans les deux genres. L'exécution,
plus ou moins bonne, assigne à chacun son mérite ; et le mélange
heureux de ces deux moyens dramatiques, employés avec art, peut
produire un très grand effet. Voici comment je l'ai tenté.

Sur des événements antécédents connus (et c'est un fort grand
avantage), j'ai fait en sorte qu'un drame intéressant existât aujourd'hui entre le comte Almaviva, la Comtesse et les deux enfants. Si
j'avais reporté la pièce à l'âge inconsistant où les fautes se sont
commises, voici ce qui fût arrivé.

D'abord le drame eût dû s'appeler, non *La Mère coupable,* mais
L'Épouse infidèle, ou *Les Époux coupables.* Ce n'était déjà plus le
même genre d'intérêt ; il eût fallu y faire entrer des intrigues
d'amour, des jalousies, du désordre, que sais-je ? de tout autres
événements ; et la moralité que je voulais faire sortir d'un manquement si grave aux devoirs de l'épouse honnête, cette moralité,
perdue, enveloppée dans les fougues de l'âge, n'aurait pas été
aperçue.

Mais, c'est vingt ans après que les fautes sont consommées, quand
les passions sont usées, que leurs objets n'existent plus [8], que les
conséquences d'un désordre presque oublié viennent peser sur
l'établissement et sur le sort de deux enfants malheureux qui les ont
toutes ignorées, et qui n'en sont pas moins les victimes. C'est de ces
circonstances graves que la moralité tire toute sa force, et devient le
préservatif des jeunes personnes bien nées qui, lisant peu dans
l'avenir, sont beaucoup plus près du danger de se voir égarées que de
celui d'être vicieuses. Voilà sur quoi porte mon drame.

Puis, opposant au scélérat notre pénétrant Figaro, vieux serviteur
très attaché, le seul être que le fripon n'a pu tromper dans la maison,
l'intrigue qui se noue entre eux s'établit sous cet autre aspect.

Le scélérat inquiet se dit : « En vain j'ai le secret de tout le monde
ici, en vain je me vois près de le tourner à mon profit ; si je ne
parviens pas à faire chasser ce valet, il pourra m'arriver malheur. »

D'autre côté, j'entends le Figaro se dire : « Si je ne réussis à dépister ce monstre, à lui faire tomber le masque, la fortune, l'honneur, le bonheur de cette maison, tout est perdu. » La Suzanne, jetée entre ces deux lutteurs, n'est ici qu'un souple instrument, dont chacun entend se servir pour hâter la chute de l'autre.

Ainsi, *la comédie d'intrigue,* soutenant la curiosité, marche tout au travers du *drame,* dont elle renforce l'action, sans en diviser l'intérêt, qui se porte tout entier sur la mère. Les deux enfants, aux yeux du spectateur, ne courent aucun danger réel. On voit bien qu'ils s'épouseront si le scélérat est chassé, car ce qu'il y a de mieux établi dans l'ouvrage, c'est qu'ils ne sont parents à nul degré[9], qu'ils sont étrangers l'un à l'autre : ce que savent fort bien, dans le secret du cœur, le Comte, la Comtesse, le scélérat, Suzanne et Figaro, tous instruits des événements ; sans compter le public qui assiste à la pièce, et à qui nous n'avons rien caché.

Tout l'art de l'hypocrite, en déchirant le cœur du père et de la mère, consiste à effrayer les jeunes gens, à les arracher l'un à l'autre, en leur faisant croire à chacun qu'ils sont enfants du même père ; c'est là le fond de son intrigue. Ainsi marche le double plan, que l'on peut appeler *complexe.*

Une telle action dramatique peut s'appliquer à tous les temps, à tous les lieux où les grands traits de la nature, et tous ceux qui caractérisent le cœur de l'homme et ses secrets ne seront pas trop méconnus.

Diderot, comparant les ouvrages de Richardson avec tous ces romans que nous nommons l'*histoire,* s'écrie[10], dans son enthousiasme pour cet auteur juste et profond : « Peintre du cœur humain ! c'est toi seul qui ne mens jamais ! » Quel mot sublime ! Et moi aussi j'essaye encore d'être peintre du cœur humain ; mais ma palette est desséchée par l'âge et les contradictions. *La Mère coupable* a dû s'en ressentir !

Que si ma faible exécution nuit à l'intérêt de mon plan, le principe que j'ai posé n'en a pas moins toute sa justesse. Un tel essai peut inspirer le dessein d'en offrir de plus fortement concertés. Qu'un homme de feu l'entreprenne, y mêlant, d'un crayon hardi, l'*intrigue* avec le *pathétique ;* qu'il broie et fonde savamment les vives couleurs de chacun, qu'il nous peigne à grands traits l'homme vivant en société, son état, ses passions, ses vices, ses vertus, ses fautes et ses malheurs, avec la vérité frappante que l'exagération même, qui fait briller les autres genres, ne permet pas toujours de rendre aussi fidèlement : touchés, intéressés, instruits, nous ne dirons plus que le *drame* est un genre décoloré, né de l'impuissance de produire une tragédie ou une comédie. L'art aura pris un noble essor ; il aura fait encore un pas.

O mes concitoyens ! vous à qui j'offre cet essai ; s'il vous paraît faible ou manqué, critiquez-le, mais sans m'injurier. Lorsque je fis mes autres pièces, on m'outragea longtemps, pour avoir osé mettre au théâtre ce jeune Figaro, que vous avez aimé depuis. J'étais jeune aussi, j'en riais. En vieillissant, l'esprit s'attriste, le caractère se rembrunit. J'ai beau faire, je ne ris plus quand un méchant ou un fripon insulte à ma personne, à l'occasion de mes ouvrages : on n'est pas maître de cela.

Critiquez la pièce : fort bien. Si l'auteur est trop vieux pour en tirer du fruit, votre leçon peut profiter à d'autres. L'injure ne profite à personne, et même elle n'est pas de bon goût. On peut offrir cette remarque à une nation renommée par son ancienne politesse, qui la faisait servir de modèle en ce point, comme elle est encore aujourd'hui celui de la haute vaillance [11].

PERSONNAGES

LE COMTE ALMAVIVA, grand seigneur espagnol, d'une fierté noble et sans orgueil.

LA COMTESSE ALMAVIVA, très malheureuse, et d'une angélique piété.

LE CHEVALIER LÉON, leur fils, jeune homme épris de la liberté, comme toutes les âmes ardentes et neuves.

FLORESTINE, pupille et filleule du comte Almaviva, jeune personne d'une grande sensibilité.

M. BÉGEARSS, Irlandais, major d'infanterie espagnole, ancien secrétaire des ambassades du Comte ; homme très profond, et grand machinateur d'intrigues, fomentant le trouble avec art.

FIGARO, valet de chambre, chirurgien et homme de confiance du Comte ; homme formé par l'expérience du monde et des événements.

SUZANNE, première camariste de la Comtesse, épouse de Figaro ; excellente femme, attachée à sa maîtresse, et revenue des illusions du jeune âge.

M. FAL, notaire du Comte, homme exact et très honnête.

GUILLAUME, valet allemand de M. Bégearss, homme trop simple pour un tel maître.

La scène est à Paris, dans l'hôtel occupé par la famille du Comte, et se passe à la fin de 1790[12].

L'Autre Tartuffe

ou

La Mère coupable

ACTE PREMIER

Le théâtre représente un salon fort orné.

Scène I

SUZANNE, *seule, tenant des fleurs obscures dont elle fait un bouquet.*

Que madame s'éveille et sonne; mon triste ouvrage est achevé. *(Elle s'assied avec abandon.)* A peine il est neuf heures, et je me sens déjà d'une fatigue... Son dernier ordre, en la couchant, m'a gâté ma nuit tout entière... *Demain, Suzanne, au point du jour, fais apporter beaucoup de fleurs, et garnis-en mes cabinets.* — Au portier : *Que, de la journée, il n'entre personne pour moi.* — *Tu me formeras un bouquet de fleurs noires et rouge foncé, un seul œillet blanc au milieu...* Le voilà. — Pauvre maîtresse ! Elle pleurait !... Pour qui ce mélange d'apprêts ?... Eeeh ! si nous étions en Espagne, ce serait aujourd'hui la fête de son fils *Léon... (avec mystère)* et d'un autre homme qui n'est plus ! *(Elle regarde les fleurs.)* Les couleurs du sang et du deuil ! *(Elle soupire.)* Ce cœur blessé ne guérira jamais ! — Attachons-le d'un crêpe noir, puisque c'est là sa triste fantaisie. *(Elle attache le bouquet.)*

Scène II

SUZANNE, FIGARO, *regardant avec mystère.*
(Cette scène doit marcher chaudement.)

SUZANNE

Entre donc, Figaro ! Tu prends l'air d'un amant en bonne fortune chez ta femme !

FIGARO

Peut-on parler librement ?

SUZANNE

Oui, si la porte reste ouverte.

FIGARO

Et pourquoi cette précaution ?

SUZANNE

C'est que l'homme dont il s'agit peut entrer d'un moment à l'autre.

FIGARO, *appuyant.*

Honoré Tartuffe Bégearss ?

SUZANNE

Et c'est un rendez-vous donné. — Ne t'accoutume donc pas à charger son nom d'épithètes ; cela peut se redire et nuire à tes projets.

FIGARO

Il s'appelle Honoré !

SUZANNE

Mais non pas Tartuffe.

FIGARO

Morbleu !

SUZANNE

Tu as le ton bien soucieux !

FIGARO

Furieux. *(Elle se lève.)* Est-ce là notre convention ? M'ai-dez-vous franchement, Suzanne, à prévenir un grand désor-dre ? Serais-tu dupe encore de ce très méchant homme ?

SUZANNE

Non ; mais je crois qu'il se méfie de moi : il ne me dit plus rien. J'ai peur, en vérité, qu'il ne nous croie raccommodés.

FIGARO

Feignons toujours d'être brouillés.

SUZANNE

Mais qu'as-tu donc appris qui te donne une telle humeur ?

FIGARO

Recordons-nous [13] d'abord sur les principes. Depuis que nous sommes à Paris, et que M. Almaviva... (Il faut bien lui donner son nom, puisqu'il ne souffre plus qu'on l'appelle Monseigneur...)

SUZANNE, *avec humeur.*

C'est beau ! et madame sort sans livrée [14] ! Nous avons l'air de tout le monde !

FIGARO

Depuis, dis-je, qu'il a perdu, pour une querelle de jeu, son libertin de fils aîné, tu sais comment tout a changé pour nous ! Comme l'humeur du Comte est devenue sombre et terrible !

SUZANNE

Tu n'es pas mal bourru non plus !

FIGARO

Comme son autre fils paraît lui devenir odieux !

SUZANNE

Que trop !

FIGARO

Comme madame est malheureuse !

SUZANNE

C'est un grand crime qu'il commet !

FIGARO

Comme il redouble de tendresse pour sa pupille Florestine ! comme il fait surtout des efforts pour dénaturer[15] sa fortune !

SUZANNE

Sais-tu, mon pauvre Figaro ! que tu commences à radoter ? Si je sais tout cela, qu'est-il besoin de me le dire ?

FIGARO

Encore faut-il bien s'expliquer pour s'assurer que l'on s'entend ! N'est-il pas avéré pour nous que cet astucieux

Irlandais, le fléau de cette famille, après avoir chiffré, comme
secrétaire, quelques ambassades[16] auprès du Comte, s'est
emparé de leurs secrets à tous ? Que ce profond machinateur
a su les entraîner de l'indolente Espagne en ce pays remué de
fond en comble, espérant y mieux profiter de la désunion où
ils vivent pour séparer le mari de la femme, épouser la
pupille, et envahir les biens d'une maison qui se délabre ?

SUZANNE

Enfin, moi ! que puis-je à cela ?

FIGARO

Ne jamais le perdre de vue ; me mettre au cours de ses
démarches.

SUZANNE

Mais je te rends[17] tout ce qu'il dit.

FIGARO

Oh ! ce qu'il dit… n'est que ce qu'il veut dire ! Mais saisir,
en parlant, les mots qui lui échappent, le moindre geste, un
mouvement ; c'est là qu'est le secret de l'âme ! Il se trame ici
quelque horreur. Il faut qu'il s'en croie assuré ; car je lui
trouve un air… plus faux, plus perfide et plus fat ; cet air des
sots de ce pays, triomphant avant le succès. Ne peux-tu être
aussi perfide que lui ? l'amadouer, le bercer d'espoir ? quoi
qu'il demande, ne pas le refuser ?

SUZANNE

C'est beaucoup !

FIGARO

Tout est bien, et tout marche au but, si j'en suis
promptement instruit.

SUZANNE

... Et si j'en instruis ma maîtresse ?

FIGARO

Il n'est pas temps encore : ils sont tous subjugués par lui. On ne te croirait pas : tu nous perdrais sans les sauver. Suis-le partout, comme son ombre... et moi, je l'épie au-dehors...

SUZANNE

Mon ami, je t'ai dit qu'il se défie de moi ; et s'il nous surprenait ensemble... Le voilà qui descend... Ferme ! ayons l'air de quereller bien fort. *(Elle pose le bouquet sur la table.)*

FIGARO, *élevant la voix.*

Moi, je ne le veux pas ! Que je t'y prenne une autre fois !...

SUZANNE, *élevant la voix.*

Certes ! oui, je te crains beaucoup !

FIGARO, *feignant de lui donner un soufflet.*

Ah ! tu me crains !... Tiens, insolente !

SUZANNE, *feignant de l'avoir reçu.*

Des coups à moi... chez ma maîtresse !

Scène III

LE MAJOR BÉGEARSS, FIGARO, SUZANNE.

BÉGEARSS *en uniforme, un crêpe noir au bras.*

Eh ! mais quel bruit ! Depuis une heure j'entends disputer de chez moi...

FIGARO, *à part.*

Depuis une heure !

BÉGEARSS

Je sors, je trouve une femme éplorée...

SUZANNE, *feignant de pleurer.*

Le malheureux lève la main sur moi !

BÉGEARSS

Ah ! l'horreur, monsieur Figaro ! Un galant homme a-t-il jamais frappé une personne de l'autre sexe ?

FIGARO, *brusquement.*

Eh morbleu ! monsieur, laissez-nous ! Je ne suis point *un galant homme* ; et cette femme n'est point *une personne de l'autre sexe* ; elle est ma femme, une insolente qui se mêle dans des intrigues, et qui croit pouvoir me braver, parce qu'elle a ici des gens qui la soutiennent. Ah ! j'entends la morigéner...

BÉGEARSS

Est-on brutal à cet excès ?

FIGARO

Monsieur, si je prends un arbitre de mes procédés envers elle, ce sera moins vous que tout autre ; et vous savez trop bien pourquoi !

BÉGEARSS

Vous me manquez, monsieur ; je vais m'en plaindre à votre maître.

FIGARO, *raillant.*

Vous manquer ! moi ? c'est impossible. *(Il sort.)*

Scène IV

BÉGEARSS, SUZANNE.

BÉGEARSS

Mon enfant [18], je n'en reviens point. Quel est donc le sujet de son emportement ?

SUZANNE

Il m'est venu chercher querelle ; il m'a dit cent horreurs de vous. Il me défendait de vous voir, de jamais oser vous parler. J'ai pris votre parti ; la dispute s'est échauffée ; elle a fini par un soufflet... Voilà le premier de sa vie ; mais moi, je veux me séparer. Vous l'avez vu...

BÉGEARSS

Laissons cela. — Quelque léger nuage altérait ma confiance en toi ; mais ce débat l'a dissipé.

SUZANNE

Sont-ce là vos consolations ?

BÉGEARSS

Va, c'est moi qui t'en vengerai ! il est bien temps que je m'acquitte envers toi, ma pauvre Suzanne ! Pour commencer, apprends un grand secret... Mais sommes-nous bien sûrs que la porte est fermée ? *(Suzanne y va voir. — Il dit à part :)* Ah ! si je puis avoir seulement trois minutes l'écrin au double fond que j'ai fait faire à la Comtesse, où sont ces importantes lettres...

SUZANNE *revient.*

Eh bien ! ce grand secret ?

BÉGEARSS

Sers ton ami ; ton sort devient superbe. — J'épouse Florestine ; c'est un point arrêté ; son père le veut absolument.

SUZANNE

Qui, son père ?

BÉGEARSS, *en riant.*

Eh, d'où sors-tu donc ? Règle certaine, mon enfant : lorsque telle orpheline arrive chez quelqu'un comme pupille ou bien comme filleule, elle est toujours la fille du mari. *(D'un ton sérieux.)* Bref, je puis l'épouser... si tu me la rends favorable.

SUZANNE

Oh ! mais Léon en est très amoureux.

BÉGEARSS

Leur fils ? *(Froidement.)* Je l'en détacherai.

SUZANNE, *étonnée.*

Ah !... Elle aussi, elle est fort éprise !

BÉGEARSS

De lui ?

SUZANNE

Oui.

BÉGEARSS, *froidement*.

Je l'en guérirai.

SUZANNE, *plus surprise*.

Ah ! ah !... Madame, qui le sait, donne les mains à leur union.

BÉGEARSS, *froidement*.

Nous la ferons changer d'avis.

SUZANNE, *stupéfaite*.

Aussi ?... Mais Figaro, si je vois bien, est le confident du jeune homme.

BÉGEARSS

C'est le moindre de mes soucis. Ne serais-tu pas aise d'en être délivrée ?

SUZANNE

S'il ne lui arrive aucun mal...

BÉGEARSS

Fi donc ! la seule idée flétrit l'austère probité [19]. Mieux instruits sur leurs intérêts, ce sont eux-mêmes qui changeront d'avis.

SUZANNE, *incrédule*.

Si vous faites cela, monsieur...

BÉGEARSS, *appuyant*.

Je le ferai. — Tu sens que l'amour n'est pour rien dans un

pareil arrangement. (*L'air caressant.*) Je n'ai jamais vraiment aimé que toi.

SUZANNE

Ah ? si madame avait voulu...

BÉGEARSS

Je l'aurais consolée sans doute ; mais elle a dédaigné mes vœux !... Suivant le plan que le Comte a formé, la Comtesse va au couvent.

SUZANNE, *vivement.*

Je ne me prête à rien contre elle.

BÉGEARSS

Que diable ! il la sert dans ses goûts ! je t'entends toujours dire : *Ah ! c'est un ange sur la terre !*

SUZANNE, *en colère.*

Eh bien ! faut-il la tourmenter ?

BÉGEARSS, *riant.*

Non ; mais du moins la rapprocher de ce ciel, la patrie des anges, dont elle est un moment tombée !... Et puisque, dans ces nouvelles et merveilleuses lois [20], le divorce s'est établi...

SUZANNE, *vivement.*

Le Comte veut s'en séparer ?

BÉGEARSS

S'il peut.

SUZANNE, *en colère.*

Ah ! les scélérats d'hommes ! quand on les étranglerait tous !...

BÉGEARSS, *riant.*

J'aime à croire que tu m'en exceptes ?

SUZANNE

Ma foi !... pas trop.

BÉGEARSS, *riant.*

J'adore ta franche colère : elle met à jour ton bon cœur !
Quant à l'amoureux chevalier, il le destine à voyager...
longtemps. — Le Figaro, homme expérimenté, sera son
discret conducteur. *(Il lui prend la main.)* Et voici ce qui nous
concerne. Le Comte, Florestine et moi, habiterons le même
hôtel ; et la chère Suzanne à nous, chargée de toute la
confiance, sera notre surintendant, commandera la domesti-
cité, aura la grande main sur tout. Plus de mari, plus de
soufflets, plus de brutal contradicteur ; des jours filés d'or et
de soie, et la vie la plus fortunée !...

SUZANNE

A vos cajoleries, je vois que vous voulez que je vous serve
auprès de Florestine ?

BÉGEARSS, *caressant.*

A dire vrai, j'ai compté sur tes soins. Tu fus toujours une
excellente femme ! J'ai tout le reste dans ma main ; ce point
seul est entre les tiennes. *(Vivement.)* Par exemple, aujour-
d'hui tu peux nous rendre un signalé... *(Suzanne l'examine.
Bégearss se reprend.)* Je dis un *signalé,* par l'importance qu'il y
met. *(Froidement.)* Car, ma foi ! c'est bien peu de chose ! Le
Comte aurait la fantaisie... de donner à sa fille, en signant le
contrat, une parure absolument semblable aux diamants de la
Comtesse. Il ne voudrait pas qu'on le sût.

SUZANNE, *surprise.*

Ah ! Ah !

BÉGEARSS

Ce n'est pas trop mal vu ! De beaux diamants terminent bien des choses ! Peut-être il va te demander d'apporter l'écrin de sa femme, pour en confronter les dessins avec ceux de son joaillier.

SUZANNE

Pourquoi comme ceux de madame ? C'est une idée assez bizarre !

BÉGEARSS

Il prétend qu'ils soient aussi beaux... Tu sens, pour moi, combien c'était égal ! Tiens, vois-tu ? le voici qui vient.

Scène V

LE COMTE, SUZANNE, BÉGEARSS.

LE COMTE

Monsieur Bégearss, je vous cherchais.

BÉGEARSS

Avant d'entrer chez vous, monsieur, je venais prévenir Suzanne que vous avez dessein de lui demander cet écrin...

SUZANNE

Au moins, Monseigneur, vous sentez...

LE COMTE

Eh ! laisse là ton *Monseigneur* ! N'ai-je pas ordonné, en passant dans ce pays-ci ?...

SUZANNE

Je trouve, Monseigneur, que cela nous amoindrit.

LE COMTE

C'est que tu t'entends mieux en vanité qu'en vraie fierté. Quand on veut vivre dans un pays, il n'en faut point heurter les préjugés.

SUZANNE

Eh bien ! monsieur, du moins vous me donnez votre parole...

LE COMTE, *fièrement* [21].

Depuis quand suis-je méconnu ?

SUZANNE

Je vais donc vous l'aller chercher. *(A part.)* Dame ! Figaro m'a dit de ne rien refuser !...

Scène VI

LE COMTE, BÉGEARSS.

LE COMTE

J'ai tranché sur le point qui paraissait l'inquiéter.

BÉGEARSS

Il en est un, monsieur, qui m'inquiète beaucoup plus ; je vous trouve un air accablé...

LE COMTE

Te le dirai-je, ami ? la perte de mon fils me semblait le plus
grand malheur ; un chagrin plus poignant fait saigner ma
blessure et rend ma vie insupportable.

BÉGEARSS

Si vous ne m'aviez pas interdit de vous contrarier là-
dessus, je vous dirais que votre second fils...

LE COMTE, *vivement.*

Mon second fils ! je n'en ai point !

BÉGEARSS

Calmez-vous, monsieur ; raisonnons. La perte d'un enfant
chéri peut vous rendre injuste envers l'autre, envers votre
épouse, envers vous. Est-ce donc sur des conjectures qu'il
faut juger de pareils faits ?

LE COMTE

Des conjectures ? Ah ! j'en suis trop certain ! Mon grand
chagrin est de manquer de preuves. Tant que mon pauvre fils
vécut, j'y mettais fort peu d'importance. Héritier de mon
nom, de mes places, de ma fortune... que me faisait cet autre
individu ? Mon froid dédain, un nom de terre, une croix de
Malte[22], une pension m'auraient vengé de sa mère et de lui !
Mais conçois-tu mon désespoir, en perdant un fils adoré, de
voir un étranger succéder à ce rang, à ces titres ; et, pour
irriter ma douleur, venir tous les jours me donner le nom
odieux de *son père* ?

BÉGEARSS

Monsieur, je crains de vous aigrir, en cherchant à vous
apaiser ; mais la vertu de votre épouse...

LE COMTE, *avec colère.*

Ah ! ce n'est qu'un crime de plus. Couvrir d'une vie exemplaire un affront tel que celui-là ! Commander vingt ans, par ses mœurs, et la piété la plus sévère, l'estime et le respect du monde, et verser sur moi seul, par cette conduite affectée, tous les torts qu'entraîne après soi ma prétendue bizarrerie !... Ma haine pour eux s'en augmente.

BÉGEARSS

Que vouliez-vous donc qu'elle fît, même en la supposant coupable ? Est-il au monde quelque faute qu'un repentir de vingt années ne doive effacer à la fin ? Fûtes-vous sans reproche vous-même ? Et cette jeune Florestine, que vous nommez votre pupille, et qui vous touche de plus près...

LE COMTE

Qu'elle assure donc ma vengeance ! Je dénaturerai mes biens, et les lui ferai tous passer. Déjà trois millions d'or, arrivés de la Vera-Cruz [23], vont lui servir de dot ; et c'est à toi que je les donne. Aide-moi seulement à jeter sur ce don un voile impénétrable. En acceptant mon portefeuille et te présentant comme époux, suppose un héritage, un legs de quelque parent éloigné.

BÉGEARSS, *montrant le crêpe de son bras.*

Voyez que, pour vous obéir, je me suis déjà mis en deuil.

LE COMTE

Quand j'aurai l'agrément du Roi pour l'échange entamé de toutes mes terres d'Espagne contre des biens dans ce pays, je trouverai moyen de vous en assurer la possession à tous deux.

BÉGEARSS, *vivement.*

Et moi, je n'en veux point. Croyez-vous que, sur des soupçons... peut-être encore très peu fondés, j'irai me rendre le complice de la spoliation entière de l'héritier de votre nom, d'un jeune homme plein de mérite ? car il faut avouer qu'il en a...

LE COMTE, *impatienté.*

Plus que mon fils, voulez-vous dire ? Chacun le pense comme vous ; cela m'irrite contre lui !...

BÉGEARSS

Si votre pupille m'accepte, et si, sur vos grands biens, vous prélevez pour la doter ces trois millions d'or du Mexique, je ne supporte point l'idée d'en devenir propriétaire, et ne les recevrai qu'autant que le contrat en contiendra la donation que mon amour sera censé lui faire.

LE COMTE *le serre dans ses bras.*

Loyal et franc ami ! Quel époux je donne à ma fille !

Scène VII

SUZANNE, LE COMTE, BÉGEARSS.

SUZANNE

Monsieur, voilà le coffre aux diamants. Ne le gardez pas trop longtemps, que je puisse le remettre en place avant qu'il soit jour chez madame.

LE COMTE

Suzanne, en t'en allant, défends qu'on entre, à moins que
je ne sonne.

SUZANNE, *à part.*

Avertissons Figaro de ceci. *(Elle sort.)*

Scène VIII

LE COMTE, BÉGEARSS.

BÉGEARSS

Quel est votre projet sur l'examen de cet écrin ?

LE COMTE *tire de sa poche un bracelet entouré de brillants.*

Je ne veux plus te déguiser tous les détails de mon affront ;
écoute. Un certain Léon d'Astorga, qui fut jadis mon page, et
que l'on nommait Chérubin...

BÉGEARSS

Je l'ai connu ; nous servions dans le régiment dont je vous
dois d'être major. Mais il y a vingt ans qu'il n'est plus.

LE COMTE

C'est ce qui fonde mon soupçon. Il eut l'audace de l'aimer.
Je la crus éprise de lui, je l'éloignai d'Andalousie, par un
emploi dans ma légion. Un an après la naissance du fils...
qu'un combat détesté m'enlève *(Il met la main à ses yeux)*,
lorsque je m'embarquai vice-roi du Mexique, au lieu de
rester à Madrid, ou dans mon palais à Séville, ou d'habiter
Aguas Frescas, qui est un superbe séjour, quelle retraite,
ami, crois-tu que ma femme choisit ? Le vilain château

d'Astorga [24], chef-lieu d'une méchante terre que j'avais achetée des parents de ce page. C'est là qu'elle a voulu passer les trois années de mon absence : qu'elle y a mis au monde... (après neuf ou dix mois, que sais-je ?) ce misérable enfant, qui porte les traits d'un perfide ! Jadis, lorsqu'on m'avait peint pour le bracelet de la Comtesse, le peintre, ayant trouvé ce page fort joli, désira d'en faire une étude ; c'est un des beaux tableaux de mon cabinet.

BÉGEARSS

Oui... *(Il baisse les yeux)* A telles enseignes que votre épouse...

LE COMTE, *vivement.*

Ne veut jamais le regarder ? Eh bien ! sur ce portrait j'ai fait faire celui-ci, dans ce bracelet, pareil en tout au sien, fait par le même joaillier qui monta tous ses diamants ; je vais le substituer à la place du mien. Si elle en garde le silence, vous sentez que ma preuve est faite. Sous quelque forme qu'elle en parle, une explication sévère éclaircit ma honte à l'instant.

BÉGEARSS

Si vous demandez mon avis, monsieur, je blâme un tel projet.

LE COMTE

Pourquoi ?

BÉGEARSS

L'honneur répugne à de pareils moyens. Si quelque hasard, heureux ou malheureux, vous eût présenté certains faits, je vous excuserais de les approfondir. Mais tendre un piège ! des surprises ! Eh ! quel homme, un peu délicat, voudrait prendre un tel avantage sur son plus mortel ennemi ?

LE COMTE

Il est trop tard pour reculer : le bracelet est fait, le portrait du page est dedans...

BÉGEARSS *prend l'écrin.*

Monsieur, au nom du véritable honneur...

LE COMTE *a enlevé le bracelet de l'écrin.*

Ah ! mon cher portrait, je te tiens ! j'aurai du moins la joie d'en orner le bras de ma fille, cent fois plus digne de le porter ! *(Il y substitue l'autre.)*

BÉGEARSS *feint de s'y opposer.*
Ils tirent chacun l'écrin de leur côté ;
Bégearss fait ouvrir adroitement le double fond, et dit avec
colère :

Ah ! voilà la boîte brisée !

LE COMTE *regarde.*

Non ; ce n'est qu'un secret que le débat [25] a fait ouvrir. Ce double fond renferme des papiers !

BÉGEARSS, *s'y opposant.*

Je me flatte, monsieur, que vous n'abuserez point...

LE COMTE, *impatient.*

« Si quelque heureux hasard vous eût présenté certains faits, me disais-tu dans le moment [26], je vous excuserais de les approfondir... » Le hasard me les offre, et je vais suivre ton conseil. *(Il arrache les papiers.)*

BÉGEARSS, *avec chaleur.*

Pour l'espoir de ma vie entière, je ne voudrais pas devenir complice d'un tel attentat ! Remettez ces papiers, monsieur, ou souffrez que je me retire. *(Il s'éloigne. — Le Comte tient des papiers et lit. — Bégearss le regarde en dessous, et s'applaudit secrètement.)*

LE COMTE, *avec fureur.*

Je n'en veux pas apprendre davantage ; renferme tous les autres ; et moi, je garde celui-ci.

BÉGEARSS

Non ; quel qu'il soit, vous avez trop d'honneur pour commettre une...

LE COMTE, *fièrement.*

Une ?... Achevez ! tranchez le mot ; je puis l'entendre.

BÉGEARSS, *se courbant.*

Pardon, monsieur, mon bienfaiteur ! et n'imputez qu'à ma douleur l'indécence de mon reproche.

LE COMTE

Loin de t'en savoir mauvais gré, je t'en estime davantage. *(Il se jette sur un fauteuil.)* Ah ! perfide Rosine ! car, malgré mes légèrctés, elle est la seule pour qui j'aie éprouvé... J'ai subjugué les autres femmes ! Ah ! je sens à ma rage combien cette indigne passion... Je me déteste de l'aimer !

BÉGEARSS

Au nom de Dieu, monsieur, remettez ce fatal papier !

Scène IX

FIGARO, LE COMTE, BÉGEARSS.

LE COMTE *se lève.*

Homme importun, que voulez-vous ?

FIGARO

J'entre, parce qu'on a sonné.

LE COMTE, *en colère.*

J'ai sonné ? Valet curieux !...

FIGARO

Interrogez le joaillier, qui l'a entendu comme moi.

LE COMTE

Mon joaillier ? que me veut-il ?

FIGARO

Il dit qu'il a un rendez-vous pour un bracelet qu'il a fait. *(Bégearss, s'apercevant qu'il cherche à voir l'écrin qui est sur la table, fait ce qu'il peut pour le masquer.)*

LE COMTE

Ah !... Qu'il revienne un autre jour.

FIGARO, *avec malice.*

Mais pendant que monsieur a l'écrin de madame ouvert, il serait peut-être à propos...

LE COMTE, *en colère.*

Monsieur l'inquisiteur, partez ; et s'il vous échappe un seul mot...

FIGARO

Un seul mot ? J'aurais trop à dire ; je ne veux rien faire à demi. *(Il examine l'écrin, le papier que tient le Comte, lance un fier coup d'œil à Bégearss, et sort.)*

Scène X

LE COMTE, BÉGEARSS.

LE COMTE

Refermons ce perfide écrin. J'ai la preuve que je cherchais. Je la tiens, j'en suis désolé : pourquoi l'ai-je trouvée ? Ah ! Dieu ! lisez, lisez, monsieur Bégearss.

BÉGEARSS, *repoussant le papier.*

Entrer dans de pareils secrets ! Dieu préserve qu'on m'en accuse !

LE COMTE

Quelle est donc la sèche amitié qui repousse mes confidences ? Je vois qu'on n'est compatissant que pour les maux qu'on éprouva soi-même.

BÉGEARSS

Quoi ! pour refuser ce papier !... *(Vivement.)* Serrez-le donc, voici Suzanne. *(Il referme vite le secret de l'écrin. — Le Comte met la lettre dans sa veste, sur sa poitrine.)*

Scène XI

SUZANNE, LE COMTE, BÉGEARSS. *(Le Comte est accablé.)*

SUZANNE *accourt.*

L'écrin, l'écrin ! Madame sonne.

BÉGEARSS *le lui donne.*

Suzanne, vous voyez que tout y est en bon état.

SUZANNE

Qu'a donc monsieur ? il est troublé !

BÉGEARSS

Ce n'est rien qu'un peu de colère contre votre indiscret mari qui est entré malgré ses ordres.

SUZANNE, *finement.*

Je l'avais dit pourtant de manière à être entendue[27]. *(Elle sort.)*

Scène XII

LÉON, LE COMTE, BÉGEARSS.

LE COMTE *veut sortir, il voit entrer Léon.*

Voici l'autre !

LÉON, *timidement, veut embrasser le Comte.*

Mon père, agréez mon respect. Avez-vous bien passé la nuit ?

LE COMTE, *sèchement, le repousse.*

Où fûtes-vous, monsieur, hier au soir ?

LÉON

Mon père, on me mena dans une assemblée estimable...

LE COMTE

Où vous fîtes une lecture ?

LÉON

On m'invita d'y lire un essai que j'ai fait sur l'abus des vœux monastiques et le droit de s'en relever [28].

LE COMTE, *amèrement.*

Les vœux des chevaliers en sont ?

BÉGEARSS

Qui fut, dit-on, très applaudi ?

LÉON

Monsieur, on a montré quelque indulgence pour mon âge.

LE COMTE

Donc, au lieu de vous préparer à partir pour vos caravanes [29], à bien mériter de votre ordre, vous vous faites des ennemis ? Vous allez composant, écrivant sur le ton du jour ?... Bientôt on ne distinguera plus un gentilhomme d'un savant !

LÉON, *timidement.*

Mon père, on en distinguera mieux un ignorant d'un homme instruit, et l'homme libre de l'esclave.

LE COMTE

Discours d'enthousiaste ! On voit où vous en voulez venir. *(Il veut sortir.)*

LÉON

Mon père !...

LE COMTE, *dédaigneux.*

Laissez à l'artisan des villes ces locutions triviales. Les gens de notre état ont un langage plus élevé. Qui est-ce qui dit *mon père,* à la Cour, monsieur ? Appelez-moi *monsieur !* Vous sentez l'homme du commun ! Son père !... *(Il sort ; Léon le suit en regardant Bégearss qui lui fait un geste de compassion.)* Allons, monsieur Bégearss, allons !

ACTE DEUXIÈME

Le théâtre représente la bibliothèque du Comte.

Scène I

LE COMTE

Puisqu'enfin je suis seul, lisons cet étonnant écrit, qu'un hasard presque inconcevable a fait tomber entre mes mains. *(Il tire de son sein la lettre de l'écrin, et la lit en pesant sur tous les mots.)* « Malheureux insensé ! notre sort est rempli. La surprise nocturne que vous avez osé me faire, dans un château où vous fûtes élevé, dont vous connaissiez les détours ; la violence qui s'en est suivie, enfin votre crime, — le mien... *(il s'arrête)* le mien reçoit sa juste punition. Aujourd'hui, jour de saint Léon, patron de ce lieu et le vôtre, je viens de mettre au monde un fils, mon opprobre et mon désespoir. Grâce à de tristes précautions, l'honneur est sauf ; mais la vertu n'est plus. — Condamnée désormais à des larmes intarissables, je sens qu'elles n'effaceront point un crime... dont l'effet reste subsistant. Ne me voyez jamais ; c'est l'ordre irrévocable de la misérable Rosine... qui n'ose plus signer un autre nom. » *(Il porte ses mains avec la lettre à son*

front et se promène.)... Qui n'ose plus signer un autre nom !...
Ah ! Rosine ! où est le temps ?... Mais tu t'es avilie !... *(Il
s'agite.)* Ce n'est point là l'écrit d'une méchante femme ! Un
misérable corrupteur... Mais voyons la réponse écrite sur la
même lettre. *(Il lit.)* « Puisque je ne dois plus vous voir, la vie
m'est odieuse et je vais la perdre avec joie dans la vive attaque
d'un fort où je ne suis point commandé.

« Je vous renvoie tous vos reproches, le portrait que j'ai
fait de vous, et la boucle de cheveux que je vous dérobai.
L'ami qui vous rendra ceci quand je ne serai plus est sûr. Il a
vu tout mon désespoir. Si la mort d'un infortuné vous
inspirait un reste de pitié, parmi les noms qu'on va donner à
l'héritier... d'un autre plus heureux !... puis-je espérer que le
nom de *Léon* vous rappellera quelquefois le souvenir du
malheureux... qui expire en vous adorant, et signe pour la
dernière fois, CHÉRUBIN-LÉON d'Astorga... » Puis, en caractères sanglants !... « Blessé à mort, je rouvre cette lettre, et
vous écris avec mon sang ce douloureux, cet éternel adieu.
Souvenez-vous... »

Le reste est effacé par des larmes... *(Il s'agite.)* Ce n'est
point là non plus l'écrit d'un méchant homme ! Un malheureux égarement... *(Il s'assied et reste absorbé.)* Je me sens
déchiré !

Scène II

BÉGEARSS, LE COMTE. *(Bégearss, en entrant, s'arrête, le
regarde, et se mord le doigt avec mystère.)*

LE COMTE

Ah ! mon cher ami, venez donc !... Vous me voyez dans un
accablement...

BÉGEARSS

Très effrayant, monsieur, je n'osais avancer.

LE COMTE

Je viens de lire cet écrit. Non, ce n'étaient point là des ingrats ni des monstres, mais de malheureux insensés, comme ils se le disent eux-mêmes...

BÉGEARSS

Je l'ai présumé comme vous.

LE COMTE *se lève et se promène.*

Les misérables femmes, en se laissant séduire, ne savent guère les maux qu'elles apprêtent ! Elles vont, elles vont... les affronts s'accumulent... et le monde injuste et léger accuse un père qui se tait, qui dévore en secret ses peines ! On le taxe de dureté pour les sentiments qu'il refuse au fruit d'un coupable adultère !... Nos désordres, à nous, ne leur enlèvent presque rien ; ne peuvent, du moins, leur ravir la certitude d'être mères, ce bien inestimable de la maternité ! tandis que leur moindre caprice, un goût, une étourderie légère, détruit dans l'homme le bonheur... le bonheur de toute sa vie, la sécurité d'être père. — Ah ! ce c'est point légèrement qu'on a donné tant d'importance à la fidélité des femmes ! Le bien, le mal de la société, sont attachés à leur conduite ; le paradis ou l'enfer des familles dépend à tout jamais de l'opinion qu'elles ont donnée d'elles [30].

BÉGEARSS

Calmez-vous ; voici votre fille.

Scène III

FLORESTINE, LE COMTE, BÉGEARSS.

FLORESTINE, *un bouquet au côté.*

On vous disait, monsieur, si occupé, que je n'ai pas osé vous fatiguer de mon respect.

LE COMTE

Occupé de toi, mon enfant ! *ma fille !* Ah ! je me plais à te donner ce nom ; car j'ai pris soin de ton enfance. Le mari de ta mère était fort dérangé ; en mourant il ne laissa rien. Elle-même, en quittant la vie, t'a recommandée à mes soins. Je lui engageai ma parole ; je la tiendrai, ma fille, en te donnant un noble époux. Je te parle avec liberté devant cet ami qui nous aime. Regarde autour de toi ; choisis ! Ne trouves-tu personne ici digne de posséder ton cœur ?

FLORESTINE, *lui baisant la main.*

Vous l'avez tout entier, monsieur ; et si je me vois consultée, je répondrai que mon bonheur est de ne point changer d'état. — Monsieur votre fils en se mariant... (car, sans doute, il ne restera plus dans l'ordre de Malte aujourd'hui), monsieur votre fils, en se mariant, peut se séparer de son père. Ah ! permettez que ce soit moi qui prenne soin de vos vieux jours ! C'est un devoir, monsieur, que je remplirai avec joie.

LE COMTE

Laisse, laisse *monsieur*, réservé pour l'indifférence ; on ne sera point étonné qu'une enfant si reconnaissante me donne un nom plus doux ! Appelle-moi ton père.

BÉGEARSS

Elle est digne, en honneur, de votre confidence entière...
Mademoiselle, embrassez ce bon, ce tendre protecteur. Vous
lui devez plus que vous ne pensez. Sa tutelle n'est qu'un
devoir. Il fut l'ami... l'ami secret de votre mère... et, pour
tout dire en un seul mot...

Scène IV

FIGARO, LA COMTESSE, LE COMTE, FLORESTINE, BéGEARSS.
(La Comtesse est en robe à peigner[31].)

FIGARO, *annonçant.*

Madame la Comtesse.

BÉGEARSS *jette un regard furieux sur Figaro. (A part.)*

Au diable le faquin !

LA COMTESSE, *au Comte.*

Figaro m'avait dit que vous vous trouviez mal ; effrayée,
j'accours, et je vois...

LE COMTE

... Que cet homme officieux[32] vous a fait encore un
mensonge.

FIGARO

Monsieur, quand vous êtes passé, vous aviez un air si
défait... Heureusement il n'en est rien. *(Bégearss l'examine.)*

LA COMTESSE

Bonjour, monsieur Bégearss... Te voilà, Florestine ; je te
trouve radieuse... Mais voyez donc comme elle est fraîche et

belle ! Si le ciel m'eût donné une fille, je l'aurais voulue comme toi de figure et de caractère... Il faudra bien que tu m'en tiennes lieu. Le veux-tu, Florestine ?

FLORESTINE, *lui baisant la main.*

Ah ! madame !

LA COMTESSE

Qui t'a donc fleurie si matin ?

FLORESTINE, *avec joie.*

Madame, on ne m'a point fleurie ; c'est moi qui ai fait des bouquets. N'est-ce pas aujourd'hui *saint Léon ?*

LA COMTESSE

Charmante enfant, qui n'oublie rien ! *(Elle la baise au front. — Le Comte fait un geste terrible ; Bégearss le retient.)*

LA COMTESSE, *à Figaro.*

Puisque nous voilà rassemblés, avertissez mon fils que nous prendrons ici le chocolat.

FLORESTINE

Pendant qu'ils vont le préparer, mon parrain, faites-nous donc voir ce beau buste de *Washington* [33], que vous avez, dit-on, chez vous.

LE COMTE

J'ignore qui me l'envoie : je ne l'ai demandé à personne ; et, sans doute, il est pour Léon. Il est beau ; je l'ai là dans mon cabinet : venez tous. *(Bégearss, en sortant le dernier, se retourne deux fois pour examiner Figaro qui le regarde de même. Ils ont l'air de se menacer sans parler.)*

Scène V

FIGARO, *seul, rangeant la table et les tasses pour le déjeuner.*

Serpent ou basilic [34] ! tu peux me mesurer, me lancer des
regards affreux ! Ce sont les miens qui te tueront !... Mais où
reçoit-il ses paquets ? Il ne vient rien pour lui de la poste à
l'hôtel ! Est-il monté seul de l'enfer ?... Quelque autre diable
correspond !... Et moi, je ne puis découvrir...

Scène VI

FIGARO, SUZANNE.

SUZANNE *accourt, regarde,*
et dit très vivement à l'oreille de Figaro.

C'est lui que la pupille épouse. — Il a la promesse du
Comte. Il guérira Léon de son amour. — Il détachera
Florestine. — Il fera consentir madame. — Il te chasse de la
maison. — Il cloître ma maîtresse en attendant que l'on
divorce. — Fait déshériter le jeune homme, et me rend
maîtresse de tout. Voilà les nouvelles du jour. *(Elle s'enfuit.)*

Scène VII

FIGARO, seul.

Non, s'il vous plaît, monsieur le Major ! nous compterons
ensemble auparavant [35]. Vous apprendrez de moi qu'il n'y a
que les sots qui triomphent. Grâce à l'Ariane-Suzon, je tiens

le fil du labyrinthe, et le minotaure est cerné[36]... Je
t'envelopperai dans tes pièges et te démasquerai si bien !...
Mais quel intérêt assez pressant lui fait faire une telle école[37],
desserre les dents d'un tel homme ? S'en croirait-il assez sûr
pour ?... La sottise et la vanité sont compagnes inséparables !
Mon politique babille et se confie ! il a perdu le coup. *Y a
faute.*

Scène VIII

GUILLAUME, FIGARO.

GUILLAUME, *avec une lettre.*

Meissieïr Bégearss ! Ché vois qu'il est pas pour ici ?

FIGARO, *rangeant le déjeuner.*

Tu peux l'attendre, il va rentrer.

GUILLAUME, *reculant.*

Meingoth ! ch'attendrai pas meissieïr en gombagnie té
vous ! Mon maître il voudrait point, jé chure.

FIGARO

Il te le défend ? Eh bien ! donne la lettre ; je vais la lui
remettre en rentrant.

GUILLAUME, *reculant.*

Pas plis à vous té lettres ! O tiaple ! il voudra pientôt me
jasser.

FIGARO, *à part.*

Il faut pomper[38] le sot. — *(Haut.)* Tu... viens de la poste,
je crois ?

GUILLAUME

Tiable ! non, ché viens pas.

FIGARO

C'est sans doute quelque missive du gentleman... du parent irlandais dont il vient d'hériter [39] ? Tu sais cela, toi, bon Guillaume ?

GUILLAUME, *riant niaisement.*

Lettre d'un qu'il est mort, meissieïr ! Non, ché vous prie ! Celui-là, ché crois pas, partié ! Ce sera pien plitôt d'un autre. Peut-être il viendrait d'un qu'ils sont là... pas contents, dehors.

FIGARO

D'un de nos mécontents, dis-tu ?

GUILLAUME

Oui, mais ch'assure pas...

FIGARO, *à part.*

Cela se peut ; il est fourré dans tout. *(A Guillaume.)* On pourrait voir au timbre, et s'assurer...

GUILLAUME

Ch'assure pas ; pourquoi ? Les lettres il vient chez M. O'Connor ; et puis, je sais pas quoi c'est timpré, moi.

FIGARO, *vivement.*

O'Connor ! banquier irlandais ?

GUILLAUME

Mon foi !

FIGARO *revient à lui, froidement.*

Ici près, derrière l'hôtel ?

GUILLAUME

Ein fort choli maison, partié ! tes chens très... beaucoup gracieux, si j'osse dire. *(Il se retire à l'écart.)*

FIGARO, *à lui-même.*

O fortune ! ô bonheur !

GUILLAUME, *revenant.*

Parle pas, fous, de s'té banquier, pour personne, entende-fous ? ch'aurais pas dû... *Tertaïfle*[40] *! (Il frappe du pied.)*

FIGARO

Va, je n'ai garde ; ne crains rien.

GUILLAUME

Mon maître, il dit, meissieïr... vous âfre tout l'esprit, et moi pas... Alors c'est chuste... Mais peut-être ché suis mécontent d'avoir dit à fous.

FIGARO

Et pourquoi ?

GUILLAUME

Ché sais pas. — La valet trahir, voye-fous... L'être un péché qu'il est parpare, vil, et même... puéril.

FIGARO

Il est vrai ; mais tu n'as rien dit.

GUILLAUME, *désolé.*

Mon Thié ! mon Thié ! ché sais pas, là... quoi tire... ou non... *(Il se retire en soupirant.)* Ah ! *(Il regarde niaisement les livres de la bibliothèque.)*

FIGARO, *à part.*

Quelle découverte ! Hasard ! je te salue. *(Il cherche ses tablettes.)* Il faut pourtant que je démêle comment un homme si caverneux s'arrange d'un tel imbécile... De même que les brigands redoutent les réverbères... Oui, mais un sot est un falot ; la lumière passe à travers. *(Il dit en écrivant sur ses tablettes :)* O'Connor, banquier irlandais. C'est là qu'il faut que j'établisse mon noir comité de recherches. Ce moyen-là n'est pas trop constitutionnel ; *ma ! perdio*[41] ! l'utilité ! Et puis, j'ai mes exemples ! *(Il écrit.)* Quatre ou cinq louis d'or au valet chargé du détail de la poste, pour ouvrir dans un cabaret chaque lettre de l'écriture d'Honoré-Tartuffe Bégearss... Monsieur le tartuffe honoré ! vous cesserez enfin de l'être ! Un dieu m'a mis sur votre piste. *(Il serre ses tablettes.)* Hasard ! dieu méconnu ! les anciens t'appelaient Destin ! nos gens te donnent un autre nom.

Scène IX

LA COMTESSE, LE COMTE, FLORESTINE, BÉGEARSS, FIGARO, GUILLAUME.

BÉGEARSS *aperçoit Guillaume, et dit avec humeur, en lui prenant la lettre.*

Ne peux-tu pas me les garder chez moi ?

GUILLAUME

Ché crois, celui-ci, c'est tout comme… *(Il sort.)*

LA COMTESSE, *au Comte.*

Monsieur, ce buste est un très beau morceau [42] : votre fils l'a-t-il vu ?

BÉGEARSS, *la lettre ouverte.*

Ah ! lettre de Madrid ! du secrétaire du ministre ! il y a un mot qui vous regarde. *(Il lit.)* « Dites au comte Almaviva que le courrier qui part demain lui porte l'agrément du Roi pour l'échange de toutes ses terres [43]. » *(Figaro écoute, et se fait, sans parler, un signe d'intelligence.)*

LA COMTESSE

Figaro, dis donc à mon fils que nous déjeunons tous ici.

FIGARO

Madame, je vais l'avertir. *(Il sort.)*

Scène X

LA COMTESSE, LE COMTE, FLORESTINE, BÉGEARSS.

LE COMTE, *à Bégearss.*

J'en veux donner avis sur-le-champ à mon acquéreur. Envoyez-moi du thé dans mon arrière-cabinet.

FLORESTINE

Bon papa, c'est moi qui vous le porterai.

LE COMTE, *bas à Florestine.*

Pense beaucoup au peu que je t'ai dit. *(Il la baise au front et sort.)*

Scène XI

LÉON, LA COMTESSE, FLORESTINE, BÉGEARSS.

LÉON, *avec chagrin.*

Mon père s'en va quand j'arrive ! il m'a traité avec une rigueur...

LA COMTESSE, *sévèrement.*

Mon fils, quels discours tenez-vous ? Dois-je me voir toujours froissée par l'injustice de chacun ? Votre père a besoin d'écrire à la personne qui échange ses terres.

FLORESTINE, *gaiement.*

Vous regrettez votre papa ? nous aussi nous le regrettons. Cependant, comme il sait que c'est aujourd'hui votre fête, il m'a chargée, monsieur, de vous présenter ce bouquet. *(Elle lui fait une grande révérence.)*

LÉON, *pendant qu'elle l'ajuste à sa boutonnière.*

Il n'en pouvait prier quelqu'un qui me rendît ses bontés aussi chères... *(Il l'embrasse.)*

FLORESTINE, *se débattant.*

Voyez, madame, si jamais on peut badiner avec lui, sans qu'il abuse au même instant...

LA COMTESSE, *souriant.*

Mon enfant, le jour de sa fête, on peut lui passer quelque chose.

FLORESTINE, *baissant les yeux.*

Pour l'en punir, madame, faites-lui lire le discours qui fut, dit-on, tant applaudi hier à l'assemblée.

LÉON

Si maman juge que j'ai tort, j'irai chercher ma pénitence.

FLORESTINE

Ah ! madame, ordonnez-le-lui.

LA COMTESSE

Apportez-nous, mon fils, votre discours : moi je vais
prendre quelque ouvrage, pour l'écouter avec plus d'attention.

FLORESTINE, *gaiement.*

Obstiné ! c'est bien fait ; et je l'entendrai malgré vous.

LÉON, *tendrement.*

Malgré moi, quand vous l'ordonnez ? Ah ! Florestine, j'en
défie[44] ! (*La Comtesse et Léon sortent chacun de leur côté.*)

Scène XII

FLORESTINE, BÉGEARSS.

BÉGEARSS, *bas.*

Eh bien ! mademoiselle, avez-vous deviné l'époux qu'on
vous destine ?

FLORESTINE, *avec joie.*

Mon cher monsieur Bégearss, vous êtes à tel point notre
ami que je me permettrai de penser tout haut avec vous. Sur
qui puis-je porter les yeux ? Mon parrain m'a bien dit :
Regarde autour de toi, choisis. Je vois l'excès de sa bonté : ce

ne peut être que Léon. Mais moi, sans biens, dois-je abuser ?...

BÉGEARSS, *d'un ton terrible.*

Qui ? Léon ! son fils ? votre frère ?

FLORESTINE, *avec un cri douloureux.*

Ah ! monsieur !...

BÉGEARSS

Ne vous a-t-il pas dit : Appelle-moi ton père ? Réveillez-vous, ma chère enfant ! écartez un songe trompeur, qui pourrait devenir funeste.

FLORESTINE

Ah ! oui ; funeste pour tous deux !

BÉGEARSS

Vous sentez qu'un pareil secret doit rester caché dans votre âme. *(Il sort en la regardant.)*

Scène XIII

FLORESTINE, *seule et pleurant.*

O ciel ! il est mon frère et j'ose avoir pour lui... Quel coup d'une lumière affreuse ! et dans un tel sommeil, qu'il est cruel de s'éveiller ! *(Elle tombe accablée sur un siège.)*

Scène XIV

LÉON, *un papier à la main*, FLORESTINE.

LÉON, *joyeux, à part.*

Maman n'est pas rentrée, et monsieur Bégearss est sorti : profitons d'un moment heureux. — Florestine, vous êtes ce matin, et toujours, d'une beauté parfaite ; mais vous avez un air de joie, un ton aimable de gaieté qui ranime mes espérances.

FLORESTINE, *au désespoir.*

Ah ! Léon ! *(Elle retombe.)*

LÉON

Ciel ! vos yeux noyés de larmes et votre visage défait m'annoncent quelque grand malheur !

FLORESTINE

Des malheurs ! Ah ! Léon, il n'y en a plus que pour moi.

LÉON

Floresta, ne m'aimez-vous plus ? lorsque mes sentiments pour vous...

FLORESTINE, *d'un ton absolu.*

Vos sentiments ? ne m'en parlez jamais.

LÉON

Quoi ? l'amour le plus pur...

FLORESTINE, *au désespoir.*

Finissez ces cruels discours, ou je vais vous fuir à l'instant.

LÉON

Grand Dieu ! qu'est-il donc arrivé ? Monsieur Bégearss vous a parlé, mademoiselle. Je veux savoir ce que vous a dit ce Bégearss.

Scène XV

LA COMTESSE, FLORESTINE, LÉON.

LÉON *continue.*

Maman, venez à mon secours ! Vous me voyez au désespoir : Florestine ne m'aime plus !

FLORESTINE, *pleurant.*

Moi, madame, ne plus l'aimer ! Mon parrain, vous et lui, c'est le cri de ma vie entière.

LA COMTESSE

Mon enfant, je n'en doute pas. Ton cœur excellent m'en répond. Mais de quoi donc s'afflige-t-il ?

LÉON

Maman, vous approuvez l'ardent amour que j'ai pour elle ?

FLORESTINE, *se jetant dans les bras de la Comtesse.*

Ordonnez-lui donc de se taire ! *(En pleurant.)* Il me fait mourir de douleur !

LA COMTESSE

Mon enfant, je ne t'entends point. Ma surprise égale la sienne… Elle frissonne entre mes bras ! Qu'a-t-il donc fait qui puisse te déplaire ?

II

FLORESTINE, *se renversant sur elle.*

Madame, il ne me déplaît point. Je l'aime et le respecte à l'égal de mon frère ; mais qu'il n'exige rien de plus.

LÉON

Vous l'entendez, maman ! Cruelle fille, expliquez-vous.

FLORESTINE

Laissez-moi ! laissez-moi ! ou vous me causerez la mort.

Scène XVI

LA COMTESSE, FLORESTINE, LÉON, FIGARO *arrivant avec l'équipage*[45] *du thé ;* SUZANNE, *de l'autre côté, avec un métier de tapisserie.*

LA COMTESSE

Remporte tout, Suzanne, il n'est pas plus question de déjeuner que de lecture. Vous, Figaro, servez du thé à votre maître ; il écrit dans son cabinet. Et toi, ma Florestine, viens dans le mien rassurer ton amie. Mes chers enfants, je vous porte en mon cœur ! — Pourquoi l'affligez-vous l'un après l'autre sans pitié ? Il y a ici des choses qu'il m'est important d'éclaircir. *(Elles sortent.)*

Scène XVII

SUZANNE, FIGARO, LÉON.

SUZANNE, *à Figaro.*

Je ne sais pas de quoi il est question ; mais je parierais bien que c'est là du Bégearss tout pur. Je veux absolument prémunir[46] ma maîtresse.

FIGARO

Attends que je sois plus instruit : nous nous concerterons ce soir. Oh ! j'ai fait une découverte...

SUZANNE

Et tu me la diras ? *(Elle sort).*

Scène XVIII

FIGARO, LÉON.

LÉON, *désolé.*

Ah ! dieux !

FIGARO

De quoi s'agit-il donc, monsieur ?

LÉON

Hélas ! je l'ignore moi-même. Jamais je n'avais vu Floresta de si belle humeur, et je savais qu'elle avait eu un entretien avec mon père. Je la laisse un instant avec monsieur Bégearss ; je la trouve seule, en rentrant, les yeux remplis de larmes, et m'ordonnant de la fuir pour toujours. Que peut-il donc lui avoir dit ?

FIGARO

Si je ne craignais pas votre vivacité, je vous instruirais sur des points qu'il vous importe de savoir. Mais lorsque nous avons besoin d'une grande prudence, il ne faudrait qu'un mot de vous, trop vif, pour me faire perdre le fruit de dix années d'observations.

LÉON

Ah ! s'il ne faut qu'être prudent... Que crois-tu donc qu'il lui ai dit ?

FIGARO

Qu'elle doit accepter Honoré Bégearss pour époux ; que c'est une affaire arrangée entre monsieur votre père et lui.

LÉON

Entre mon père et lui ! Le traître aura ma vie.

FIGARO

Avec ces façons-là, monsieur, le traître n'aura pas votre vie ; mais il aura votre maîtresse [47], et votre fortune avec elle.

LÉON

Eh bien ! ami, pardon ; apprends-moi ce que je dois faire.

FIGARO

Deviner l'énigme du sphinx, ou bien en être dévoré. En d'autres termes, il faut vous modérer, le laisser dire, et dissimuler avec lui.

LÉON, *avec fureur.*

Me modérer !... Oui, je me modérerai. Mais j'ai la rage dans le cœur ! — M'enlever Florestine ! Ah ! le voici qui vient : je vais m'expliquer... froidement.

FIGARO

Tout est perdu si vous vous échappez [48].

Scène XIX

BÉGEARSS, FIGARO, LÉON.

LÉON, *se contenant mal.*

Monsieur, monsieur, un mot. Il importe à votre repos que vous répondiez sans détour. — Florestine est au désespoir : qu'avez-vous dit à Florestine ?

BÉGEARSS, *d'un ton glacé.*

Et qui vous dit que je lui aie parlé ? Ne peut-elle avoir des chagrins, sans que j'y sois pour quelque chose ?

LÉON, *vivement.*

Point d'évasions, monsieur. Elle était d'une humeur charmante : en sortant d'avec vous, on la voit fondre en larmes. De quelque part qu'elle en reçoive, mon cœur partage ses chagrins. Vous m'en direz la cause, ou bien vous m'en ferez raison.

BÉGEARSS

Avec un ton moins absolu, on peut tout obtenir de moi ; je ne sais point céder à des menaces.

LÉON, *furieux.*

Eh bien ! perfide, défends-toi. J'aurai ta vie, ou tu auras la mienne ! *(Il met la main à son épée.)*

FIGARO *les arrête.*

Monsieur Bégearss ! au fils de votre ami ! dans sa maison où vous logez !

BÉGEARSS, *se contenant.*

Je sais trop ce que je me dois... Je vais m'expliquer avec lui ; mais je n'y veux point de témoins. Sortez, et laissez-nous ensemble.

LÉON

Va, mon cher Figaro : tu vois qu'il ne peut m'échapper. Ne lui laissons aucune excuse.

FIGARO

Moi, je cours avertir son père. *(Il sort.)*

Scène XX

LÉON, BÉGEARSS.

LÉON, *lui barrant la porte.*

Il vous convient peut-être mieux de vous battre que de parler. Vous êtes le maître du choix ; mais je n'admettrai rien d'étranger à ces deux moyens.

BÉGEARSS, *froidement.*

Léon ! un homme d'honneur n'égorge pas le fils de son ami... Devais-je m'expliquer devant un malheureux valet, insolent d'être parvenu à presque gouverner son maître ?

LÉON, *s'asseyant.*

Au fait, monsieur, je vous attends...

BÉGEARSS

Oh ! que vous allez regretter une fureur déraisonnable !

LÉON

C'est ce que nous verrons bientôt.

BÉGEARSS, *affectant une dignité froide.*

Léon! vous aimez Florestine; il y a longtemps que je le
vois... Tant que votre frère a vécu, je n'ai pas cru devoir
servir un amour malheureux qui ne vous conduisait à rien.
Mais depuis qu'un funeste duel, disposant de sa vie, vous a
mis en sa place, j'ai eu l'orgueil de croire mon influence
capable de disposer monsieur votre père à vous unir à celle
que vous aimez. Je l'attaquais de toutes les manières, une
résistance invincible a repoussé tous mes efforts. Désolé de le
voir rejeter un projet qui me paraissait fait pour le bonheur
de tous... Pardon, mon jeune ami, je vais vous affliger; mais
il le faut en ce moment, pour vous sauver d'un malheur
éternel. Rappelez bien votre raison, vous allez en avoir
besoin. — J'ai forcé votre père à rompre le silence, à me
confier son secret. O mon ami! m'a dit enfin le Comte, je
connais l'amour de mon fils; mais puis-je lui donner
Florestine pour femme? Celle que l'on croit ma pupille... elle
est ma fille, elle est sa sœur.

LÉON, *reculant vivement.*

Florestine?... Ma sœur?...

BÉGEARSS

Voilà le mot qu'un sévère devoir... Ah! je vous le dois à
tous deux: mon silence pouvait vous perdre. Eh bien!
Léon, voulez-vous vous battre avec moi?

LÉON

Mon généreux ami! Je ne suis qu'un ingrat, un monstre!
oubliez ma rage insensée...

BÉGEARSS, *bien tartuffe.*

Mais c'est à condition que ce fatal secret ne sortira jamais. Dévoiler la honte d'un père, ce serait un crime...

LÉON, *se jetant dans ses bras.*

Ah ! jamais.

Scène XXI

LE COMTE, FIGARO, LÉON, BÉGEARSS.

FIGARO, *accourant.*

Les voilà, les voilà !

LE COMTE

Dans les bras l'un de l'autre ! Eh ! vous perdez l'esprit ?

FIGARO, *stupéfait.*

Ma foi, monsieur... on le perdrait à moins.

LE COMTE, *à Figaro.*

M'expliquerez-vous cette énigme ?

LÉON, *tremblant.*

Ah ! c'est à moi, mon père, à l'expliquer. Pardon ! je dois mourir de honte ! Sur un sujet assez frivole, je m'étais... beaucoup oublié. Son caractère généreux, non seulement me rend à la raison, mais il a la bonté d'excuser ma folie en me la pardonnant. Je lui en rendais grâce lorsque vous nous avez surpris.

LE COMTE

Ce n'est pas la centième fois que vous lui devez de la

reconnaissance. Au fait, nous lui en devons tous. *(Figaro sans parler se donne un coup de poing au front, Bégearss l'examine et sourit.)*

LE COMTE, *à son fils.*

Retirez-vous, monsieur. Votre aveu seul enchaîne ma colère.

BÉGEARSS

Ah ! monsieur, tout est oublié.

LE COMTE, *à Léon.*

Allez vous repentir d'avoir manqué à mon ami, au vôtre, à l'homme le plus vertueux...

LÉON, *s'en allant.*

Je suis au désespoir !

FIGARO, *à part, avec colère.*

C'est une légion de diables enfermés dans un seul pourpoint.

Scène XXII

LE COMTE, BÉGEARSS, FIGARO.

LE COMTE, *à Bégearss, à part.*

Mon ami, finissons ce que nous avons commencé. *(A Figaro.)* Vous, monsieur l'étourdi, avec vos belles conjectures, donnez-moi les trois millions d'or que vous m'avez vous-même apportés de Cadix, en soixante effets au porteur [49]. Je vous avais chargé de les numéroter.

FIGARO

Je l'ai fait.

LE COMTE

Remettez-m'en le portefeuille.

FIGARO

De quoi ? de ces trois millions d'or ?

LE COMTE

Sans doute. Eh bien ! qui [50] vous arrête ?

FIGARO, *humblement.*

Moi, monsieur ?... Je ne les ai plus.

BÉGEARSS

Comment, vous ne les avez plus ?

FIGARO, *fièrement.*

Non, monsieur.

BÉGEARSS, *vivement.*

Qu'en avez-vous fait ?

FIGARO

Lorsque mon maître m'interroge, je lui dois compte de mes actions : mais à vous, je ne vous dois rien.

LE COMTE, *en colère.*

Insolent ! qu'en avez-vous fait ?

FIGARO, *froidement.*

Je les ai portés en dépôt chez monsieur Fal, votre notaire.

BÉGEARSS

Mais de l'avis de qui ?

FIGARO, *fièrement*.

Du mien ; et j'avoue que j'en suis toujours.

BÉGEARSS

Je vais gager qu'il n'en est rien.

FIGARO

Comme j'ai sa reconnaissance[51], vous courez risque de perdre la gageure.

BÉGEARSS

Ou s'il les a reçus, c'est pour agioter. Ces gens-là partagent ensemble.

FIGARO

Vous pourriez un peu mieux parler d'un homme qui vous a obligé.

BÉGEARSS

Je ne lui dois rien.

FIGARO

Je le crois ; quand on a hérité de *quarante mille doublons de huit*[52]...

LE COMTE, *se fâchant*.

Avez-vous donc quelque remarque à nous faire aussi là-dessus ?

FIGARO

Qui ? moi, monsieur ? J'en doute d'autant moins, que j'ai beaucoup connu le parent dont monsieur hérite. Un jeune homme assez libertin, joueur, prodigue et querelleur, sans freins, sans mœurs, sans caractère, et n'ayant rien à lui, pas même les vices qui l'ont tué ; qu'un combat des plus malheureux [53]... *(Le Comte frappe du pied.)*

BÉGEARSS, *en colère.*

Enfin, nous direz-vous pourquoi vous avez déposé cet or ?

FIGARO

Ma foi, monsieur, c'est pour n'en être plus chargé. Ne pouvait-on pas le voler ? Que sait-on ? Il s'introduit souvent de grands fripons dans les maisons...

BÉGEARSS, *en colère.*

Pourtant monsieur veut qu'on le rende.

FIGARO

Monsieur peut l'envoyer chercher.

BÉGEARSS

Mais ce notaire s'en dessaisira-t-il, s'il ne voit son récépissé ?

FIGARO

Je vais le remettre à monsieur ; et quand j'aurai fait mon devoir, s'il en arrive quelque mal, il ne pourra s'en prendre à moi.

LE COMTE

Je l'attends dans mon cabinet.

FIGARO, *au Comte.*

Je vous préviens que monsieur Fal ne les rendra que sur votre reçu ; je le lui ai recommandé. *(Il sort.)*

Scène XXIII

LE COMTE, BÉGEARSS.

BÉGEARSS, *en colère.*

Comblez cette canaille, et voyez ce qu'elle devient[54] ! En vérité, monsieur, mon amitié me force à vous le dire : vous devenez trop confiant ; il a deviné nos secrets. De valet, barbier, chirurgien, vous l'avez établi trésorier, secrétaire ; une espèce de factotum. Il est notoire que ce monsieur fait bien ses affaires avec vous.

LE COMTE

Sur sa fidélité[55], je n'ai rien à lui reprocher, mais il est vrai qu'il est d'une arrogance...

BÉGEARSS

Vous avez un moyen de vous en délivrer en le récompensant.

LE COMTE

Je le voudrais souvent.

BÉGEARSS, *confidentiellement.*

En envoyant le chevalier à Malte, sans doute vous voulez qu'un homme affidé[56] le surveille ? Celui-ci, trop flatté d'un aussi honorable emploi, ne peut manquer de l'accepter : vous en voilà défait pour bien du temps.

LE COMTE

Vous avez raison, mon ami. Aussi bien m'a-t-on dit qu'il vit très mal avec sa femme. *(Il sort.)*

Scène XXIV

BÉGEARSS, *seul*.

Encore un pas de fait !... Ah ! noble espion, la fleur des drôles, qui faites ici le bon valet ! Et vous voulez nous souffler la dot, en nous donnant des noms de comédie ! Grâce aux soins d'Honoré Tartuffe, vous irez partager le malaise des caravanes, et finirez vos inspections sur nous.

ACTE TROISIÈME

Le théâtre représente le cabinet de la Comtesse, orné de fleurs de toutes parts.

Scène I

LA COMTESSE, SUZANNE.

LA COMTESSE

Je n'ai pu rien tirer de cette enfant. — Ce sont des pleurs, des étouffements !... Elle se croit des torts envers moi, m'a demandé cent fois pardon ; elle veut aller au couvent. Si je rapproche tout ceci de sa conduite envers mon fils, je présume qu'elle se reproche d'avoir écouté son amour, entretenu ses espérances, ne se croyant pas un parti assez considérable pour lui. — Charmante délicatesse ! excès d'une aimable vertu ! Monsieur Bégearss apparemment lui en a touché quelques mots qui l'auront amenée à s'affliger sur elle ! car c'est un homme si scrupuleux et si délicat sur l'honneur qu'il s'exagère quelquefois, et se fait des fantômes où les autres ne voient rien.

SUZANNE

J'ignore d'où provient le mal ; mais il se passe ici des choses bien étranges ! Quelque démon y souffle un feu secret. Notre maître est sombre à périr ; il nous éloigne tous de lui. Vous êtes sans cesse à pleurer. Mademoiselle est suffoquée ; monsieur votre fils, désolé !... Monsieur Bégearss lui seul, imperturbable comme un dieu, semble n'être affecté de rien, voit tous vos chagrins d'un œil sec...

LA COMTESSE

Mon enfant, son cœur les partage. Hélas ! sans ce consolateur, qui verse un baume sur nos plaies, dont la sagesse nous soutient, adoucit toutes les aigreurs, calme mon irascible époux, nous serions bien plus malheureux !

SUZANNE

Je souhaite, madame, que vous ne vous abusiez pas.

LA COMTESSE

Je t'ai vue autrefois lui rendre plus de justice ! *(Suzanne baisse les yeux.)* Au reste, il peut seul me tirer du trouble où cette enfant m'a mise. Fais-le prier de descendre chez moi.

SUZANNE

Le voici qui vient à propos ; vous vous ferez coiffer plus tard. *(Elle sort.)*

Scène II

LA COMTESSE, BÉGEARSS.

LA COMTESSE, *douloureusement.*

Ah ! mon pauvre Major ! que se passe-t-il donc ici ? Touchons-nous enfin à la crise que j'ai si longtemps redoutée, que j'ai vue de loin se former ? L'éloignement du Comte pour mon malheureux fils semble augmenter de jour en jour. Quelque lumière fatale aura pénétré jusqu'à lui.

BÉGEARSS

Madame, je ne le crois pas.

LA COMTESSE

Depuis que le ciel m'a punie par la mort de mon fils aîné, je vois le Comte absolument changé : au lieu de travailler avec l'ambassadeur à Rome pour rompre les vœux de Léon, je le vois s'obstiner à l'envoyer à Malte. Je sais de plus, monsieur Bégearss, qu'il dénature sa fortune et veut abandonner l'Espagne pour s'établir dans ce pays. — L'autre jour à dîner, devant trente personnes, il raisonna sur le divorce d'une façon à me faire frémir.

BÉGEARSS

J'y étais, je m'en souviens trop.

LA COMTESSE, *en larmes.*

Pardon, mon digne ami ; je ne puis pleurer qu'avec vous !

BÉGEARSS

Déposez vos douleurs dans le sein d'un homme sensible.

LA COMTESSE

Enfin, est-ce lui, est-ce vous qui avez déchiré le cœur de Florestine ? Je la destinais à mon fils. — Née sans biens, il est vrai, mais noble, belle et vertueuse ; élevée au milieu de nous : mon fils, devenu héritier, n'en a-t-il pas assez pour deux ?

BÉGEARSS

Que trop, peut-être ; et c'est d'où vient le mal !

LA COMTESSE

Mais, comme si le ciel n'eût attendu aussi longtemps que pour me mieux punir d'une imprudence tant pleurée, tout semble s'unir à la fois pour renverser mes espérances. Mon époux déteste mon fils... Florestine renonce à lui. Aigrie par je ne sais quel motif, elle veut le fuir pour toujours. Il en mourra, le malheureux ! voilà ce qui est bien certain. *(Elle joint les mains.)* Ciel vengeur ! après vingt années de larmes et de repentir, me réservez-vous à l'horreur de voir ma faute découverte ? Ah ! que je sois seule misérable ! mon Dieu, je ne m'en plaindrai pas ; mais que mon fils ne porte point la peine d'un crime qu'il n'a pas commis ! Connaissez-vous, monsieur Bégearss, quelque remède à tant de maux ?

BÉGEARSS

Oui, femme respectable ! et je venais exprès dissiper vos terreurs. Quand on craint une chose, tous nos regards se portent vers cet objet trop alarmant : quoi qu'on dise ou qu'on fasse, la frayeur empoisonne tout ! enfin, je tiens la clef de ces énigmes. Vous pouvez encore être heureuse.

LA COMTESSE

L'est-on avec une âme déchirée de remords ?

BÉGEARSS

Votre époux ne fuit point Léon ; il ne soupçonne rien sur le secret de sa naissance.

LA COMTESSE, *vivement.*

Monsieur Bégearss !

BÉGEARSS

Et tous ces mouvements que vous prenez pour de la haine ne sont que l'effet d'un scrupule. Oh ! que je vais vous soulager !

LA COMTESSE, *ardemment.*

Mon cher monsieur Bégearss !

BÉGEARSS

Mais enterrez dans ce cœur allégé le grand mot que je vais vous dire. Votre secret à vous, c'est la naissance de Léon : le sien est celle de Florestine ; *(plus bas)* il est son tuteur... et son père.

LA COMTESSE, *joignant les mains.*

Dieu tout-puissant, qui me prends en pitié !

BÉGEARSS

Jugez de sa frayeur en voyant ces enfants amoureux l'un de l'autre ! Ne pouvant dire son secret, ni supporter qu'un tel attachement devînt le fruit de son silence, il est resté sombre, bizarre ; et s'il veut éloigner son fils, c'est pour éteindre, s'il se peut, par cette absence et par ces vœux, un malheureux amour qu'il croit ne pouvoir tolérer.

LA COMTESSE, *priant avec ardeur.*

Source éternelle des bienfaits ! ô mon Dieu ! tu permets qu'en partie je répare la faute involontaire qu'un insensé me fit commettre ; que j'aie de mon côté quelque chose à remettre à cet époux que j'offensai ! O comte Almaviva ! mon cœur flétri, fermé par vingt années de peines, va se rouvrir enfin pour toi ! Florestine est ta fille ; elle me devient chère comme si mon sein l'eût portée. Faisons, sans nous parler, l'échange de notre indulgence ! Oh ! monsieur Bégearss, achevez !

BÉGEARSS

Mon amie, je n'arrête point ces premiers élans d'un bon cœur ; les émotions de la joie ne sont point dangereuses comme celles de la tristesse ; mais au nom de votre repos, écoutez-moi jusqu'à la fin.

LA COMTESSE

Parlez, mon généreux ami : vous à qui je dois tout, parlez.

BÉGEARSS

Votre époux, cherchant un moyen de garantir sa Florestine de cet amour qu'il croit incestueux, m'a proposé de l'épouser ; mais indépendamment du sentiment profond et malheureux que mon respect pour vos douleurs...

LA COMTESSE, *douloureusement.*

Ah ! mon ami, par compassion pour moi...

BÉGEARSS

N'en parlons plus. Quelques mots d'établissement, tournés d'une forme équivoque, ont fait penser à Florestine qu'il était question de Léon. Son jeune cœur s'en épanouissait, quand un valet vous annonça. Sans m'expliquer depuis sur les vues de son père, un mot de moi, la ramenant aux sévères idées de la fraternité [57], a produit cet orage, et la religieuse horreur dont votre fils ni vous ne pénétriez le motif.

LA COMTESSE

Il en était bien loin, le pauvre enfant !

BÉGEARSS

Maintenant qu'il vous est connu, devons-nous suivre ce projet d'une union qui répare tout ?...

LA COMTESSE, *vivement.*

Il faut s'y tenir, mon ami ; mon cœur et mon esprit sont d'accord sur ce point, et c'est à moi de la déterminer. Par là, nos secrets sont couverts ; nul étranger ne les pénétrera. Après vingt années de souffrances, nous passerons des jours heureux, et c'est à vous, mon digne ami, que ma famille les devra.

BÉGEARSS, *élevant la voix.*

Pour que rien ne les trouble plus, il faut encore un sacrifice, et mon amie est digne de le faire.

LA COMTESSE

Hélas ! je veux les faire tous.

BÉGEARSS, *l'air imposant.*

Ces lettres, ces papiers d'un infortuné qui n'est plus, il faudra les réduire en cendres.

LA COMTESSE, *avec douleur.*

Ah ! Dieu !

BÉGEARSS

Quand cet ami mourant me chargea de vous les remettre, son dernier ordre fut qu'il fallait sauver votre honneur, en ne laissant aucune trace de ce qui pourrait l'altérer.

LA COMTESSE

Dieu ! Dieu !

BÉGEARSS

Vingt ans se sont passés sans que j'aie pu obtenir que ce triste aliment de votre éternelle douleur s'éloignât de vos yeux. Mais indépendamment du mal que tout cela vous fait, voyez quel danger vous courez !

LA COMTESSE

Eh ! que peut-on avoir à craindre ?

BÉGEARSS, *regardant si on peut l'entendre. (Parlant bas.)*

Je ne soupçonne point Suzanne ; mais une femme de chambre, instruite que vous conservez ces papiers, ne pourrait-elle pas un jour s'en faire un moyen de fortune ? Un seul remis à votre époux, que peut-être il payerait bien cher, vous plongerait dans des malheurs...

LA COMTESSE

Non, Suzanne a le cœur trop bon...

BÉGEARSS, *d'un ton plus élevé, très ferme.*

Ma respectable amie, vous avez payé votre dette à la tendresse, à la douleur, à vos devoirs de tous les genres ; et si vous êtes satisfaite de la conduite d'un ami, j'en veux avoir la récompense. Il faut brûler tous ces papiers, éteindre tous ces souvenirs d'une faute autant expiée ! Mais pour ne jamais revenir sur un sujet si douloureux, j'exige que le sacrifice en soit fait dans ce même instant.

LA COMTESSE, *tremblante.*

Je crois entendre Dieu qui parle ! Il m'ordonne de l'oublier, de déchirer le crêpe obscur dont sa mort a couvert ma vie. Oui, mon Dieu ! je vais obéir à cet ami que vous m'avez donné. *(Elle sonne.)* Ce qu'il exige en votre nom, mon repentir le conseillait : mais ma faiblesse a combattu.

Scène III

SUZANNE, LA COMTESSE, BÉGEARSS.

LA COMTESSE

Suzanne, apporte-moi le coffret de mes diamants. — Non, je vais le prendre moi-même ; il te faudrait chercher la clef...

Scène IV

SUZANNE, BÉGEARSS.

SUZANNE, *un peu troublée.*

Monsieur Bégearss, de quoi s'agit-il donc ? Toutes les têtes sont renversées ! Cette maison ressemble à l'hôpital des fous ! Madame pleure ; mademoiselle étouffe ; le chevalier Léon parle de se noyer ; monsieur est enfermé, et ne veut voir personne. Pourquoi ce coffre aux diamants inspire-t-il en ce moment tant d'intérêt à tout le monde ?

BÉGEARSS, *mettant son doigt sur sa bouche, en signe de mystère.*

Chut ! ne montre ici nulle curiosité ! Tu le sauras dans peu... Tout va bien ; tout est bien... Cette journée vaut... Chut...

Scène V

LA COMTESSE, BÉGEARSS, SUZANNE.

LA COMTESSE, *tenant le coffret aux diamants.*

Suzanne, apporte-nous du feu dans le brasero du boudoir.

SUZANNE

Si c'est pour brûler des papiers, la lampe de nuit allumée est encore là dans l'athénienne [58]. *(Elle l'avance.)*

LA COMTESSE

Veille à la porte, et que personne n'entre.

SUZANNE, *en sortant, à part.*

Courons, avant, avertir Figaro.

Scène VI

LA COMTESSE, BÉGEARSS.

BÉGEARSS

Combien j'ai souhaité pour vous le moment auquel nous touchons !

LA COMTESSE, *étouffée.*

O mon ami ! quel jour nous choisissons pour consommer ce sacrifice ! celui de la naissance de mon malheureux fils ! A cette époque, tous les ans, leur consacrant cette journée, je demandais pardon au ciel, et je m'abreuvais de mes larmes en relisant ces tristes lettres. Je me rendais au moins le témoignage qu'il y eut entre nous plus d'erreur que de crime. Ah ! faut-il donc brûler tout ce qui me reste de lui ?

BÉGEARSS

Quoi ! madame, détruisez-vous ce fils qui vous le représente ? Ne lui devez-vous pas un sacrifice qui le préserve de mille affreux dangers ? Vous vous le devez à vous-même, et la sécurité de votre vie entière est attachée peut-être à cet acte imposant ! *(Il ouvre le secret de l'écrin et en tire les lettres.)*

LA COMTESSE, *surprise.*

Monsieur Bégearss, vous l'ouvrez mieux que moi !... Que je les lise encore !

BÉGEARSS, *sévèrement.*

Non, je ne le permettrai pas.

LA COMTESSE

Seulement la dernière, où, traçant ses tristes adieux du sang qu'il répandit pour moi, il m'a donné la leçon du courage dont j'ai tant besoin aujourd'hui.

BÉGEARSS, *s'y opposant.*

Si vous lisez un mot, nous ne brûlerons rien. Offrez au ciel un sacrifice entier, courageux, volontaire, exempt des faiblesses humaines ! ou, si vous n'osez l'accomplir, c'est à moi d'être fort pour vous. Les voilà toutes dans le feu. *(Il y jette le paquet.)*

LA COMTESSE, *vivement.*

Monsieur Bégearss ! cruel ami ! c'est ma vie que vous consumez ! Qu'il m'en reste au moins un lambeau. *(Elle veut se précipiter sur les lettres enflammées. — Bégearss la retient à bras-le-corps.)*

BÉGEARSS

J'en jetterai la cendre au vent.

Scène VII

SUZANNE, LE COMTE, FIGARO, LA COMTESSE, BÉGEARSS.

SUZANNE *accourt.*

C'est monsieur, il me suit ; mais amené par Figaro.

LE COMTE, *les surprenant en cette posture.*

Qu'est-ce donc que je vois, madame ! D'où vient ce désordre ? quel est ce feu, ce coffre, ces papiers ? Pourquoi ce débat et ces pleurs ? *(Bégearss et la Comtesse restent confondus.)* Vous ne répondez point ?

BÉGEARSS *se remet, et dit d'un ton pénible.*

J'espère, monsieur, que vous n'exigez pas qu'on s'explique devant vos gens. J'ignore quel dessein vous fait surprendre ainsi madame ! Quant à moi, je suis résolu de soutenir mon caractère en rendant un hommage pur à la vérité, quelle qu'elle soit.

LE COMTE, *à Figaro et à Suzanne.*

Sortez tous deux.

FIGARO

Mais, monsieur, rendez-moi du moins la justice de déclarer que je vous ai remis le récépissé du notaire sur le grand objet de tantôt [59].

LE COMTE

Je le fais volontiers, puisque c'est réparer un tort. *(A Bégearss.)* Soyez certain, monsieur, que voilà le récépissé. *(Il le remet dans sa poche. — Figaro et Suzanne sortent chacun de leur côté.)*

FIGARO, *bas à Suzanne, en s'en allant.*

S'il échappe à l'explication !...

SUZANNE, *bas.*

Il est bien subtil !

FIGARO, *bas.*

Je l'ai tué !

Scène VIII

LA COMTESSE, LE COMTE, BÉGEARSS.

LE COMTE, *d'un ton sérieux.*

Madame, nous sommes seuls.

BÉGEARSS, *encore ému.*

C'est moi qui parlerai. Je subirai cet interrogatoire. M'avez-vous vu, monsieur, trahir la vérité dans quelque occasion que ce fût ?

LE COMTE, *sèchement.*

Monsieur... je ne dis pas cela.

BÉGEARSS, *tout à fait remis.*

Quoique je sois loin d'approuver cette inquisition peu décente, l'honneur m'oblige à répéter ce que je disais à madame, en répondant à sa consultation :

« Tout dépositaire de secrets ne doit jamais conserver de papiers s'ils peuvent compromettre un ami qui n'est plus, et qui les mit sous notre garde. Quelque chagrin qu'on ait à s'en défaire, et quelque intérêt même qu'on eût à les garder, le saint respect des morts doit avoir le pas devant tout. » *(Il montre le Comte.)* Un accident inopiné ne peut-il pas en rendre un adversaire possesseur ? *(Le Comte le tire par la manche pour qu'il ne pousse pas l'explication plus loin.)* Auriez-vous dit, monsieur, autre chose en ma position ? Qui cherche des conseils timides ou le soutien d'une faiblesse honteuse ne doit point s'adresser à moi ! vous en avez des preuves l'un et l'autre, et vous surtout, monsieur le Comte ! *(Le Comte lui fait un signe.)* Voilà sur la demande que m'a faite madame, et sans chercher à pénétrer ce que contenaient ces papiers, ce qui m'a fait lui donner un conseil pour la sévère exécution duquel je l'ai vue manquer de courage ; je n'ai pas hésité d'y substituer le mien, en combattant ses délais imprudents. Voilà quels étaient nos débats ; mais, quelque chose qu'on en pense, je ne regretterai point ce que j'ai dit, ce que j'ai fait. *(Il lève les bras.)* Sainte amitié ! tu n'es rien qu'un vain titre, si l'on ne remplit pas tes austères devoirs. — Permettez que je me retire.

LE COMTE, *exalté.*

O le meilleur des hommes ! Non, vous ne nous quitterez pas. — Madame, il va nous appartenir de plus près ; je lui donne ma Florestine.

LA COMTESSE, *avec vivacité.*

Monsieur, vous ne pouviez pas faire un plus digne emploi du pouvoir que la loi vous donne sur elle. Ce choix a mon assentiment si vous le jugez nécessaire et le plus tôt vaudra le mieux.

LE COMTE, *hésitant.*

Eh bien !... ce soir... sans bruit... votre aumônier...

LA COMTESSE, *avec ardeur.*

Eh bien ! moi qui lui sers de mère, je vais la préparer à l'auguste cérémonie : mais laisserez-vous votre ami seul généreux envers ce digne enfant[60] ? J'ai du plaisir à penser le contraire.

LE COMTE, *embarrassé.*

Ah ! madame... croyez...

LA COMTESSE, *avec joie.*

Oui, monsieur, je le crois. C'est aujourd'hui la fête de mon fils ; ces deux événements réunis me rendent cette journée bien chère. *(Elle sort.)*

Scène IX

LE COMTE, BÉGEARSS.

LE COMTE, *la regardant aller.*

Je ne reviens pas de mon étonnement. Je m'attendais à des débats, à des objections sans nombre ; et je la trouve juste, bonne, généreuse envers mon enfant ! *Moi qui lui sers de mère,* dit-elle... Non, ce n'est point une méchante femme ! elle a dans ses actions une dignité qui m'impose... un ton qui brise les reproches, quand on voudrait l'en accabler. Mais, mon ami, je m'en dois à moi-même, pour la surprise que j'ai montrée en voyant brûler ces papiers.

BÉGEARSS

Quant à moi, je n'en ai point eu, voyant avec qui vous veniez. Ce reptile vous a sifflé que j'étais là pour trahir vos secrets ! De si basses imputations n'atteignent point un homme de ma hauteur : je les vois ramper loin de moi. Mais,

après tout, monsieur, que vous importaient ces papiers ?
n'aviez-vous pas pris malgré moi tous ceux que vous vouliez
garder ? Ah ! plût au ciel qu'elle m'eût consulté plus tôt ! vous
n'auriez pas contre elle des preuves sans réplique !

LE COMTE, *avec douleur.*

Oui, sans réplique ! *(Avec ardeur.)* Otons-les de mon sein :
elles me brûlent la poitrine. *(Il tire la lettre de son sein, et la met
dans sa poche.)*

BÉGEARSS *continue avec douceur.*

Je combattrais avec plus d'avantage en faveur du fils de la
loi ; car enfin il n'est pas comptable du triste sort qui l'a mis
dans vos bras.

LE COMTE, *reprend sa fureur.*

Lui dans mes bras ? jamais !

BÉGEARSS

Il n'est point coupable non plus dans son amour pour
Florestine ; et cependant, tant qu'il reste près d'elle, puis-je
m'unir à cette enfant, qui, peut-être éprise elle-même, ne
cédera qu'à son respect pour vous ? La délicatesse blessée...

LE COMTE

Mon ami, je t'entends ! et ta réflexion me décide à le faire
partir sur-le-champ. Oui, je serai moins malheureux quand
ce fatal objet ne blessera plus mes regards. Mais comment
entamer ce sujet avec elle ? Voudra-t-elle s'en séparer ? Il
faudra donc faire un éclat ?

BÉGEARSS

Un éclat !... non... mais le divorce, accrédité chez cette
nation hasardeuse, vous permettra d'user de ce moyen.

LE COMTE

Moi, publier ma honte ! Quelques lâches l'ont fait ! c'est le dernier degré de l'avilissement du siècle. Que l'opprobre soit le partage de qui donne un pareil scandale, et des fripons qui le provoquent !

BÉGEARSS

J'ai fait envers elle, envers vous, ce que l'honneur me prescrivait. Je ne suis point pour les moyens violents, surtout quand il s'agit d'un fils...

LE COMTE

Dites *d'un étranger*, dont je vais hâter le départ.

BÉGEARSS

N'oubliez pas cet insolent valet.

LE COMTE

J'en suis trop las pour le garder. Toi, cours, ami, chez mon notaire ; retire, avec mon reçu que voilà, mes trois millions d'or déposés. Alors tu peux à juste titre être généreux au contrat, qu'il nous faut brusquer aujourd'hui... car te voilà bien possesseur... *(Il lui remet le reçu, le prend sous le bras, et ils sortent.)* Et ce soir à minuit, sans bruit, dans la chapelle de madame... *(On n'entend pas le reste.)*

ACTE QUATRIÈME

Le théâtre représente le même cabinet de la Comtesse.

Scène I

FIGARO, *seul, agité, regardant de côté et d'autre.*

Elle me dit : « Viens à six heures au cabinet : c'est le plus sûr pour nous parler... » Je brusque tout dehors, et je rentre en sueur ! Où est-elle ? *(Il se promène en s'essuyant.)* Ah ! parbleu, je ne suis pas fou ! je les ai vus sortir d'ici, monsieur le tenant sous le bras !... Eh bien ! pour un échec, abandonnons-nous la partie ? Un orateur fuit-il lâchement la tribune pour un argument tué sous lui ? Mais quel détestable endormeur [61] ! *(Vivement.)* Parvenir à brûler les lettres de madame, pour qu'elle ne voie pas qu'il en manque ; et se tirer d'un éclaircissement !... C'est l'enfer concentré tel que Milton [62] nous l'a dépeint ! *(D'un ton badin.)* J'avais raison tantôt, dans ma colère : Honoré Bégearss est le diable que les Hébreux nommaient *Légion* [63] ; et, si l'on y regardait bien, on verrait le lutin avoir le pied fourchu, seule partie, disait ma mère, que les démons ne peuvent déguiser. *(Il rit.)* Ah ! ah !

ah ! ma gaieté me revient ; d'abord, parce que j'ai mis l'or du
Mexique en sûreté chez Fal ; ce qui nous donnera du temps
(il frappe d'un billet sur sa main) ; et puis... Docteur en toute
hypocrisie ! vrai major d'infernal Tartuffe ! grâce au hasard
qui régit tout, à ma tactique, à quelques louis semés, voici
qui me promet une lettre de toi, où, dit-on, tu poses le
masque, à ne rien laisser désirer ! *(Il ouvre le billet et dit :)* Le
coquin qui l'a lue en veut cinquante louis ?... eh bien ! il les
aura, si la lettre les vaut ; une année de mes gages sera bien
employée, si je parviens à détromper un maître à qui nous
devons tant... Mais où es-tu, Suzanne, pour en rire ? *O che
piacere*[64] !... A demain donc ! car je ne vois pas que rien
périclite ce soir... Et pourquoi perdre un temps ? Je m'en suis
toujours repenti... *(Très vivement.)* Point de délai, courons
attacher le pétard, dormons dessus : la nuit porte conseil, et
demain matin nous verrons qui des deux fera sauter l'autre.

Scène II

BÉGEARSS, FIGARO.

BÉGEARSS, *raillant.*

Eeeh ! c'est mons[65] Figaro ! La place est agréable, puisqu'on y retrouve monsieur.

FIGARO, *du même ton.*

Ne fût-ce que pour avoir la joie de l'en chasser une autre
fois.

BÉGEARSS

De la rancune pour si peu ! Vous êtes bien bon d'y songer !
chacun n'a-t-il pas sa manie ?

FIGARO

Et celle de monsieur est de ne plaider qu'à huis clos ?

BÉGEARSS, *lui frappant sur l'épaule.*

Il n'est pas essentiel qu'un sage entende tout, quand il sait si bien deviner.

FIGARO

Chacun se sert des petits talents que le ciel lui a départis.

BÉGEARSS

Et *l'intrigant* compte-t-il gagner beaucoup avec ceux qu'il nous montre ici ?

FIGARO

Ne mettant rien à la partie, j'ai tout gagné... si je fais perdre *l'autre.*

BÉGEARSS, *piqué.*

On verra le jeu de monsieur.

FIGARO

Ce n'est pas de ces coups brillants qui éblouissent la galerie. *(Il prend un air niais.)* Mais *chacun pour soi, Dieu pour tous,* comme a dit le roi Salomon.

BÉGEARSS, *souriant.*

Belle sentence ! N'a-t-il pas dit aussi : le *soleil luit pour tout le monde* ?

FIGARO, *fièrement.*

Oui, en dardant sur le serpent prêt à mordre la main de son imprudent bienfaiteur ! *(Il sort.)*

Scène III

BÉGEARSS, *seul, le regardant aller.*

Il ne farde plus ses desseins ! Notre homme est fier ? Bon
signe, il ne sait rien des miens ; il aurait la mine bien longue
s'il était instruit qu'à minuit... *(Il cherche dans ses poches
vivement.)* Eh bien ! qu'ai-je fait du papier ? Le voici. *(Il lit.)*
« Reçu de monsieur Fal, notaire, les trois millions d'or
spécifiés dans le bordereau ci-dessus. A Paris, le...
ALMAVIVA. » — C'est bon ; je tiens la pupille et l'argent !
Mais ce n'est point assez : cet homme est faible, il ne finira
rien pour le reste de sa fortune. La Comtesse lui en impose ; il
la craint, l'aime encore... Elle n'ira point au couvent, si je ne
les mets aux prises et ne le force à s'expliquer... brutalement.
(Il se promène.) — Diable ! ne risquons pas ce soir un
dénouement aussi scabreux ! En précipitant trop les choses,
on se précipite avec elles[66] ! Il sera temps demain, quand
j'aurai bien serré le doux lien sacramentel qui va les
enchaîner à moi ! *(Il appuie ses deux mains sur sa poitrine.)* Eh
bien, maudite joie, qui me gonfles le cœur ! ne peux-tu donc
te contenir ?... Elle m'étouffera, la fougueuse, ou me livrera
comme un sot, si je ne la laisse un peu s'évaporer pendant
que je suis seul ici. Sainte et douce crédulité ! l'époux te doit
la magnifique dot ! Pâle déesse de la nuit, il te devra bientôt
sa froide épouse. *(Il frotte ses mains de joie.)* Bégearss !
heureux Bégearss !... Pourquoi l'appelez-vous Bégearss ?
n'est-il donc pas plus d'à moitié le seigneur Comte Almaviva ? *(D'un ton terrible.)* Encore un pas, Bégearss ! et tu l'es
tout à fait. — Mais il te faut auparavant... Ce Figaro pèse sur
ma poitrine ! car c'est lui qui l'a fait venir !... Le moindre
trouble me perdrait... Ce valet-là me portera malheur... C'est
le plus clairvoyant coquin !... Allons, allons, qu'il parte avec
son chevalier errant !

Scène IV

BÉGEARSS, SUZANNE.

SUZANNE, *accourant,*
fait un cri d'étonnement de voir un autre que Figaro.

Ah ! *(A part.)* Ce n'est pas lui !

BÉGEARSS

Quelle surprise ? Et qu'attendais-tu donc ?

SUZANNE, *se remettant.*

Personne. On se croit seule ici...

BÉGEARSS

Puisque je t'y rencontre, un mot avant le comité [67].

SUZANNE

Que parlez-vous de comité ? Réellement, depuis deux ans,
on n'entend plus du tout la langue de ce pays.

BÉGEARSS, *riant sardoniquement.*

Hé ! hé ! *(Il pétrit dans sa boîte une prise de tabac, d'un air*
content de lui.) Ce comité, ma chère, est une conférence entre
la Comtesse, son fils, notre jeune pupille et moi, sur le grand
objet que tu sais.

SUZANNE

Après la scène que j'ai vue, osez-vous encore l'espérer ?

BÉGEARSS, *bien fat.*

Oser l'espérer !... Non. Mais seulement... je l'épouse ce
soir.

SUZANNE, *vivement.*

Malgré son amour pour Léon ?

BÉGEARSS

Bonne femme, qui me disais : *Si vous faites cela, monsieur...*

SUZANNE

Eh ! qui eût pu l'imaginer ?

BÉGEARSS, *prenant son tabac en plusieurs fois.*

Enfin que dit-on ? parle-t-on ? Toi qui vis dans l'intérieur,
qui as l'honneur des confidences, y pense-t-on du bien de
moi ? car c'est là le point important.

SUZANNE

L'important serait de savoir quel talisman vous employez
pour dominer tous les esprits. Monsieur ne parle de vous
qu'avec enthousiasme, ma maîtresse vous porte aux nues, son
fils n'a d'espoir qu'en vous seul, notre pupille vous révère !...

BÉGEARSS, *d'un ton bien fat, secouant le tabac de son jabot.*

Et toi, Suzanne, qu'en dis-tu ?

SUZANNE

Ma foi, monsieur, je vous admire ! Au milieu du désordre
affreux que vous entretenez ici, vous seul êtes calme et
tranquille ; il me semble entendre un génie qui fait tout
mouvoir à son gré.

BÉGEARSS, *bien fat.*

Mon enfant, rien n'est plus aisé. D'abord, il n'est que deux
pivots sur qui roule tout dans le monde : la morale et la
politique[68]. La morale, tant soit peu mesquine, consiste à

être juste et vrai ; elle est, dit-on, la clef de quelques vertus routinières.

SUZANNE

Quant à la politique ?...

BÉGEARSS, *avec chaleur.*

Ah ! c'est l'art de créer des faits, de dominer, en se jouant, les événements et les hommes ; l'intérêt est son but, l'intrigue son moyen : toujours sobre de vérités, ses vastes et riches conceptions sont un prisme qui éblouit. Aussi profonde que l'Etna, elle brûle et gronde longtemps avant d'éclater au-dehors ; mais alors rien ne lui résiste. Elle exige de hauts talents : le scrupule seul peut lui nuire ; *(en riant)* c'est le secret des négociateurs.

SUZANNE

Si la morale ne vous échauffe pas, l'autre, en revanche, excite en vous un assez vif enthousiasme !

BÉGEARSS, *averti, revient à lui.*

Eh !... ce n'est pas elle ; c'est toi ! — Ta comparaison d'un génie... — Le chevalier vient ; laisse-nous.

Scène V

LÉON, BÉGEARSS.

LÉON

Monsieur Bégearss, je suis au désespoir !

BÉGEARSS, *d'un ton protecteur.*

Qu'est-il arrivé, jeune ami ?

LÉON

Mon père vient de me signifier, avec une dureté !... que j'eusse à faire, sous deux jours, tous les apprêts de mon départ pour Malte. Point d'autre train, dit-il, que Figaro, qui m'accompagne, et un valet qui courra devant nous.

BÉGEARSS

Cette conduite est en effet bizarre pour qui ne sait pas son secret ; mais nous qui l'avons pénétré, notre devoir est de le plaindre. Ce voyage est le fruit d'une frayeur bien excusable : Malte et vos vœux ne sont que le prétexte ; un amour qu'il redoute est son véritable motif.

LÉON, *avec douleur.*

Mais, mon ami, puisque vous l'épousez ?

BÉGEARSS, *confidentiellement.*

Si son frère le croit utile à suspendre un fâcheux départ !... Je ne verrais qu'un seul moyen...

LÉON

O mon ami ! dites-le-moi.

BÉGEARSS

Ce serait que madame votre mère vainquît cette timidité qui l'empêche, avec lui, d'avoir une opinion à elle ; car sa douceur vous nuit bien plus que ne ferait un caractère trop ferme. — Supposons qu'on lui ait donné quelque prévention injuste : qui a le droit, comme une mère, de rappeler un père à la raison ? Engagez-la à le tenter... non pas aujourd'hui, mais... demain, et sans y mettre de faiblesse.

LÉON

Mon ami, vous avez raison : cette crainte est son vrai motif. Sans doute, il n'y a que ma mère qui puisse le faire changer. La voici qui vient avec celle… que je n'ose plus adorer. *(Avec douleur.)* O mon ami ! rendez-la bien heureuse !

BÉGEARSS, *caressant.*

En lui parlant tous les jours de son frère.

Scène VI

LA COMTESSE, FLORESTINE, BÉGEARSS, SUZANNE, LÉON.

LA COMTESSE, *coiffée, parée, portant une robe rouge et noire, et son bouquet de même couleur.*

Suzanne, donne mes diamants. *(Suzanne va les chercher.)*

BÉGEARSS, *affectant de la dignité.*

Madame, et vous mademoiselle, je vous laisse avec cet ami ; je confirme d'avance tout ce qu'il va vous dire. Hélas ! ne pensez point au bonheur que j'aurais de vous appartenir à tous ; votre repos doit seul vous occuper. Je n'y veux concourir que sous la forme que vous adopterez : mais, soit que mademoiselle accepte ou non mes offres, recevez ma déclaration que toute la fortune dont je viens d'hériter lui est destinée de ma part, dans un contrat, ou par un testament ; je vais en faire dresser les actes : mademoiselle choisira. Après ce que je viens de dire, il ne conviendrait pas que ma présence ici gênât un parti qu'elle doit prendre en toute liberté : mais, quel qu'il soit, ô mes amis ! sachez qu'il est sacré pour moi : je l'adopte sans restrictions. *(Il salue profondément et sort.)*

Scène VII

LA COMTESSE, LÉON, FLORESTINE.

LA COMTESSE *le regarde aller.*

C'est un ange envoyé du ciel pour réparer tous nos malheurs.

LÉON, *avec une douleur ardente.*

O Florestine ! il faut céder : ne pouvant être l'un à l'autre, nos premiers élans de douleur nous avaient fait jurer de n'être jamais à personne ; j'accomplirai ce serment pour nous deux. Ce n'est pas tout à fait vous perdre, puisque je retrouve une sœur où j'espérais posséder une épouse. Nous pourrons encore nous aimer.

Scène VIII

LA COMTESSE, : LÉON, FLORESTINE, SUZANNE.
(Suzanne apporte l'écrin.)

LA COMTESSE, *en parlant, met ses boucles d'oreilles,*
ses bagues, son bracelet, sans rien regarder.

Florestine ! épouse Bégearss, ses procédés l'en rendent digne : et puisque cet hymen fait le bonheur de ton parrain, il faut l'achever aujourd'hui. *(Suzanne sort et emporte l'écrin.)*

Scène IX

LA COMTESSE, LÉON, FLORESTINE.

LA COMTESSE, *à Léon.*

Nous, mon fils, ne sachons jamais ce que nous devons ignorer. Tu pleures, Florestine !

FLORESTINE, *pleurant.*

Ayez pitié de moi, madame ! Eh ! comment soutenir autant d'assauts dans un seul jour ? A peine j'apprends qui je suis, qu'il faut renoncer à moi-même et me livrer... Je meurs de douleur et d'effroi. Dénuée d'objections contre monsieur Bégearss, je sens mon cœur à l'agonie en pensant qu'il peut devenir... Cependant, il le faut, il faut me sacrifier au bien de ce frère chéri, à son bonheur... que je ne puis plus faire. Vous dites que je pleure ! Ah ! je fais plus pour lui que si je lui donnais ma vie ! Maman, ayez pitié de nous..., bénissez vos enfants ! ils sont bien malheureux ! *(Elle se jette à genoux. Léon en fait autant.)*

LA COMTESSE, *leur imposant les mains.*

Je vous bénis, mes chers enfants. Ma Florestine, je t'adopte. Si tu savais à quel point tu m'es chère ! Tu seras heureuse, ma fille, et du bonheur de la vertu ; celui-là peut dédommager des autres. *(Ils se relèvent.)*

FLORESTINE

Mais croyez-vous, madame, que mon dévouement le ramène à Léon, son fils ? car il ne faut pas se flatter : son injuste prévention va quelquefois jusqu'à la haine.

LA COMTESSE

Chère fille, j'en ai l'espoir.

LÉON

C'est l'avis de monsieur Bégearss : il me l'a dit ; mais il m'a dit aussi qu'il n'y a que maman qui puisse opérer ce miracle. Aurez-vous donc la force de lui parler en ma faveur ?

LA COMTESSE

Je l'ai tenté souvent, mon fils, mais sans aucun fruit apparent.

LÉON

O ma digne mère ! c'est votre douceur qui m'a nui. La crainte de le contrarier vous a trop empêchée d'user de la juste influence que vous donnent votre vertu et le respect profond dont vous êtes entourée. Si vous lui parliez avec force, il ne vous résisterait pas.

LA COMTESSE

Vous le croyez, mon fils ? je vais l'essayer devant vous. Vos reproches m'affligent presque autant que son injustice. Mais pour que vous ne gêniez pas le bien que je dirai de vous, mettez-vous dans mon cabinet ; vous m'entendrez, de là, plaider une cause si juste : vous n'accuserez plus une mère de manquer d'énergie quand il faut défendre son fils ! *(Elle sonne.)* Florestine, la décence ne te permet pas de rester : va t'enfermer ; demande au ciel qu'il m'accorde quelque succès et rende enfin la paix à ma famille désolée. *(Florestine sort.)*

Scène X

SUZANNE, LA COMTESSE, LÉON.

SUZANNE

Que veut madame ? elle a sonné.

LA COMTESSE

Prie monsieur, de ma part, de passer un moment ici.

SUZANNE, *effrayée.*

Madame ! vous me faites trembler ! Ciel ! que va-t-il donc se passer ? Quoi ! monsieur qui ne vient jamais... sans...

LA COMTESSE

Fais ce que je te dis, Suzanne, et ne prends nul souci du reste. *(Suzanne sort, en levant les bras au ciel de terreur.)*

Scène XI

LA COMTESSE, LÉON.

LA COMTESSE

Vous allez voir, mon fils, si votre mère est faible en défendant vos intérêts ! Mais laissez-moi me recueillir, me préparer, par la prière, à cet important plaidoyer. *(Léon entre au cabinet de sa mère.)*

Scène XII

LA COMTESSE, *seule, un genou sur son fauteuil.*

Ce moment me semble terrible comme le jugement dernier! Mon sang est prêt à s'arrêter[69]... O mon Dieu! donnez-moi la force de frapper au cœur d'un époux! *(Plus bas.)* Vous seul connaissez les motifs qui m'ont toujours fermé la bouche! Ah! s'il ne s'agissait du bonheur de mon fils, vous savez, ô mon Dieu! si j'oserais dire un seul mot pour moi! Mais enfin, s'il est vrai qu'une faute pleurée vingt ans ait obtenu de vous un pardon généreux, comme un ami sage m'en assure, ô mon Dieu, donnez-moi la force de frapper au cœur d'un époux!

Scène XIII

LA COMTESSE, LE COMTE, LÉON *caché.*

LE COMTE, *sèchement.*

Madame, on dit que vous me demandez?

LA COMTESSE, *timidement.*

J'ai cru, monsieur, que nous serions plus libres dans ce cabinet que chez vous.

LE COMTE

M'y voilà, madame; parlez.

LA COMTESSE, *tremblante.*

Asseyons-nous, monsieur, je vous conjure, et prêtez-moi votre attention.

LE COMTE, *impatient.*

Non, j'entendrai debout ; vous savez qu'en parlant je ne saurais tenir en place.

LA COMTESSE, *s'asseyant, avec un soupir, et parlant bas.*

Il s'agit de mon fils... monsieur.

LE COMTE, *brusquement.*

De votre fils, madame ?

LA COMTESSE

Et quel autre intérêt pourrait vaincre ma répugnance à engager un entretien que vous ne recherchez jamais ? Mais je viens de le voir dans un état à faire compassion : l'esprit troublé, le cœur serré de l'ordre que vous lui donnez de partir sur-le-champ ; surtout du ton de dureté qui accompagne cet exil. Eh ! comment a-t-il encouru la disgrâce d'un p... d'un homme si juste ? Depuis qu'un exécrable duel nous a ravi notre autre fils...

LE COMTE, *les mains sur le visage, avec un air de douleur.*

Ah !...

LA COMTESSE

Celui-ci, qui jamais ne dût connaître le chagrin, a redoublé de soins et d'attentions pour adoucir l'amertume des nôtres !

LE COMTE, *se promenant doucement.*

Ah !...

LA COMTESSE

Le caractère emporté de son frère, son désordre, ses goûts et sa conduite déréglée nous en donnaient souvent de bien cruels. Le ciel sévère, mais sage en ses décrets, en nous privant de cet enfant, nous en a peut-être épargné de plus cuisants pour l'avenir.

LE COMTE, *avec douleur*.

Ah !... ah !...

LA COMTESSE

Mais enfin, celui qui nous reste a-t-il jamais manqué à ses devoirs ? Jamais le plus léger reproche fut-il mérité de sa part ? Exemple des hommes de son âge, il a l'estime universelle : il est aimé, recherché, consulté. Son p... protecteur naturel, mon époux seul, paraît avoir les yeux fermés sur un mérite transcendant, dont l'éclat frappe tout le monde. *(Le Comte se promène plus vite sans parler. — La Comtesse, prenant courage de son silence, continue d'un ton plus ferme, et l'élève par degrés.)* En tout autre sujet, monsieur, je tiendrais à fort grand honneur de vous soumettre mon avis [70], de modeler mes sentiments, ma faible opinion sur la vôtre ; mais il s'agit... d'un fils... *(Le Comte s'agite en marchant.)* Quand il avait un frère aîné, l'orgueil d'un très grand nom le condamnant au célibat, l'ordre de Malte était son sort. Le préjugé semblait alors couvrir l'injustice de ce partage entre deux fils *(timidement)* égaux en droits.

LE COMTE *s'agite plus fort. A part, d'un ton étouffé.*

Égaux en droits !...

LA COMTESSE, *un peu plus fort.*

Mais depuis deux années qu'un accident affreux... les lui a tous transmis, n'est-il pas étonnant que vous n'ayez rien entrepris pour le relever de ses vœux ? Il est de notoriété que vous n'avez quitté l'Espagne que pour dénaturer vos biens, par la vente ou par des échanges. Si c'est pour l'en priver, monsieur, la haine ne va pas plus loin ! Puis, vous le chassez de chez vous, et semblez lui fermer la maison p... par vous habitée. Permettez-moi de vous le dire, un traitement aussi étrange est sans excuse aux yeux de la raison. Qu'a-t-il fait pour le mériter ?

LE COMTE *s'arrête ; d'un ton terrible.*

Ce qu'il a fait ?

LA COMTESSE, *effrayée.*

Je voudrais bien, monsieur, ne pas vous offenser !

LE COMTE, *plus fort.*

Ce qu'il a fait, madame ? Et c'est vous qui le demandez ?

LA COMTESSE, *en désordre.*

Monsieur, monsieur ! vous m'effrayez beaucoup !

LE COMTE, *avec fureur.*

Puisque vous avez provoqué l'explosion du ressentiment qu'un respect humain enchaînait, vous entendrez son arrêt et le vôtre.

LA COMTESSE, *plus troublée.*

Ah ! monsieur ! ah ! monsieur !

LE COMTE

Vous demandez ce qu'il a fait ?

LA COMTESSE, *levant les bras.*

Non, monsieur, ne me dites rien !

LE COMTE, *hors de lui.*

Rappelez-vous, femme perfide, ce que vous avez fait vous-même ! et comment, recevant un adultère dans vos bras, vous avez mis dans ma maison cet enfant étranger, que vous osez nommer mon fils !

LA COMTESSE, *au désespoir, veut se lever.*

Laissez-moi m'enfuir, je vous prie.

LE COMTE, *la clouant sur son fauteuil.*

Non, vous ne fuirez pas ; vous n'échapperez point à la conviction qui vous presse. *(Lui montrant sa lettre.)* Connaissez-vous cette écriture ? Elle est tracée de votre main coupable ! et ces caractères sanglants qui lui servirent de réponse...

LA COMTESSE, *anéantie.*

Je vais mourir ! je vais mourir !

LE COMTE, *avec force.*

Non, non ! vous entendrez les traits que j'en ai soulignés ! *(Il lit avec égarement.)* « Malheureux insensé ! notre sort est rempli ; votre crime, le mien, reçoit sa punition. Aujourd'hui, jour de *saint Léon*, patron de ce lieu et le vôtre, je viens de mettre au monde un fils, mon opprobre et mon désespoir... » *(Il parle.)* Et cet enfant est né le jour de *saint Léon*, plus de dix mois après mon départ pour la *Vera-Cruz* ! *(Pendant qu'il lit très fort, on entend la Comtesse, égarée, dire des mots coupés qui partent du délire.)*

LA COMTESSE, *priant, les mains jointes.*

Grand Dieu ! tu ne permets donc pas que le crime le plus caché demeure toujours impuni !

LE COMTE

... Et de la main du corrupteur : *(Il lit.)* « L'ami qui vous rendra ceci, quand je ne serai plus, est sûr. »

LA COMTESSE, *priant*.

Frappe, mon Dieu, car je l'ai mérité !

LE COMTE *lit*.

« Si la mort d'un infortuné vous inspirait un reste de pitié, parmi les noms qu'on va donner à ce fils, héritier d'un autre... »

LA COMTESSE, *priant*.

Accepte l'horreur que j'éprouve, en expiation de ma faute !

LE COMTE *lit*.

« Puis-je espérer que le nom de *Léon*... » *(Il parle.)* Et ce fils s'appelle *Léon* !

LA COMTESSE, *égarée, les yeux fermés*.

O Dieu ! mon crime fut bien grand, s'il égala ma punition ! Que ta volonté s'accomplisse !

LE COMTE, *plus fort*.

Et, couverte de cet opprobre, vous osez me demander compte de mon éloignement pour lui ?

LA COMTESSE, *priant toujours*.

Qui suis-je pour m'y opposer, lorsque ton bras s'appesantit ?

LE COMTE

Et, lorsque vous plaidez pour l'enfant de ce malheureux, vous avez au bras mon portrait[71] !

LA COMTESSE, *en le détachant, le regarde*.

Monsieur, monsieur, je le rendrai ; je sais que je n'en suis pas digne. *(Dans le plus grand égarement.)* Ciel ! que m'arrive-

t-il ? Ah ! je perds la raison ! Ma conscience troublée fait
naître des fantômes ! — Réprobation [72] anticipée ! — Je vois
ce qui n'existe pas... Ce n'est plus vous, c'est lui qui me fait
signe de le suivre, d'aller le rejoindre au tombeau !

LE COMTE, *effrayé.*

Comment ? Eh bien ! non, ce n'est pas...

LA COMTESSE, *en délire.*

Ombre terrible ! éloigne-toi !...

LE COMTE *crie avec douleur.*

Ce n'est pas ce que vous croyez !

LA COMTESSE *jette le bracelet par terre.*

Attends... Oui, je t'obéirai...

LE COMTE, *plus troublé.*

Madame, écoutez-moi...

LA COMTESSE

J'irai... Je t'obéis... Je meurs. *(Elle reste évanouie.)*

LE COMTE, *effrayé, ramasse le bracelet.*

J'ai passé la mesure. Elle se trouve mal... Ah ! Dieu,
courons lui chercher du secours. *(Il sort, il s'enfuit. — Les
convulsions de la douleur font glisser la Comtesse à terre.)*

Scène XIV

LÉON, *accourant ;* LA COMTESSE, *évanouie.*

LÉON, *avec force.*

O ma mère ! ma mère ! c'est moi qui te donne la mort ! (*Il l'enlève et la remet sur son fauteuil, évanouie.*) Que ne suis-je parti sans rien exiger de personne ! j'aurais prévenu ces horreurs !

Scène XV

LE COMTE, SUZANNE, LÉON, LA COMTESSE, *évanouie.*

LE COMTE, *en rentrant, s'écrie :*

Et son fils !

LÉON, *égaré.*

Elle est morte ! Ah ! je ne lui survivrai pas ! (*Il l'embrasse en criant.*)

LE COMTE, *effrayé.*

Des sels ! des sels ! Suzanne ! Un million si vous la sauvez !

LÉON

O malheureuse mère !

SUZANNE

Madame, aspirez ce flacon. Soutenez-la, monsieur ; je vais tâcher de la desserrer.

LE COMTE, *égaré.*

Romps tout, arrache tout ! Ah ! j'aurais dû la ménager !

LÉON, *criant avec délire.*

Elle est morte ! elle est morte !

Scène XVI

LE COMTE, SUZANNE, LÉON, LA COMTESSE, *évanouie,*
FIGARO, *accourant.*

FIGARO

Eh ! qui morte ? madame ? Apaisez donc ces cris ! c'est
vous qui la ferez mourir ! *(Il lui prend le bras.)* Non, elle ne
l'est pas : ce n'est qu'une suffocation ; le sang qui monte avec
violence. Sans perdre de temps, il faut la soulager. Je vais
chercher ce qu'il lui faut.

LE COMTE, *hors de lui.*

Des ailes, Figaro ! ma fortune est à toi.

FIGARO, *vivement.*

J'ai bien besoin de vos promesses lorsque madame est en
péril ! *(Il sort en courant.)*

Scène XVII

LE COMTE, LÉON, LA COMTESSE, *évanouie,* SUZANNE.

LÉON, *lui tenant le flacon sous le nez.*

Si l'on pouvait la faire respirer ! O Dieu ! rends-moi ma
malheureuse mère !... La voici qui revient.

SUZANNE, *pleurant.*

Madame ! allons, madame !...

LA COMTESSE, *revenant à elle.*

Ah ! qu'on a de peine à mourir !

LÉON, *égaré.*

Non, maman, vous ne mourrez pas !

LA COMTESSE, *égarée.*

O ciel ! entre mes juges ! entre mon époux et mon fils !
Tout est connu... et, criminelle envers tous deux... *(Elle se
jette à terre et se prosterne.)* Vengez-vous l'un et l'autre ! Il
n'est plus de pardon pour moi ! *(Avec horreur.)* Mère
coupable ! épouse indigne ! un instant nous a tous perdus.
J'ai mis l'horreur dans ma famille ! j'allumai la guerre
intestine entre le père et les enfants ! Ciel juste, il fallait bien
que ce crime fût découvert ! Puisse ma mort expier mon
forfait !

LE COMTE, *au désespoir.*

Non, revenez à vous ! votre douleur a déchiré mon âme !
Asseyons-la, Léon !... mon fils ! *(Léon fait un grand mouvement.)* Suzanne, asseyons-la. *(Ils la remettent sur le fauteuil.)*

Scène XVIII

LES PRÉCÉDENTS, FIGARO.

FIGARO, *accourant.*

Elle a repris sa connaissance ?

SUZANNE

Ah ! Dieu ! j'étouffe aussi. *(Elle se desserre.)*

LE COMTE *crie.*

Figaro ! vos secours !

FIGARO, *étouffé*[73].

Un moment, calmez-vous. Son état n'est plus si pressant. Moi qui étais dehors, grand Dieu ! Je suis rentré bien à propos !... Elle m'avait fort effrayé ! Allons, madame, du courage !

LA COMTESSE, *priant, renversée.*

Dieu de bonté, fais que je meure !

LÉON, *en l'asseyant mieux.*

Non, maman, vous ne mourrez pas, et nous réparerons nos torts. Monsieur ! vous que je n'outragerai plus en vous donnant un autre nom, reprenez vos titres, vos biens ; je n'y avais nul droit : hélas ! je l'ignorais. Mais, par pitié, n'écrasez point d'un déshonneur public cette infortunée qui fut vôtre... Une erreur expiée par vingt années de larmes est-elle encore un crime, alors qu'on fait justice ? Ma mère et moi, nous nous bannissons de chez vous.

LE COMTE, *exalté.*

Jamais ! Vous n'en sortirez point.

LÉON

Un couvent sera sa retraite ; et moi, sous mon nom de Léon, sous le simple habit d'un soldat, je défendrai la liberté de notre nouvelle patrie. Inconnu, je mourrai pour elle, ou je la servirai en zélé citoyen. *(Suzanne pleure dans un coin ; Figaro est absorbé dans l'autre.)*

LA COMTESSE, *péniblement.*

Léon ! mon cher enfant ! ton courage me rend la vie. Je puis encore la supporter, puisque mon fils a la vertu de ne pas détester sa mère. Cette fierté dans le malheur sera ton noble patrimoine. Il m'épousa sans biens ; n'exigeons rien de lui. Le travail de mes mains soutiendra ma faible existence, et toi, tu serviras l'État.

LE COMTE, *avec désespoir.*

Non, Rosine ! jamais ! C'est moi qui suis le vrai coupable ! De combien de vertus je privais ma triste vieillesse !

LA COMTESSE

Vous en serez enveloppé. — Florestine et Bégearss vous restent. Floresta, votre fille, l'enfant chéri de votre cœur !...

LE COMTE, *étonné.*

Comment ?... d'où savez-vous ?... qui vous l'a dit ?...

LA COMTESSE

Monsieur, donnez-lui tous vos biens ; mon fils et moi n'y mettrons point d'obstacle ; son bonheur nous consolera. Mais, avant de nous séparer, que j'obtienne au moins une grâce ! Apprenez-moi comment vous êtes possesseur d'une lettre que je croyais brûlée avec les autres ? Quelqu'un m'a-t-il trahie ?

FIGARO, *s'écriant.*

Oui ! l'infâme Bégearss ! Je l'ai surpris tantôt qui la remettait à monsieur.

LE COMTE, *parlant vite.*

Non, je la dois au seul hasard. Ce matin, lui et moi, pour un tout autre objet, nous examinions votre écrin, sans nous douter qu'il eût un double fond. Dans le débat, et sous ses doigts, le secret s'est ouvert soudain, à son très grand étonnement. Il a cru le coffre brisé !

FIGARO, *criant plus fort.*

Son étonnement d'un secret ? Monstre ! c'est lui qui l'a fait faire !

LE COMTE

Est-il possible ?

LA COMTESSE

Il est trop vrai !

LE COMTE

Des papiers frappent nos regards ; il en ignorait l'existence ; et, quand j'ai voulu les lui lire, il a refusé de les voir.

SUZANNE, *s'écriant.*

Il les a lus cent fois avec madame !

LE COMTE

Est-il vrai ? Les connaissait-il ?

LA COMTESSE

Ce fut lui qui me les remit, qui les apporta de l'armée, lorsqu'un infortuné mourut.

LE COMTE

Cet ami sûr, instruit de tout ?...

FIGARO, LA COMTESSE, SUZANNE, *ensemble, criant.*

C'est lui !

LE COMTE

O scélératesse infernale ! Avec quel art il m'avait engagé !
A présent je sais tout.

FIGARO

Vous le croyez !

LE COMTE

Je connais son affreux projet. Mais, pour en être plus
certain, déchirons le voile en entier. Par qui savez-vous donc
ce qui touche ma Florestine ?

LA COMTESSE, *vite.*

Lui seul m'en a fait confidence.

LÉON, *vite.*

Il me l'a dit sous le secret.

SUZANNE, *vite.*

Il me l'a dit aussi [74]

LE COMTE, *avec horreur.*

O monstre ! Et moi j'allais la lui donner ! mettre ma
fortune en ses mains !

FIGARO, *vivement.*

Plus d'un tiers y serait déjà, si je n'avais porté, sans vous le
dire, vos trois millions d'or en dépôt chez monsieur Fal ; vous
alliez l'en rendre le maître ; heureusement je m'en suis
douté ; je vous ai donné son reçu...

LE COMTE, *vivement.*

Le scélérat vient de me l'enlever pour en aller toucher la
somme.

FIGARO, *désolé.*

O. proscription [75] sur moi ! Si l'argent est remis, tout ce que j'ai fait est perdu ! Je cours chez monsieur Fal. Dieu veuille qu'il ne soit pas trop tard !

LE COMTE, *à Figaro.*

Le traître n'y peut être encore.

FIGARO

S'il a perdu un temps, nous le tenons. J'y cours. *(Il veut sortir.)*

LE COMTE, *vivement, l'arrête.*

Mais, Figaro, que le fatal secret dont ce moment vient de t'instruire reste enseveli dans ton sein !

FIGARO, *avec une grande sensibilité.*

Mon maître, il y a vingt ans qu'il est dans ce sein-là, et dix que je travaille à empêcher qu'un monstre n'en abuse ! Attendez surtout mon retour, avant de prendre aucun parti.

LE COMTE, *vivement.*

Penserait-il se disculper ?

FIGARO

Il fera tout pour le tenter. *(Il tire une lettre de sa poche.)* Mais voici le préservatif. Lisez le contenu de cette épouvantable lettre ; le secret de l'enfer est là. Vous me saurez bon gré d'avoir tout fait pour me la procurer. *(Il lui remet la lettre de Bégearss.)* Suzanne ! des gouttes à ta maîtresse. Tu sais comment je les prépare. *(Il lui donne un flacon.)* Passez-la sur sa chaise longue ; et le plus grand calme autour d'elle. Monsieur, au moins ne recommencez pas ; elle s'éteindrait dans nos mains !

LE COMTE, *exalté.*

Recommencer ! Je me ferais horreur !

FIGARO, *à la Comtesse.*

Vous l'entendez, madame ? Le voilà dans son caractère ! et c'est mon maître que j'entends. Ah ! je l'ai toujours dit de lui : la colère, chez les bons cœurs, n'est qu'un besoin pressant de pardonner ! *(Il s'enfuit. — Le Comte et Léon la prennent sous les bras, ils sortent tous.)*

ACTE CINQUIÈME

Le théâtre représente le grand salon du premier acte.

Scène I

LE COMTE, LA COMTESSE, LÉON, SUZANNE. *(La Comtesse, sans rouge, dans le plus grand désordre de parure.)*

LÉON, *soutenant sa mère.*

Il fait trop chaud, maman, dans l'appartement intérieur. Suzanne, avance une bergère. *(On l'assied.)*

LE COMTE, *attendri, arrangeant les coussins.*

Êtes-vous bien assise ? Eh quoi ! pleurer encore ?

LA COMTESSE, *accablée.*

Ah ! laissez-moi verser des larmes de soulagement ! Ces récits affreux m'ont brisée ! cette infâme lettre [76] surtout.

LE COMTE, *délirant.*

Marié en Irlande, il épousait ma fille ! Et tout mon bien placé sur la banque de Londres eût fait vivre un repaire

affreux jusqu'à la mort du dernier de nous tous !... Et qui
sait, grand Dieu, quels moyens ?...

LA COMTESSE

Homme infortuné, calmez-vous ! Mais il est temps de faire
descendre Florestine ; elle avait le cœur si serré de ce qui
devait lui arriver ! Va la chercher, Suzanne ; et ne l'instruis de
rien.

LE COMTE, *avec dignité.*

Ce que j'ai dit à Figaro [77], Suzanne, était pour vous comme
pour lui.

SUZANNE

Monsieur, celle qui vit madame pleurer, prier pendant
vingt ans, a trop gémi de ses douleurs pour rien faire qui les
accroisse ! *(Elle sort.)*

Scène II

LE COMTE, LA COMTESSE, LÉON.

LE COMTE, *avec un vif sentiment.*

Ah ! Rosine, séchez vos pleurs ; et maudit soit qui vous
affligera !

LA COMTESSE

Mon fils ! embrasse les genoux de ton généreux protecteur,
et rends-lui grâce pour ta mère. *(Il veut se mettre à genoux.)*

LE COMTE *le relève.*

Oublions le passé, Léon. Gardons-en le silence, et n'émouvons plus votre mère. Figaro demande un grand calme. Ah ! respectons surtout la jeunesse de Florestine, en lui cachant soigneusement les causes de cet accident.

Scène III

FLORESTINE, SUZANNE, LES PRÉCÉDENTS.

FLORESTINE, *accourant.*

Mon Dieu ! maman, qu'avez-vous donc ?

LA COMTESSE

Rien que d'agréable à t'apprendre ; et ton parrain va t'en instruire.

LE COMTE

Hélas ! ma Florestine, je frémis du péril où j'allais plonger ta jeunesse. Grâce au ciel, qui dévoile tout, tu n'épouseras point Bégearss ! Non, tu ne seras point la femme du plus épouvantable ingrat !...

FLORESTINE

Ah ! Ciel ! Léon !...

LÉON

Ma sœur, il nous a tous joués !

FLORESTINE, *au Comte.*

Sa sœur !

LE COMTE

Il nous trompait. Il trompait les uns par les autres, et tu étais le prix de ses horribles perfidies. Je vais le chasser de chez moi.

LA COMTESSE

L'instinct de ta frayeur te servait mieux que nos lumières. Aimable enfant, rends grâces au ciel qui te sauve d'un tel danger.

LÉON

Ma sœur, il nous a tous joués !

FLORESTINE, *au Comte.*

Monsieur, il m'appelle sa sœur !

LA COMTESSE, *exaltée.*

Oui, Floresta, tu es à nous. C'est là notre secret chéri. Voilà ton père, voilà ton frère ; et moi, je suis ta mère pour la vie. Ah ! garde-toi de l'oublier jamais ! *(Elle tend la main au Comte.)* Almaviva, pas vrai qu'elle est *ma fille ?*

LE COMTE, *exalté.*

Et lui, *mon fils ;* voilà nos deux enfants. *(Tous se serrent dans les bras l'un de l'autre.)*

Scène IV

FIGARO, M. FALL, *notaire ;* LES PRÉCÉDENTS

FIGARO, *accourant et jetant son manteau.*

Malédiction ! Il a le portefeuille. J'ai vu le traître l'emporter, quand je suis entré chez monsieur.

LE COMTE

O monsieur Fal ! vous vous êtes pressé !

M. FAL, *vivement.*

Non, monsieur, au contraire. Il est resté plus d'une heure avec moi, m'a fait achever le contrat, y insérer la donation qu'il fait. Puis il m'a remis mon reçu, au bas duquel était le vôtre, en me disant que la somme est à lui, qu'elle est un fruit d'hérédité, qu'il vous l'a remise en confiance...

LE COMTE

O scélérat ! Il n'oublie rien !

FIGARO

Que de trembler sur l'avenir !

M. FAL

Avec ces éclaircissements, ai-je pu refuser le portefeuille qu'il exigeait ? Ce sont trois millions au porteur. Si vous rompez le mariage et qu'il veuille garder l'argent, c'est un mal presque sans remède.

LE COMTE, *avec véhémence.*

Que tout l'or du monde périsse, et que je sois débarrassé de lui !

FIGARO, *jetant son chapeau sur un fauteuil.*

Dussé-je être pendu, il n'en gardera pas une obole. *(A Suzanne.)* Veille au-dehors, Suzanne. *(Elle sort.)*

M. FAL

Avez-vous un moyen de lui faire avouer devant de bons témoins qu'il tient ce trésor de monsieur ? Sans cela, je défie qu'on puisse le lui arracher.

FIGARO

S'il apprend par son Allemand ce qui se passe dans l'hôtel, il n'y rentrera plus.

LE COMTE, *vivement.*

Tant mieux! c'est tout ce que je veux. Ah! qu'il garde le reste.

FIGARO, *vivement.*

Lui laisser par dépit l'héritage de vos enfants? ce n'est pas vertu, c'est faiblesse.

LÉON, *fâché.*

Figaro!

FIGARO, *plus fort.*

Je ne m'en dédis point. *(Au Comte.)* Qu'obtiendra donc de vous l'attachement, si vous payez ainsi la perfidie?

LE COMTE, *se fâchant.*

Mais l'entreprendre sans succès, c'est lui ménager un triomphe.

Scène V

LES PRÉCÉDENTS, SUZANNE.

SUZANNE, *à la porte et criant.*

Monsieur Bégearss qui rentre! *(Elle sort.)*

Scène VI

LES PRÉCÉDENTS, *excepté* SUZANNE. *(Ils font tous un grand mouvement.)*

LE COMTE, *hors de lui.*

Oh ! traître !

FIGARO, *très vite.*

On ne peut plus se concerter ; mais si vous m'écoutez et me secondez tous pour lui donner une sécurité profonde, j'engage ma tête au succès [78].

M. FAL

Vous allez lui parler du portefeuille et du contrat ?

FIGARO, *très vite.*

Non pas ; il en sait trop pour l'entamer [79] si brusquement ! Il faut l'amener de plus loin à faire un aveu volontaire. *(Au Comte.)* Feignez de vouloir me chasser.

LE COMTE, *troublé.*

Mais, mais... sur quoi ?

Scène VII

LES PRÉCÉDENTS, SUZANNE, BÉGEARSS.

SUZANNE, *accourant.*

Monsieur Bégeaaaaaaarss ! *(Elle se range près de la Comtesse. — Bégearss montre une grande surprise.)*

FIGARO, *s'écrie en le voyant.*

Monsieur Bégearss ! *(Humblement.)* Eh bien ! ce n'est qu'une humiliation de plus. Puisque vous attachez à l'aveu de mes torts le pardon que je sollicite, j'espère que monsieur ne sera pas moins généreux.

BÉGEARSS, *étonné.*

Qu'y a-t-il donc ? je vous trouve assemblés !

LE COMTE, *brusquement.*

Pour chasser un sujet indigne.

BÉGEARSS, *plus surpris encore, voyant le notaire.*

Et monsieur Fal ?

M. FAL, *lui montrant le contrat.*

Voyez qu'on ne perd point de temps ; tout ici concourt avec vous.

BÉGEARSS, *surpris.*

Ah ! Ah !...

LE COMTE, *impatient, à Figaro.*

Pressez-vous ; ceci me fatigue. *(Pendant cette scène, Bégearss les examine l'un après l'autre avec la plus grande attention.)*

FIGARO, *l'air suppliant, adressant la parole au Comte.*

Puisque la feinte est inutile, achevons mes tristes aveux. Oui, pour nuire à monsieur Bégearss, je répète avec confusion que je me suis mis à l'épier, le suivre et le troubler partout : *(au Comte)* car monsieur n'avait pas sonné [80] lorsque je suis entré chez lui pour savoir ce qu'on y faisait du coffre aux brillants de madame, que j'ai trouvé là tout ouvert.

BÉGEARSS

Certes ! ouvert à mon grand regret !

LE COMTE *fait un mouvement inquiétant. A part.*

Quelle audace !

FIGARO, *se courbant, le tire par l'habit pour l'avertir.*

Ah ! mon maître !

M. FAL, *effrayé.*

Monsieur !

BÉGEARSS, *au Comte, à part.*

Modérez-vous, ou nous ne saurons rien. (*Le Comte frappe du pied ; Bégearss l'examine.*)

FIGARO, *soupirant, dit au Comte :*

C'est ainsi que, sachant madame enfermée avec lui pour brûler de certains papiers dont je connaissais l'importance, je vous ai fait venir subitement.

BÉGEARSS, *au Comte.*

Vous l'ai-je dit ? (*Le Comte mord son mouchoir de fureur.*)

SUZANNE, *bas à Figaro, par-derrière.*

Achève, achève !

FIGARO

Enfin, vous voyant tous d'accord j'avoue que j'ai fait l'impossible pour provoquer entre madame et vous la vive explication... qui n'a pas eu la fin que j'espérais...

LE COMTE, *à Figaro, avec colère.*

Finissez-vous ce plaidoyer ?

FIGARO, *bien humble.*

Hélas ! je n'ai plus rien à dire, puisque c'est cette explication qui a fait chercher monsieur Fal, pour finir ici le contrat. L'heureuse étoile de monsieur a triomphé de tous mes artifices... Mon maître ! en faveur de trente ans...

LE COMTE, *avec humeur.*

Ce n'est pas à moi de juger. *(Il marche vite.)*

FIGARO

Monsieur Bégearss !

BÉGEARSS, *qui a repris sa sécurité, dit ironiquement :*

Qui ! moi ? cher ami, je ne comptais guère vous avoir tant d'obligations ! *(Élevant son ton.)* Voir mon bonheur accéléré par le coupable effort destiné à me le ravir ! *(A Léon et Florestine.)* O jeunes gens ! quelle leçon ! Marchons avec candeur dans le sentier de la vertu. Voyez que tôt ou tard l'intrigue est la perte de son auteur.

FIGARO, *prosterné.*

Ah ! oui !

BÉGEARSS, *au Comte.*

Monsieur, pour cette fois encore [81], et qu'il parte !

LE COMTE, *à Bégearss, durement.*

C'est là votre arrêt ?... J'y souscris.

FIGARO, *ardemment.*

Monsieur Bégearss ! je vous le dois. Mais je vois M. Fal pressé d'achever un contrat...

LE COMTE, *brusquement.*

Les articles m'en sont connus.

M. FAL

Hors celui-ci. Je vais vous lire la donation que monsieur fait... *(Cherchant l'endroit.)* M, M, M, messire James-Honoré Bégearss... Ah ! *(Il lit.)* « Et pour donner à la demoiselle future épouse une preuve non équivoque de son attachement pour elle, ledit seigneur futur époux lui fait donation entière de tous les grands biens qu'il possède ; consistant aujourd'hui *(il appuie en lisant)* ainsi qu'il le déclare et les a exhibés à nous notaires soussignés, en trois millions d'or ici joints, en très bons effets au porteur. » *(Il tend la main en lisant.)*

BÉGEARSS

Les voilà dans ce portefeuille. *(Il donne le portefeuille à Fal.)* Il manque deux milliers de louis, que je viens d'en ôter pour fournir aux apprêts des noces.

FIGARO, *montrant le Comte, et vivement.*

Monsieur a décidé qu'il payerait tout ; j'ai l'ordre.

BÉGEARSS, *tirant les effets de sa poche, et les remettant au notaire.*

En ce cas, enregistrez-les ; que la donation soit entière ! *(Figaro, retourné, se tient la bouche pour ne pas rire. M. Fal ouvre le portefeuille, y remet les effets.)*

M. FAL, *montrant Figaro.*

Monsieur va tout additionner, pendant que nous achèverons. *(Il donne le portefeuille ouvert à Figaro qui, voyant les effets, dit :)*

FIGARO, *l'air exalté.*

Et moi j'éprouve qu'un bon repentir est comme toute
bonne action, qu'il porte aussi sa récompense.

BEGEARSS

En quoi ?

FIGARO

J'ai le bonheur de m'assurer qu'il est ici plus d'un
généreux homme. Oh ! que le ciel comble les vœux de deux
amis aussi parfaits ! Nous n'avons nul besoin d'écrire. *(Au
Comte.)* Ce sont vos effets au porteur : oui, monsieur, je les
reconnais. Entre monsieur Bégearss et vous, c'est un combat
de générosité : l'un donne ses biens à l'époux, l'autre les rend
à sa future ! *(Aux jeunes gens.)* Monsieur, mademoiselle ! ah !
quel bienfaisant protecteur, et que vous allez le chérir !...
Mais que dis-je ? l'enthousiasme m'aurait-il fait commettre
une indiscrétion offensante ? *(Tout le monde garde le silence.)*

BÉGEARSS, *un peu surpris, se remet, prend son parti, et dit :*

Elle ne peut l'être pour personne, si mon ami ne la
désavoue pas ; s'il met mon âme à l'aise, en me permettant
d'avouer que je tiens de lui ces effets. Celui-là n'a pas un bon
cœur, que la gratitude fatigue, et cet aveu manquait à ma
satisfaction. *(Montrant le Comte.)* Je lui dois bonheur et
fortune ; et quand je les partage avec sa digne fille, je ne fais
que lui rendre ce qui lui appartient de droit. Remettez-moi le
portefeuille ; je ne veux avoir que l'honneur de le mettre à ses
pieds moi-même, en signant notre heureux contrat. *(Il veut le
reprendre.)*

FIGARO, *sautant de joie.*

Messieurs, vous l'avez entendu ? Vous témoignerez s'il le

faut. Mon maître, voilà vos effets ; donnez-les à leur déten-
teur, si votre cœur l'en juge digne. *(Il lui remet le portefeuille.)*

LE COMTE, *se levant, à Bégearss.*

Grand Dieu ! Les lui donner ! Homme cruel, sortez de ma
maison : l'enfer n'est pas aussi profond que vous ! Grâce à ce
bon vieux serviteur, mon imprudence est réparée : sortez à
l'instant de chez moi !

BÉGEARSS

O mon ami, vous êtes encore trompé !

LE COMTE, *hors de lui, le bride*[82] *de sa lettre ouverte.*

Et cette lettre, monstre : m'abuse-t-elle aussi ?

BÉGEARSS *la voit ; furieux,*
il arrache au Comte la lettre, et se montre tel qu'il est.

Ah !... je suis joué ! mais j'en aurai raison.

LÉON

Laissez en paix une famille que vous avez remplie d'horreur.

BÉGEARSS, *furieux.*

Jeune insensé ! c'est toi qui vas payer pour tous ; je
t'appelle au combat.

LÉON, *vite.*

J'y cours.

LE COMTE, *vite.*

Léon !

LA COMTESSE, *vite.*

Mon fils !

FLORESTINE, *vite.*

Mon frère !

LE COMTE

Léon ! je vous défends... (*A Bégearss.*) Vous vous êtes rendu indigne de l'honneur que vous demandez : ce n'est point par cette voie-là qu'un homme comme vous doit terminer sa vie. (*Bégearss fait un geste affreux, sans parler.*)

FIGARO, *arrêtant Léon, vivement.*

Non, jeune homme, vous n'irez point, monsieur votre père a raison, et l'opinion est réformée sur cette horrible frénésie [83] : on ne combattra plus ici que les ennemis de l'État. Laissez-le en proie à sa fureur ; et s'il ose vous attaquer, défendez-vous comme d'un assassin. Personne ne trouve mauvais qu'on tue une bête enragée ! Mais il se gardera de l'oser : l'homme capable de tant d'horreurs doit être aussi lâche que vil !

BÉGEARSS, *hors de lui.*

Malheureux !

LE COMTE, *frappant du pied.*

Nous laissez-vous enfin ? c'est un supplice de vous voir. (*La Comtesse est effrayée sur son siège ; Florestine et Suzanne la soutiennent ; Léon se réunit à elles.*)

BÉGEARSS, *les dents serrées.*

Oui, morbleu ! je vous laisse ; mais j'ai la preuve en main de votre infâme trahison ! Vous n'avez demandé l'agrément

de Sa Majesté, pour échanger vos biens d'Espagne, que pour
être à portée de troubler sans péril l'autre côté des Pyrénées.

LE COMTE

O monstre ! que dit-il ?

BÉGEARSS

Ce que je vais dénoncer à Madrid. N'y eût-il que le buste
en grand d'un Washington dans votre cabinet[84], j'y fais
confisquer tous vos biens.

FIGARO, *criant.*

Certainement ; le tiers au dénonciateur.

BÉGEARSS

Mais pour que vous n'échangiez rien, je cours chez notre
ambassadeur arrêter dans ses mains l'agrément de Sa Majesté
que l'on attend par le courrier.

FIGARO, *tirant un paquet de sa poche, s'écrie vivement :*

L'agrément du Roi ? le voici. J'avais prévu le coup : je
viens, de votre part, d'enlever le paquet au secrétariat
d'ambassade. Le courrier d'Espagne arrivait[85] ! (*Le Comte,
avec vivacité, prend le paquet.*)

BÉGEARSS, *furieux, frappe sur son front,
fait deux pas pour sortir, et se retourne.*

Adieu, famille abandonnée, maison sans mœurs et sans
honneur ! Vous aurez l'impudeur de conclure un mariage
abominable, en unissant le frère avec sa sœur : mais l'univers
saura votre infâmie ! (*Il sort.*)

Scène VIII et dernière

LES PRÉCÉDENTS, *excepté* BÉGEARSS.

FIGARO, *follement.*

Qu'il fasse des libelles, dernière ressource des lâches ! il n'est plus dangereux. Bien démasqué, à bout de voie [86], et pas vingt-cinq louis dans le monde ! Ah ! monsieur Fal, je me serais poignardé s'il eût gardé les deux mille louis qu'il avait soustraits du paquet ! *(Il reprend un ton grave.)* D'ailleurs, nul ne sait mieux que lui, que, par la nature et la loi, ces jeunes gens ne se sont rien, qu'ils sont étrangers l'un à l'autre.

LE COMTE *l'embrasse et crie :*

O Figaro !... Madame, il a raison.

LÉON, *très vite.*

Dieux ! maman ! quel espoir !

FLORESTINE, *au Comte.*

Eh quoi ! monsieur, n'êtes-vous plus ?...

LE COMTE, *ivre de joie.*

Mes enfants, nous y reviendrons ; et nous consulterons, sous des noms supposés, des gens de loi discrets, éclairés, pleins d'honneur. O mes enfants ! Il vient un âge où les honnêtes gens se pardonnent leurs torts, leurs anciennes faiblesses, font succéder un doux attachement aux passions orageuses qui les avaient trop désunis. Rosine (c'est le nom que votre époux vous rend), allons nous reposer des fatigues de la journée. Monsieur Fal ! restez avec nous. Venez, mes deux enfants ! Suzanne, embrasse ton mari ! et que nos sujets de querelles soient ensevelis pour toujours ! *(A Figaro.)* Les deux mille louis qu'il avait soustraits, je te les donne, en attendant la récompense qui t'est bien due !

FIGARO, *vivement.*

A moi, monsieur ? Non, s'il vous plaît ! moi, gâter par un vil salaire le bon service que j'ai fait ! Ma récompense est de mourir chez vous. Jeune, si j'ai failli souvent, que ce jour acquitte ma vie ! O ma vieillesse, pardonne à ma jeunesse ; elle s'honorera de toi. Un jour a changé notre état ! plus d'oppresseur, d'hypocrite insolent ; chacun a bien fait son devoir. Ne plaignons point quelques moments de trouble ; on gagne assez dans les familles, quand on en expulse un méchant.

FIN DU CINQUIÈME ET DERNIER ACTE.

DOSSIER

VIE DE BEAUMARCHAIS
1732-1799

1722. André Charles Caron, né en 1698, est reçu maître horloger et épouse Marie-Louise Pichon.

1732. Naissance de Pierre-Augustin Caron à Paris. Il a déjà deux sœurs (Marie-Josèphe et Marie-Louise) et en aura trois autres : Madeleine-Françoise (Fanchon), Marie-Julie (La Bécasse), et Jeanne-Marguerite (Tonton).

1742-1745. Études assez sommaires à l'école d'Alfort. Il revient ensuite travailler chez son père.

1753. Pierre-Augustin invente un nouveau système d'échappement qu'il montre à l'horloger du roi, Lepaute. Ce dernier présente l'invention comme sienne à l'Académie des sciences.

1754. Le 23 février, l'Académie atteste que Pierre-Augustin est bien l'inventeur. Désormais connu, il reçoit des commandes pour la Cour, est présenté au roi et à la reine.

1755. Il fait la connaissance des Franquet. Le mari, malade, lui vend sa charge de contrôleur-clerc d'office de la Maison du Roi.

1756. Franquet meurt en janvier. Pierre-Augustin épouse sa veuve, Marie-Christine Aubertin, le 27 novembre. Il se fait appeler Caron de Beaumarchais, du nom d'une terre de sa femme.

1757. Sa femme meurt d'une fièvre putride.

1758. Mort de sa mère.

1759. Beaumarchais sait se rendre indispensable auprès de Mesdames, les filles du roi : il leur donne des leçons de musique, leur apprend à jouer de la harpe, instrument qu'il vient de perfectionner. Cette année-là ou l'année suivante, il fait la connaissance du financier Pâris-Duverney qui le prendra pour associé et fera sa fortune.

1761. Achat de la charge de conseiller-secrétaire du roi, charge qui lui confère la noblesse et le droit de porter légalement le nom de Beaumarchais.

1762. La charge de Grand-Maître des Eaux et Forêts le tente, mais il ne peut l'acquérir, à cause de l'hostilité des autres Grands-Maîtres qui lui reprochent sa naissance roturière.

1763. En janvier, achat d'une maison sise au 26 rue de Condé. Beaumarchais y recueille son père et ses deux sœurs cadettes. En août, achat de la charge de lieutenant-général des chasses. Projet de mariage avec une jeune créole de Saint-Domingue, amie de la famille, Pauline Le Breton. Dans ces premières années 60, Beaumarchais écrit ses parades, jouées au château d'Etioles, chez son ami Charles Le Normand, neveu de Pâris-Duverney et mari infortuné de la Pompadour.

1764-1765. De mai 1764 à mars 1765, séjour en Espagne, infructueux : les grands projets commerciaux échouent et Clavijo, archiviste et journaliste, n'épousera pas Marie-Louise, la sœur de Beaumarchais qu'il a compromise.

1766. Rupture de ses fiançailles avec Pauline Le Breton. Début de l'exploitation, avec Pâris-Duverney, de 2 000 arpents dans la forêt de Chinon.

1767. Première représentation, le 29 janvier, d'*Eugénie* qui appartient au « genre dramatique sérieux ».

1768. Le 11 avril, Beaumarchais épouse Geneviève, Madeleine Wattebled, veuve de Lévêque, garde général des Menus-Plaisirs (mort en décembre 1767). Naissance, le 14 décembre, d'un fils, Augustin.

1770. 13 janvier : première représentation de son second drame, *Les Deux Amis*. C'est un échec.

En juillet, mort de Pâris-Duverney, à l'âge de quatre-vingt-six ans. Il lègue ses biens au comte de La Blache, son petit-neveu par alliance.

En novembre, mort de la seconde femme de Beaumarchais, à l'âge de trente-neuf ans. Une petite fille, née en mars, n'avait probablement vécu que quelques jours.

1772. La Blache refuse de payer la somme due par son oncle. Procès, que Beaumarchais gagne, mais son adversaire fait appel devant le Parlement de Paris.

La même année, mort du jeune Augustin en octobre, et, en décembre, de Tonton, une des sœurs bien-aimées.

1773. Année cruciale : le 3 janvier, *Le Barbier de Séville* est reçu à la Comédie-Française ; altercation avec le duc de Chaulnes qui accuse Beaumarchais de lui ravir sa maîtresse, une actrice, Mlle Ménard. Sur ordre du roi, le duc est enfermé au château de Vincennes, son rival au For-l'Évêque du 26 février au 8 mai.

Le 1er avril, le conseiller Goezman est nommé rapporteur du procès La Blache devant le parlement Maupeou. Sur son rapport, défavorable, Beaumarchais, le 6 avril, perd son procès. Il est de plus accusé de tentative de corruption de magistrat. Il se défend en écrivant trois mémoires.

1774. Publication en février d'un quatrième mémoire. Le 26, Beaumarchais est *blâmé* et privé de ses droits civiques ; en mars, ses quatre mémoires sont brûlés sur les marches du Palais. Mais, la même année, il est chargé de missions secrètes : de mars au début de mai, premier séjour en Flandres et à Londres. Beaumarchais obtient de Théveneau de Morande la destruction d'un libelle contre la du Barry ; et en juin la promesse de la destruction d'un pamphlet contre Louis XVI (Louis XV est mort le 10 mai). L'auteur, Angelucci, ne tenant pas ses promesses, Beaumarchais se lance à sa poursuite en Hollande, puis jusqu'à Vienne où il arrive le 20 août, se disant victime d'une mauvaise rencontre. Reçu le lendemain par l'impératrice il paraît suspect et est retenu prisonnier dans sa chambre jusqu'au 23 septembre. Libéré à la demande des services français.

Novembre : l'arrêt de blâme du 26 février est cassé.

1775. Le 28 janvier, l'arrêt du 6 avril 1773 est cassé. L'affaire La Blache sera portée devant le parlement d'Aix-en-Provence.

23 février : création à la Comédie-Française du *Barbier de Séville*. Au cours de l'année, voyages en Angleterre et en Flandres avec le titre de chargé de mission. Tractations avec le chevalier d'Éon, à propos de documents concernant un projet de débarquement des troupes françaises en Angleterre. D'Éon cède enfin ces documents le 4 novembre.

1776. Le 10 juin, Beaumarchais reçoit du Trésor public un million de livres pour financer l'expédition de secours secrets aux insurgents d'Amérique. Fondation dans ce but de la maison de commerce Roderigue Hortalez et Cie qui installera ses bureaux en octobre à l'hôtel des Ambassadeurs de Hollande.

Le 3 août, mort du prince de Conti qui avait toujours protégé Beaumarchais.

1777. Naissance d'Eugénie, fille de Beaumarchais et de sa maîtresse (depuis 1774) Marie-Thérèse de Willermawlas.

Le 3 juillet, première réunion chez Beaumarchais des auteurs dramatiques qui veulent défendre leurs droits.

1778. En juillet, dans l'affaire La Blache, Beaumarchais gagne son procès devant le parlement d'Aix.

1779-1780. Années d'intense activité commerciale (commerce avec l'Amérique et fourniture d'armes), littéraire (début de l'édition dite de Kehl des œuvres de Voltaire), théâtrale (démêlés avec les Comédiens-Français à propos des droits d'auteur).

1781. 29 septembre : *Le Mariage de Figaro* est reçu à l'unanimité à la Comédie-Française. Mais le roi s'oppose à la représentation.

1782-1783. En dépit de tous ses tracas financiers et commerciaux, Beaumarchais multiplie, mais en vain, les lectures du *Mariage de Figaro* : le 13 juin 1783, la représentation sur le théâtre des Menus-Plaisirs à Paris est interdite au dernier moment par le roi.

Le 26 septembre, représentation privée à Gennevilliers chez le comte de Vaudreuil.

1784. Le 27 avril, première, triomphale, du *Mariage de Figaro* à la Comédie-Française. Cette année-là, le livret de *Tarare* est accepté par l'Académie royale de Musique.

1785. Une allusion, dans un article, aux « lions et tigres » qu'il a dû vaincre pour faire jouer sa comédie provoque la colère du roi. L'auteur est arrêté et enfermé à Saint-Lazare du 8 au 13 mars.

Avril : publication de la pièce et de sa préface.

Août : reprise du *Barbier* à la Cour ; Marie-Antoinette joue Rosine, le comte d'Artois Figaro.

Novembre : reprise d'*Eugénie*.

Cette année-là, Beaumarchais, intéressé à la compagnie des Eaux des frères Périer, polémique contre Mirabeau, porte-parole d'une compagnie rivale.

1786. Mars : Beaumarchais épouse Marie-Thérèse. Eugénie a neuf ans. Mai : première, au Burgtheater de Vienne, de l'opéra de Mozart *Les Noces de Figaro*.

1787. Début de l'affaire Kornman : le banquier Kornman avait fait enfermer sa femme, maîtresse enceinte d'un familier du comte de Nassau, pour s'emparer de sa dot. Beaumarchais avait fait libérer Mme Kornman. Mémoire contre lui de Bergasse, l'avocat de Kornman.

Le 8 juin, première représentation de *Tarare* à l'Opéra. Le même mois, achat d'un terrain près de la Bastille. Beaumarchais y fait construire par l'architecte Lemoyne une somptueuse demeure.

1788. Publication par Bergasse d'un nouveau mémoire. Beaumarchais porte plainte en diffamation.

1789. Le 2 avril, Kornman et Bergasse sont condamnés comme calomniateurs. Mais l'opinion est hostile à Beaumarchais.

Le 15 juillet, il pénètre avec vingt-quatre hommes en armes dans la Bastille et est chargé, le mois suivant, de surveiller sa démolition. Mais en août, sur une dénonciation, il est exclu de l'Assemblée des Représentants de la Commune de Paris. Après avoir réfuté toutes ces accusations, il est invité en septembre à reprendre sa place à l'Assemblée.

1790. Reprise, le 3 août, de *Tarare* avec le nouveau dénouement « Le Couronnement de Tarare ».

1791. En février, *La Mère coupable* est acceptée à la Comédie-Française. Mais en décembre, l'auteur retire sa pièce.

Au printemps, installation de la famille Beaumarchais dans la magnifique demeure, enfin achevée, du boulevard Saint-Antoine.

1792. En mars, un libraire belge, Delahaye, propose l'achat de 60 000 fusils dont l'armée a le plus grand besoin. Beaumarchais va s'efforcer de les faire acheter par le gouvernement français. En vain, et malgré deux traités signés en mars et en juillet avec les ministres intéressés.

Juin : le 4, il est dénoncé à l'Assemblée Nationale par Chabot, un capucin défroqué, comme accapareur d'armes. Le 26, première représentation de *La Mère coupable* au théâtre du Marais qui a ouvert ses portes l'année précédente.

Août : Beaumarchais est arrêté chez lui le 23, conduit le 27 à l'Abbaye, délivré par Manuel, le procureur de la Commune de Paris, le 29. Il échappe ainsi aux massacres de septembre. Il quitte la France fin septembre avec une attestation de civisme et un ordre de mission : il doit faire rentrer en France les fusils de Hollande. Séjour à Londres et en Hollande. Le 28 novembre, sur la dénonciation de Lecointre, il est décrété d'accusation par la Convention.

1793. Pour l'affaire des fusils, rédaction à Londres et publication à Paris des *Six époques*.

Février : le 10, suspension pour deux mois du décret d'accusation. Le 26, Beaumarchais est de nouveau à Paris.

Mai : il comparaît devant le Comité de Salut public. Reconnu innocent, il est de nouveau chargé de mission.

Août : venant de Suisse, il est refoulé d'Angleterre et s'embarque pour la Hollande.

1794. Mars : malgré son ordre de mission, Beaumarchais est placé sur la liste des émigrés. En juillet, sa femme, sa fille et sa sœur sont emprisonnées et ne doivent leur salut qu'à la chute de

Robespierre. Lui vit misérablement en Allemagne, la plupart du temps à Hambourg.

1795. Juin : rachetés par les Anglais, les fusils sont définitivement perdus pour la France.

Septembre : reprise de *Tarare*.

1796. En juin, Beaumarchais est définitivement rayé de la liste des émigrés. Il apprend la nouvelle dix jours plus tard et part aussitôt. Il arrive enfin à Paris le 5 juillet. Le 10 du même mois, mariage de sa fille avec André-Toussaint Delarue.

1797. Mai : le 5, reprise de *La Mère coupable* par les Comédiens-Français au théâtre de la rue Feydeau. L'auteur est acclamé.

1798. Mai : mort de Julie, au domicile de son frère.

1799. Dans la nuit du 17 au 18 mai, Beaumarchais meurt d'apoplexie durant son sommeil. Bien que gêné par une surdité quasi totale, il était resté très actif, essayant de rétablir une situation financière bien compromise et s'intéressant, comme en témoigne la rédaction de plusieurs mémoires, aux sujets les plus divers.

1816. Mort de Mme de Beaumarchais.

Première représentation à Rome du *Barbier de Séville,* l'opéra de Rossini (celui de Paesiello avait été créé en 1780).

1965. Darius Milhaud compose un opéra sur *La Mère coupable.*

NOTICE

LE MARIAGE DE FIGARO

Si l'on en croit l'auteur [1], le premier lecteur de la pièce aurait été le prince de Conti ; mais ce dernier est mort en août 1776 et l'on pense que l'œuvre a été terminée deux ans plus tard, en 1778. Elle reste jusqu'en 1781 « en portefeuille », d'abord parce que, tout entier à ses affaires et à ses procès, Beaumarchais n'a guère de temps à consacrer au théâtre, ensuite et surtout parce que ses relations avec les Comédiens-Français sont moins qu'amicales à cause de l'irritant problème des droits d'auteur. Ce problème momentanément réglé, la pièce est soumise au comité de lecture de la Comédie et reçue à l'unanimité le 29 septembre 1781. Le premier censeur, Coqueley de Chaussepierre, fait un rapport favorable et ne demande que de légères modifications. Cependant la pièce est lue « dans toutes les soirées de Versailles » et le couple royal se la fait lire par Mme Campan qui nous a livré, dans ses *Mémoires*, les réactions du roi : il juge la pièce « de mauvais goût » et le grand monologue de Figaro « détestable » : « il faudrait détruire la Bastille pour que la représentation de cette pièce ne fût pas une inconséquence dangereuse [2] ». Et, dans une lettre au garde des Sceaux, Louis XVI en interdit la représentation et l'impression. Dès lors la lutte s'engage entre les amis et les ennemis de l'auteur, lutte qui va durer près de trois ans.

Beaumarchais, pour arriver à ses fins, a recours à plusieurs procédés : il réclame de nouveaux censeurs [3], multiplie les lectures

1. Préface, p. 28.
2. *Mémoires* de Mme Campan, Paris, Baudoin, 1822, t. I, p. 278. L'auteur n'indique pas la date de cette lecture (fin 1781-début 1782 probablement).
3. Il n'y en eut pas moins de six : fin 1781, Coqueley de Chaussepierre ; juillet 1782, J.-B. Suard ; entre juin et septembre 1783, Gaillard ; automne

dans de petites sociétés pour faire connaître son œuvre et rassembler ses admirateurs : le 26 mai 1782, la pièce est lue au grand-duc et à la grande-duchesse de Russie ; le 30, chez la maréchale de Richelieu, devant une assemblée de prélats. Une longue lettre est écrite au lieutenant de police qui « est supplié de vouloir bien communiquer cette observation aux personnes qui n'aiment point *Le Mariage de Figaro*[4] ». Il ne fait nul doute que ces « personnes » sont le roi et la reine auxquels l'auteur n'ose pas s'adresser directement. Mais il menace, dans une autre lettre, de confier son manuscrit à Catherine II qui le réclame : quel scandale si la pièce était créée à Saint-Pétersbourg et non à Paris par les Comédiens-Français ! Ces derniers sont prêts à jouer, s'impatientent, et s'impatientent aussi ceux qui, autour du roi, s'opposent à sa décision.

Au début de juin 1783, les Comédiens-Français reçoivent l'ordre de répéter le *Mariage* pour le service de la Cour. Mais, le 13, la représentation sur le théâtre des Menus-Plaisirs à Paris est interdite au dernier moment par le roi. Un nouveau censeur de la pièce, Gaillard, fait un rapport favorable, et le 26 septembre enfin, a lieu la première représentation privée à Gennevilliers, chez le comte de Vaudreuil et en l'honneur du frère du roi, le comte d'Artois. Il était dès lors difficile à Louis XVI d'interdire une représentation publique, d'autant plus que les rapports des trois autres censeurs, Guidi, Desfontaines et Bret, n'étaient pas hostiles. L'auteur avait de nouveau lu sa pièce devant une assemblée de lettrés présidée par le baron de Breteuil, et retranché « jusqu'aux moindres mots dont ce tribunal de décence et de goût a cru devoir exiger la suppression[5] ». Ce dont rendait compte une lettre respectueuse adressée au souverain.

La première représentation publique eut donc lieu le 27 avril 1784 à la Comédie-Française, dans un théâtre tout neuf inauguré en 1782[6]. Le Figaro du *Barbier*, Préville, avait cédé le rôle à Dazincourt ; Mlle Contat jouait Suzanne, Mlle Saint-Val la Comtesse.

1783, Guidi ; janvier 1784, Desfontaines ; février 1784, Antoine Bret. Tous les censeurs, à l'exception de J.-B. Suard, donnèrent un avis favorable.

4. Cette lettre a été écrite au début de 1782 (Pléiade, p. 659). Il y est fait allusion, dans le deuxième paragraphe, à la naissance du dauphin qui avait eu lieu en janvier.

5. Lettre au roi (mars 1784) publiée pour la première fois par Gudin de la Brenellerie (1809) et reproduite dans la Pléiade, pp. 674-675.

6. Ce théâtre brûla en 1799 et en 1818. Reconstruit en 1819 selon les mêmes plans, il n'a subi depuis que peu de modifications. C'est notre actuel Odéon.

Dirigés par l'auteur, les Comédiens se surpassèrent et, tous les témoignages concordent, la soirée fut triomphale.

Rien ne s'opposait désormais à la publication de l'œuvre : la préface fut approuvée par le censeur Bret et le permis d'imprimer délivré. Toutefois les difficultés n'étaient pas terminées. Attaqué fin février 1785 dans le *Journal de Paris,* Beaumarchais répond par un article où une phrase malencontreuse va provoquer un incident : « ... Quel est votre objet en publiant de telles sottises ? Quand j'ai dû vaincre lions et tigres pour faire jouer une comédie, pensez-vous, après son succès, me réduire, ainsi qu'une servante hollandaise, à battre l'osier tous les matins sur l'insecte vil de la nuit[7] ? » « Vaincre lions et tigres... » Louis XVI se croit visé et voilà Beaumarchais arrêté et enfermé à Saint-Lazare, la prison des débauchés et des filles, du 8 au 13 mars. Une longue lettre au roi[8] clame son innocence, sa douleur et sa honte, rappelle sa fidélité, mais aussi qu'il est « créancier de l'État pour des sommes considérables ». En avril, pièce et préface[9] peuvent enfin paraître.

Plus rien, ensuite, n'entrave le succès : sous l'Ancien Régime, il y eut, à la Comédie-Française, 111 représentations, 609 au XIXᵉ siècle. La pièce reste une des plus jouées du répertoire. Rappelons que l'opéra de Mozart a été créé à Vienne le 1ᵉʳ mai 1786.

Trois manuscrits nous ont été conservés ; le premier se trouve à la Bibliothèque Nationale, le deuxième dans les papiers de famille, le troisième à la Comédie-Française. L'édition de J. B. Ratermanis juxtapose les textes de ces trois manuscrits et celui de l'édition originale ; on peut ainsi surprendre Beaumarchais au travail et apprécier l'importance des variantes. Au début d'avril 1785, il y eut un double tirage : l'édition de Paris et celle qui fut « imprimée à Kehl par l'Imprimerie de la société littéraire typographique » et ornée de cinq planches de Saint-Quentin. Pour ces deux textes identiques et que nous reproduisons ici, le permis d'imprimer est daté du 29 mars 1784 et signé Lenoir pour la pièce, du 31 janvier 1785 pour la préface.

---

7. Lettre du 2 mars 1785 (*Œuvres complètes*, éd. Fournier, p. 674). « L'insecte vil de la nuit » est, très probablement, le censeur Suard.

8. Lettre écrite fin mars ou début avril. Voir Pléiade, pp. 681-688.

9. Cette préface reprend plusieurs passages d'une lettre adressée par Beaumarchais en 1784 au baron de Breteuil (Pléiade, pp. 666-674).

LA MÈRE COUPABLE

En chantier dès 1784, comme nous l'indique la préface du *Mariage de Figaro*[10], l'œuvre a reçu vraisemblablement sa forme définitive au début de 1791. Selon son habitude, l'auteur la lut dans quelques salons et la soumit en février au comité de lecture de la Comédie-Française qui l'accepta. Mais de nouveau à cause de l'irritant problème des droits d'auteur, les relations de Beaumarchais et de l'illustre compagnie n'étaient pas bonnes et la pièce fut retirée. Elle devait être jouée finalement au théâtre du Marais, qui avait ouvert ses portes pendant l'été de 1791, et que dirigeait un certain Courcelles. Beaumarchais y avait, semble-t-il, des intérêts.

La première a lieu le 26 juin 1792 et n'est suivie que de quatorze représentations. Les spectateurs s'ennuient et la critique n'est guère tendre ; au reste, le drame est dans la rue plus que sur la scène et Beaumarchais, arrêté le 23 août et conduit le 27 à l'Abbaye, échappe de peu aux massacres de septembre. La malheureuse affaire des fusils l'oblige à partir pour l'étranger et pendant son absence, pour devancer « de misérables contrefacteurs » qui ont annoncé une « édition subreptice », ses amis publient, en 1793, une première édition d'où ont été retranchés « le peu de mots qui auraient pu effaroucher des oreilles nouvellement républicaines[11] » : la Comtesse est devenue Madame Almaviva, ont disparu les allusions à l'ordre de Malte, le roi Salomon a été abrégé en Salomon, et Figaro dit au Comte « Monsieur » et non « mon maître ».

A la fin de l'année 1796, Beaumarchais, qui est revenu d'exil en juillet, confie sa pièce aux Comédiens-Français et le 5 mai 1797 *La Mère coupable* est jouée au théâtre de la rue Feydeau : l'auteur est acclamé par le public. Mais il n'y aura que quatre autres représentations cette année-là, et six en 1799. Au XIXᵉ siècle, la pièce a été jouée cent six fois à la Comédie-Française ; elle n'est restée au répertoire que jusqu'en 1850.

Il existe trois manuscrits de *La Mère coupable* : deux dans les papiers de famille, un à la Comédie-Française. Beaumarchais, au début de sa courte préface[12], a désavoué l'édition de 1793. Nous reproduisons celle de 1797 qui, nous dit l'auteur, restitue le texte « en entier dans son premier état » et peut donc être considérée, malgré sa date, comme l'édition originale.

10. Voir p. 38.
11. Avertissement de l'édition de 1793.
12. Voir p. 271.

NOTE SUR LES REPRÉSENTATIONS
DU *MARIAGE DE FIGARO*

Le nombre de représentations à la Comédie-Française s'établit comme suit :

– au XVIIIe siècle, 116 ;
– au XIXe siècle, 609 ;
– au XXe siècle jusqu'en 1978, date de la plus récente représentation, 524.

La pièce reste une des plus jouées dans les théâtres subventionnés et dans les autres. On retiendra des mises en scène des cinquante dernières années celles de :

– Charles Dullin (1939) à la Comédie-Française (musique de Georges Auric, décors et costumes de Touchagues). Mise en scène mal accueillie par la critique parce qu'elle bouleversait les traditions : trop de mouvement, du désordre, et le rôle de Chérubin tenu (mal) par un jeune garçon.

– Jean Meyer (1946) à la Comédie-Française. Mise en scène conservée à la reprise de 1971, qui toutefois remplaçait la musique de Louis Beydts par celle de Mozart. Publiée en 1953 aux Éditions du Seuil dans la collection « Mises en scène ».

– Jean Vilar (1957) au T.N.P., qui a mis en valeur les éléments politiques de l'œuvre. Avec Daniel Sorano qui faisait un excellent Figaro.

– Marcel Bluwal (1961) à la télévision, avec une très bonne distribution, notamment Jean-Pierre Cassel en Figaro, Michel Galabru en Bartholo, et Henri Virlojeux en Antonio.

– Jacques Rosner en 1977 à la Comédie-Française.

Il y a eu des tentatives moins heureuses. La pièce est difficile à mettre en scène : à cause de sa longueur, du nombre des personnages, de certains rôles. En particulier Chérubin fait problème : toutes les fois que l'on a donné le rôle à un jeune garçon, le résultat a été peu concluant. Se souvenant que Beaumarchais est peut-être notre plus ancien metteur en scène, au sens moderne du terme, on aura intérêt à tenir le plus grand compte des indications très précises qu'il a données ; et à avoir pour son texte le respect qu'ont les musiciens pour la plus petite note de l'opéra de Mozart.

BIBLIOGRAPHIE SOMMAIRE

ŒUVRES DE BEAUMARCHAIS

1767. *Eugénie*, Paris, Merlin.
1770. *Les Deux Amis ou le Négociant de Lyon*, Paris, Vve Duchesne.
1775. *Le Barbier de Séville ou La Précaution inutile*, Paris, Ruault.
1785. *La Folle Journée ou Le Mariage de Figaro*, Paris, Ruault.
1787. *Tarare*, opéra en cinq actes, Paris, P. de Lormel.
1797. *L'Autre Tartuffe ou La Mère coupable*, Paris, Rondonneau.
1809. *Œuvres complètes de Beaumarchais*, éd. Gudin de la Brenelle-rie, 7 vol., Paris, Collin.
1869-1871. *Théâtre complet de Beaumarchais*, éd. G. d'Heylli et P. de Marescot, 4 vol., Paris, Académie des Bibliophiles.
1876. *Œuvres complètes de Beaumarchais*, éd. Édouard Fournier, Paris, Laplace, Sanchez et Cie.
1952. *Théâtre complet de Beaumarchais*, éd. René d'Hermies, Paris, Magnard.
1956. *Théâtre complet*, éd. Pascal Pia, Paris, Club Français du Livre.
1957. *Théâtre complet*, éd. Maurice Allem et Paul Courant, Paris, Bibl. de la Pléiade, Gallimard (première édition : 1934).
1961. *Notes et Réflexions*, éd. Gérard Bauër, Paris, Hachette.
1965. *La Genèse du Barbier de Séville*, éd. E. J. Arnould, Dublin et Paris, Minard.
1966. *Le Mariage de Figaro*, éd. Jacques Scherer, avec analyse dramaturgique, Paris, S.E.D.E.S.
1968. *Le Mariage de Figaro*, éd. J. B. Ratermanis, Genève, Studies on Voltaire, LXIII.
1969 et suivantes, *Correspondance*, éd. Brian N. Morton, Paris, Nizet (quatre volumes parus en 1983, années 1745 à 1778).

1974. *Le Sacristain,* éd. Jean-Pierre de Beaumarchais dans : *Revue d'Histoire littéraire de la France,* 1974, pp. 978-989.

1977. *Parades,* éd. Pierre Larthomas, Paris, S.E.D.E.S.

1980. *Théâtre de Beaumarchais,* éd. Jean-Pierre de Beaumarchais, Paris, Garnier.

1982. *Le Barbier de Séville* suivi de *Jean-Bête à la foire,* éd. Jacques Scherer, Paris, coll. Folio, n° 1377, Gallimard.

ÉTUDES

1856. Louis de Loménie, *Beaumarchais et son temps,* Paris, Lévy.

1887. Eugène Lintilhac, *Beaumarchais et ses œuvres,* Paris, Hachette.

1888. Gudin de la Brenellerie, *Histoire de Beaumarchais,* éd. Maurice Tourneux, Paris, Plon.

1928. Félix Gaiffe, *Le Mariage de Figaro,* Amiens, Malfère.

1939. Félix Gaiffe, *Le Mariage de Figaro,* Paris, C.D.U.

1953. Jean Meyer, *Le Mariage de Figaro,* mise en scène et commentaires, Paris, Le Seuil.

1956. Gunnar von Proschwitz, *Introduction à l'étude du vocabulaire de Beaumarchais,* Stockholm et Paris, Nizet.

1960. Philippe Van Tieghem, *Beaumarchais par lui-même,* Paris, Le Seuil.

1964. Enzo Giudici, *Beaumarchais nel suo e nel nostro tempo : Le Barbier de Séville,* Rome, Edizioni dell' Ateneo.

1967. René Pomeau, *Beaumarchais,* nouvelle édition, Paris, Hatier (première édition : 1956).

1969. Jacques Seebacher, « Beaumarchais » dans *Histoire littéraire de la France,* t. III, Paris, Éditions sociales.

1970. Pierre Larthomas, « Beaumarchais et le théâtre », dans *Histoire de la littérature française,* t. II, Paris, Colin.

1972. Duc de Castries, *Figaro ou la vie de Beaumarchais,* Paris, Hachette.

Pierre Larthomas, *Le Langage dramatique,* Paris, Colin. Rééd. P.U.F., 1980.

1973. *Beaumarchais,* n° d'avril de la revue *Europe.*

1974. Maurice Descotes, *Les Grands Rôles du théâtre de Beaumarchais,* Paris, P.U.F.

1980. Pierre Larthomas, *Le Théâtre en France au XVIIIᵉ siècle,* Paris, coll. « Que sais-je ? ».

Jacques Scherer, *La Dramaturgie de Beaumarchais,* 3ᵉ édition, Paris, Nizet (première édition : 1954).

NOTES

Page 23.

1. *Oiseusement :* inutilement.
2. *J'ai dit d'autre part :* dans la « Lettre modérée... » précédant le *Barbier*, éd. Folio, p. 27.
3. *Rassasiées :* blasées.

Page 24.

4. *Dandin et Brid'oison :* ces deux noms de juges se trouvent dans Rabelais. Dans la pièce, le lieutenant de siège s'appelle Don Gusman Brid'oison.
5. *Turcaret :* comédie (1709) de Le Sage qui met en scène un laquais devenu homme d'affaires.
6. **Noms de divers impôts :** les *traites* touchaient les marchandises importées ou exportées. La *gabelle* était l'impôt sur le sel. Les *droits réunis* désignaient la régie qui percevait la majeure partie des droits de consommation. La *taille* et son supplément le *taillon* étaient des impôts auxquels échappaient les nobles et les ecclésiastiques. Le *trop-bu* était un droit levé sur les boissons. *Trop-plein* semble être mis là par plaisanterie.
7. Un *bureau d'esprit* était une *société* où l'on s'occupait de littérature.
8. *Tourniller :* tourner de côté et d'autre.

Page 25.

9. L'*Œdipe* est celui de Corneille ou celui de Voltaire (1718), auquel appartiennent les deux autres œuvres : *Adélaïde du Guesclin*

(1734 - Vendôme y tue son frère) et *Mahomet* (1741). *Macbeth* venait d'être adaptée par Ducis (1784).

Page 26.

10. Épître VII, v. 23-32.

11. Le texte exact du premier placet (1664) est : « Je suis un démon vêtu de chair et habillé en homme, un libertin, un impie digne d'un supplice exemplaire » (éd. Folio du *Tartuffe*, p. 35).

12. D'après la tradition, Démocrite riait de la folie humaine, Héraclite s'en affligeait.

13. *Humoriste :* un homme qui a de l'humeur, avec qui il est difficile de vivre.

Page 27.

14. *Eugénie :* le premier drame (1767).

15. *Les Deux Amis :* deuxième drame (1770).

Page 28.

16. *L'Œil-de-bœuf :* le salon de Versailles, éclairé par un œil-de-bœuf, où les courtisans attendaient le roi.

17. *Cartonnée :* l'affiche était recouverte d'un carton vierge ou qui annonçait la représentation d'une autre œuvre.

18. Le parlement de Maupeou mis en place en 1771.

19. Le prince de Conti était mort en 1776. Il avait toujours protégé Beaumarchais.

Page 29.

20. *Le Légataire universel*, représenté en 1708.

21. *Au portefeuille :* dans les papiers de l'auteur. De 1776, si l'on en croit l'auteur (voir note 19), à 1781.

Page 30.

22. Gudin de la Brenellerie était le meilleur ami de Beaumarchais et fut plus tard son éditeur et son biographe.

23. Beaumarchais esquisse ici le sujet de *Tarare* (1787). Mais dans son opéra le tyran se suicide.

Page 31.

24. Acte II, sc. 19 ; IV, 5 ; V, 19.

25. Acte V, sc. 14.

Page 33.

26. *Heureusement :* comédie en un acte (1762) de Rochon de Chabannes.

27. Beaumarchais écrit bien *camariste* (espagnol *camarista*). Les éditions du Dictionnaire de l'Académie datées de 1762 et 1798 ont camériste (italien *camerista*), forme qui a prévalu.

Page 34.

28. *Sans tirer à conséquence :* sans en tirer des conclusions défavorables.

29. Acte I, sc. 7.

30. Scène finale, p. 263.

Page 36.

31. Acte III, sc. 16. Voir pp. 185-187.

Page 39.

32. *Le Barbier de Séville*, acte II, sc. 9.

33. A la cinquième représentation. Voici ces vers :

Sur le « Mariage de Figaro ».

Je vis hier, du fond d'une coulisse,
L'extravagante nouveauté
Qui, triomphant de la police,
Profane des Français le spectacle enchanté.
Dans ce drame effronté chaque acteur est un vice :
    Bartholo nous peint l'avarice ;
    Almaviva, le suborneur ;
    Sa tendre moitié, l'adultère ;
    Et Double-Main, un plat voleur.
    Marceline est une mégère ;
    Bazile, un calomniateur ;
Fanchette, l'innocente, est bien apprivoisée ;
    Et la Suzon, plus que rusée,
A bien l'air de goûter du page favori,
Greluchon de Madame et mignon du mari.
Quel bon ton, quelles mœurs cette intrigue rassemble !
Pour l'esprit de l'ouvrage, il est chez Brid'oison.
Mais Figaro !... le drôle à son patron
    Si scandaleusement ressemble,
    Il est si frappant qu'il fait peur.
Et pour voir à la fin tous les vices ensemble,
Le parterre en chorus a demandé l'auteur.

34. Voir *La Critique de l'École des femmes*, sc. 5.

35. *Éberner* ou *ébrener* : enlever le *bren*. Le mot s'employait en parlant des enfants au maillot qu'on nettoie.

Page 40.

36. Acte III, sc. 5.

37. Dans sa *Réponse ingénue* au comte de La Blache contre lequel il plaidait en appel (*Œuvres complètes,* éd. Fournier, p. 374).

Page 41.

38. Acte III, sc. 15.

39. Ce mémoire contre Goezman (*Œuvres complètes*, éd. Fournier, p. 307) a été écrit plus précisément en février 1774.

40. Acte V, sc. 3. De même la citation qui suit.

Page 42.

41. *En presse :* dans un état fâcheux dont on ne sait comment sortir.

Page 43.

42. Acte V, sc. 12.

43. Dans le conte de Voltaire *Le Monde comme il va, vision de Babouc,* ni le soldat ni le capitaine ne savent pourquoi on se bat (*Romans et Contes,* bibl. de la Pléiade, 1979, pp. 39-40).

Page 44.

44. Acte II, sc. 19.

Page 46.

45. Les deux derniers vers sont repris d'une réplique de Figaro (acte II, sc. 2).

46. Dans le conte *Joconde* (éd. Folio, 1982, p. 39).

47. *Protégement :* Beaumarchais préfère ce mot qu'il crée à *protection* jugé sans doute trop vague. Le premier emploi se trouve dans la *Réponse ingénue* (voir note de l'éd. Fournier, p. 405).

Page 47.

48. Il s'agit de l'un des censeurs de la pièce, Jean-Baptiste Suard, qui, comme en témoigne la citation, avait été très sévère pour Beaumarchais dans son discours à l'Académie française, le 15 juin 1784.

49. *Avancés :* mis en avant à des places que leur médiocrité devait leur interdire d'occuper.

Page 49.

50. *Lévite :* longue robe d'intérieur.

51. *Préville,* grand ami de l'auteur, avait créé le rôle de Figaro dans le *Barbier* en 1775 à la Comédie-Française ; trop vieux en 1784 pour jouer le même personnage (il avait 63 ans), il se contenta du rôle de Brid'oison.

Page 50.

52. *Juste :* corsage très étroit, ici à petites basques.

Page 51.

53. *Perruque naissante :* « perruque qui imite les cheveux naissants » (Acad. 1798).

Page 53.

54. *Grand corrégidor :* premier officier de justice de la province.

55. *Concierge :* nous dirions *intendant.* Figaro est aussi l'homme d'affaires du Comte.

56. *Don Gusman :* ce nom rappelle celui du conseiller Goezman (voir la chronologie, année 1773).

Page 54.

57. Au bas des pages dans cette édition.

Page 58.

58. Première allusion au *Barbier de Séville,* aux manœuvres de Figaro pour assurer le mariage du Comte.

59. Deux comédies ont pour titre *Le Droit du seigneur,* l'une de Voltaire (1762), l'autre de Desfontaines (1783) qui fut ensuite le cinquième censeur du *Mariage.* Le thème était à la mode.

Page 60.

60. *A mon amant :* à celui qui m'aime, à mon fiancé.

Page 61.

61. *M'en donner... à garder :* me duper. Mais les points de suspension indiquent que Figaro donne au début de l'expression un tout autre sens.

62. *Clocher devant les boiteux :* faire le capable devant celui qui est le plus habile.

Page 62.

63. Figaro, lui, mettait un cataplasme sur les yeux de la pauvre bête ! (*Le Barbier de Séville*, acte II, sc. 4).

Page 63.

64. Vers de Voltaire (*Nanine,* acte III, sc. 6).

Page 64.

65. *Qui :* qu'est-ce qui...

Page 67.

66. *Aventurée :* tentée par les aventures.

Page 68.

67. *Maîtresse :* au sens classique de « femme aimée ».

Page 71.

68. *Vieille sibylle :* « On dit figurément et familièrement d'une fille âgée qui fait parade d'esprit et de science que c'est une vieille sibylle » (Acad. 1762).

Page 74.

69. *Intéressants :* ici, émouvants, excitants, comme souvent au XVIIIᵉ siècle.

Page 85.

70. *Acquit :* nous dirions l'*acquittement.*

Page 89.

71. *Joindre :* rejoindre son poste, son régiment.

Page 92.

72. *Enfilé :* trompé (terme emprunté au jeu de trictrac).
73. *Nous recorder :* bien nous entendre, bien tout mettre au point. Le verbe était employé par les acteurs, lors des répétitions. D'où la suite du texte.

Page 96.

74. *Quelle enfance ! :* quel enfantillage !

Page 100.

75. *Je vous ai fait rendre un billet inconnu :* j'ai fait remettre un billet anonyme. *Vous* est explétif.

76. *Taillé ses morceaux :* lui avoir prescrit ce qu'il doit faire.

Page 101.

77. *En poste :* rapidement.

78. *Sur celui-là :* sur cela.

Page 104.

79. Chérubin a un manteau bleu sur l'épaule (voir p. 50).

Page 105.

80. *Dès que :* puisque.

81. *La Conversation espagnole :* la gravure était de J. Beauvarlet (1769) d'après le tableau de Carle Van Loo (1755). Un exemplaire se trouve à la Bibliothèque Nationale.

Page 107.

82. Comme on le voit, la chanson, écrite en « style marotique », retient quelques mots du français ancien : *destrier, varlet, clergier, plorer,* et, sur le plan syntaxique, n'exprime pas le pronom sujet.

Page 108.

83. *Baigneuse :* bonnet aux bords rabattus.

84. *Expédier votre brevet :* le revêtir de toutes les formes nécessaires pour le rendre valable, et en particulier lui mettre le cachet dont il va être question.

Page 109.

85. *Amadis :* bout de manche qui se boutonne sur le poignet. Ainsi nommé parce qu'apparu pour la première fois dans *Amadis,* opéra de Quinault et de Lulli (1684).

Page 118.

86. *Dans un moment :* dans un instant, très vite.

Page 125.

87. *Quelle école ! :* quelle sottise (j'ai faite) ! Encore un mot emprunté au jeu de trictrac.

Page 127.

88. *Dévouée :* vouée.

Page 128.

89. *Ne se couvre point :* ne peut s'excuser.

90. *Ursulines :* sur cette réplique, voir la préface pp. 44-45.

Page 129.

91. *En faveur de :* en considération de.

Page 132.

92. *Attentif :* plein d'attentions.

Page 133.

93. *Défaites :* en mauvaises excuses.

Page 136.

94. *Une fois :* une fois pour toutes, une bonne fois.

Page 138.

95. *Gourde :* probablement une bosse. Le mot n'est pas dans les dictionnaires de l'époque.

Page 142.

96. *Lui faire grâce :* lui accorder ce qu'il désire.

Page 146.

97. *La-mi-la :* cette expression équivaut ici à un ordre : *Musique !*

Page 148.

98. *Le bonheur d'un premier hasard :* l'issue heureuse d'une première aventure périlleuse.

Page 149.

99. Suzanne dira : « votre loup ». Les dames portaient ce masque de velours noir qui couvrait tout le visage pour se préserver du hâle.

Page 151.

100. *Impériale :* se disait du dessus d'un carrosse ou d'un lit. Ici plus largement du dais qui protège et sacralise le portrait du souverain. Le Comte va juger au nom du roi.

Page 156.

101. Essayez de me tromper en feignant de vous tromper vous-même.

Page 157.

102. *God-dam* : ce juron était connu depuis longtemps en France. C'est déjà à cause de lui que les soldats de Jeanne d'Arc appelaient les Anglais les *Godons*.

103. *Clairet* : ici le vin de Bordeaux, opposé au Bourgogne.

Page 158.

104. *Crocheteur* : portefaix.

105. *Je la préviens sur tout* : je préviens tous ses désirs.

Page 160.

106. *Étrenné des nouvelles* : qui a « l'étrenne » des nouvelles, c'est-à-dire les sait le premier.

Page 161.

107. Dans *Le Misanthrope,* acte I, sc. 2.

108. *Je l'enfile* : voir la note 72.

Page 162.

109.« Le temps est honnête homme. » Figaro donne tout de suite après le sens du proverbe italien.

Page 163.

110. *Qui rêve* : qui réfléchit.

111. *En disputant* : au cours de la discussion.

Page 171.

112. *Extrait* : « abrégé, sommaire, analyse d'un procès » (Acad.).

Page 173.

113. *Audience* : l'ensemble des auditeurs, plaignants et public.

Page 174.

114. *Forcement arbitraire* : augmentation des redevances injustifiée.

Page 176.

115. *Cordonnées* : entourées d'un *cordon,* « petit bord façonné » (Acad.).

Page 177.

116. *J'y suis grec* : j'y suis fort habile.

Page 178.

117. Le *gros* (le huitième de l'once) servait en particulier à peser les plantes médicinales.

Page 179.

118. *Dès que mariage n'est pas quittance :* puisque le mariage ne supprime pas la dette. *Plaisant acquittement :* ce serait une plaisante façon de s'acquitter.

Page 180.

119. *Le plus noble institut :* la plus noble institution.

120. *Impliqueraient :* la formule complète serait : *impliqueraient contradiction.*

Page 182.

121. *Une fois :* que cela soit clair, une fois pour toutes.

Page 183.

122. *Spatule :* « instrument de chirurgie rond par un bout et plat par l'autre » (Acad.).

Page 187.

123. Sur ce passage, voir la préface, pp. 36-38.

Page 188.

124. Voir acte I, sc. 4, p. 68.

Page 190.

125. *Elle ne vous marchande pas :* elle ne vous épargne pas.

Page 191.

126. *Ton billet :* la promesse de mariage qui liait Figaro. Voir la sc. 15.

Page 192.

127. *Tarare :* « interjection dont on se sert pour marquer qu'on se moque de ce qu'on entend dire » (Acad.).

Page 196.

128. La folie était souvent représentée conduisant l'amour. Cf. La Fontaine, *Fables*, XII, 14.

Page 204.

129. *En cadenette :* avec une longue tresse.

Page 206.

130. « Comme j'ai redressé feu sa mère » plutôt que « comme feu sa mère la redressait ».

Page 214.

131. Bazile reprend les paroles mêmes du Comte. Voir acte II, sc. 22, p. 145.

Page 215.

132. *Approximer :* ce verbe n'était employé d'ordinaire que dans le langage scientifique.

Page 218.

133. *A ranger le feu d'artifice :* à en disposer les pièces.

Page 219.

134. *M'acquitter avec toi :* libérer ma conscience à ton égard.

Page 223.

135. *Pour celui-ci :* pour ceci.

Page 224.

136. Le feu d'artifice. Voir la sc. 12, p. 219.
137. *Les voies :* ici les moyens, honnêtes ou malhonnêtes, dont on use.

Page 227.

138. *Salle :* « un lieu planté d'arbres qui forment une espèce de salle dans un jardin » (Acad.).
139. Voir acte I, sc. 7, p. 72.

Page 229.

140. « *Avoir quinze et bisque sur la partie :* avoir un grand avantage pour le succès d'une affaire » (Acad.). L'expression est empruntée au jeu de paume.
141. *Sans leur industrie :* sans compter leur « dextérité, leur adresse à faire quelque chose » (Acad.).
142. *Timide :* craintif.

Page 231.

143. *Animal :* être animé.

Page 232.

144. La Turquie ; le royaume de Barca est l'actuelle Cyrénaïque.
145. *Recors :* « celui qu'un sergent amène avec lui pour servir de témoin... et pour lui prêter main-forte en cas de besoin » (Acad.).

Page 233.

146. Les *feuillistes,* qui publient des feuilles ; ces feuilles étaient le plus souvent périodiques : *Le Journal inutile* en était une.
147. Un manuscrit du monologue fait directement référence aux institutions françaises. En voici un passage :

... « et l'on écrivait beaucoup ; et le peuple murmurait, car ce n'est point des livres, mais des vivres qu'il lui faut ; et je me mis à écrire non pour le peuple, mais pour moi qui sentais fort bien qu'un écu ne vaut réellement que ce qu'on peut se procurer en denrées avec lui, de façon que le peuple, qui avait vingt millions il y a vingt ans et payait le pain deux sous, était aussi riche qu'il l'est avec ses quarante millions, s'il paie le pain quatre sous. Il est vrai qu'il a deux écus dans sa poche au lieu d'un, mais il est aussi vrai que ses écus ne valent plus que trois francs puisqu'il en faut deux pour avoir trente livres de pain qu'il pouvait se procurer avec un seul ; reste en pure perte pour la nation la peine qu'elle s'est donnée à doubler ses fonds. Donc cherté n'est point richesse, donc la doctrine du produit net... Mon livre ne se vendit point, fut arrêté ; et pendant qu'on fermait la porte de mon libraire, on m'ouvrit celle de la Bastille, où je fus fort bien reçu, en faveur de la recommandation qui m'y attirait. J'y fus logé, nourri pendant six mois, sans payer auberge, ni loyer, avec une grande épargne de mes habits, et, à la bien prendre, cette retraite économique est le produit le plus net que m'ait valu la littérature. Mais comme il n'y a ni bien ni mal éternels, j'en sortis à l'avènement d'un ministre qui s'était fait donner la liste et les causes de toutes les détentions, au nombre desquelles il trouva la mienne un tant soit peu légère. Je fus remis en liberté ; je ne savais point faire de souliers, je courus acheter de l'encre de la petite vertu. Je taillai de nouveau ma plume et je demandai à chacun de quoi il était question maintenant ; l'on m'assura qu'il s'était établi depuis mon absence un système de liberté générale sur la vente de toutes les productions qui s'étendait jusqu'à celles de la plume, et que je pouvais désormais écrire tout ce qui me plairait, pourvu que je ne parlasse ni de la religion, ni du gouvernement, ni de la politique, ni du produit net, ni de l'Opéra, ni des Comédiens Français ; tout cela me parut fort juste et, profitant de cette douce liberté qu'on laissait à la presse, j'imaginai de faire un nouveau journal. Mais quand je voulus lui donner un titre, il se trouva qu'ils étaient à peu près tous remplis par les mille et un journaux dont le siècle et la France se glorifient. Je me creusai la tête : enfin, las de chercher, je l'intitulai « Journal inutile », et j'allais l'imprimer lorsqu'un de mes amis, effrayé, m'avertit que j'allais, sur mon titre seul, avoir tous les journalistes sur les bras ; que l'inutilité faisant l'essence de tous ces ouvrages périodiques, ils ne souffriraient pas que, sous l'apparence d'un titre nouveau, je partageasse avec eux un droit d'inutilité qu'ils n'avaient acquis qu'avec des pots-de-vin énormes et des pensions multipliées sur les têtes de tous les protégés. »

Peut-être l'action se situait-elle en France dans une première version.

Page 248.

148. *Ques-a-quo ?* Qu'est-ce que c'est ? Depuis le quatrième mémoire contre Goezman, cette forme provençale était bien connue des Parisiens.

149. *C'est-il çà de l'amour ? :* Est-ce *là* de l'amour ?

Page 253.

150. Le paquet qui contenait le brevet (voir acte III, sc. 1, p. 151).

Page 255.

151. Sur cette phrase, voir la préface p. 43.

Page 261.

152. Voir la note 24.

Page 262.

153. Et de trois avec la dot donnée par la Comtesse et la dette que Marceline a remise à Figaro (voir acte III, sc. 17 et 18, pp. 188-192).

Page 265.

154. Au lieu de « que se réjouissent les bien nés », « que se réjouisse le bien nanti ».

Page 266.

155. Le *coin* est la pièce de fer qui sert à marquer les monnaies. Le contexte donne au mot un sens érotique, tout à fait dans la tradition de la parade.

LA MÈRE COUPABLE

Page 271.

1. *Ma longue proscription* : cette préface a été écrite en 1797. Beaumarchais n'était revenu d'exil qu'en juillet 1796 (voir la chronologie).

2. *Froissés* : ici, persécutés, mis à mal.

3. Ceux qui, en 1791, au moment de la scission de la troupe, étaient restés d'abord dans l'ancienne salle, puis s'étaient installés en 1795 au théâtre de la rue Feydeau.

Page 272.

4. *Machinateur* : « celui qui fait un complot secret contre quelqu'un » (Acad.).

5. Il s'agit évidemment de l'avocat de Kornman, Bergasse, dont le nom est à peine modifié (voir la chronologie des années 1787-89).

Page 273.

6. Un des manuscrits et une contrefaçon font de la pièce un « drame intrigué ».

7. *Hasardés* : énoncés avec légèreté et de ce fait contestables.

8. La marquise del Pizzaro et Chérubin sont morts (voir acte II, sc. 1 et 2).

Page 274.

9. Beaumarchais tient à marquer que Léon et Florestine ne sont pas frère et sœur et qu'il n'y a pas inceste.

10. Dans l'*Éloge de Richardson*. La citation qui suit est légèrement inexacte.

Page 275.

11. *Vaillance* : allusion à la victorieuse campagne d'Italie.

Page 277.

12. Exactement le 10 novembre, jour de la Saint-Léon (voir la première scène).

Page 281.

13. Sur *se recorder* voir la note 73 de la p. 92.

14. *Sans livrée :* sans laquais qui l'accompagne et qui porte la livrée.

Page 282.

15. *Dénaturer :* « vendre ses biens pour faire des acquêts dont on ait la libre disposition » (Acad.). On va apprendre (sc. 6, p. 294) que le Comte veut déshériter son fils au profit de sa « pupille ».

Page 283.

16. *Ambassades :* dépêches d'ambassadeur.

17. *Je te rends :* je te rapporte.

Page 286.

18. *Mon enfant :* c'est, au XVIIIe siècle, un terme d'amitié de supérieur à inférieur, sans qu'intervienne l'âge.

Page 288.

19. La phrase, peu claire, signifie probablement : « Il suffit qu'eux tous réfléchissent pour que disparaisse leur austère probité. » Voir la phrase suivante.

Page 289.

20. En réalité, c'est la loi du 20 septembre 1792 qui établira le divorce (la scène se passe « à la fin de 1790 »).

Page 292.

21. *Fièrement :* ici, avec hauteur, sévèrement. Le Comte est vexé qu'on le méconnaisse en lui demandant de donner sa parole.

Page 293.

22. Les cadets de famille noble étaient souvent chevaliers de l'ordre de Malte.

Page 294.

23. *Vera-Cruz :* au Mexique, alors possession espagnole. On va apprendre (sc. 8, p. 296) que le Comte en a été le vice-roi.

Page 297.

24. *Astorga :* dans la province de Léon et à l'ouest de cette ville.

Page 298.

25. Allusion au jeu de scène qui précède. Le Comte et Bégearss se sont disputé le coffret.

26. *Dans le moment :* à l'instant.

Page 302.

27. Selon l'ordre donné par le Comte sc. 7 (p. 296). *Finement* souligne qu'*entendre* doit être pris aussi au sens de *comprendre.*

Page 303.

28. En février 1790, la Constituante avait interdit les vœux perpétuels. Le problème intéresse Léon qui, en tant que chevalier de Malte, avait fait vœu de chasteté, de pauvreté et d'obéissance.

29. *Caravanes :* on désignait par ce mot les courses maritimes faites par les chevaliers de Malte contre les Turcs.

Page 307.

30. Cette réplique est à rapprocher du passage supprimé à la représentation dans *Le Mariage de Figaro* (acte III, sc. 16, pp. 185-187).

Page 309.

31. *En robe à peigner :* en peignoir.

32. *Officieux :* « Serviable... Il s'emploie quelquefois dans un sens ironique et substantivement pour flatteur empressé » (Acad.).

Page 310.

33. Washington était alors président des États-Unis. Il symbolisait l'idéal de liberté des Insurgents.

Page 311.

34. *Basilic :* serpent fabuleux qui, d'après les Anciens, pouvait tuer de son seul regard.

35. L'expression équivaut en moins familier à notre : « A nous deux ! »

Page 312.

36. On se souvient que Thésée, grâce au fil que lui donna Ariane, put sortir du labyrinthe et tuer le monstre.

37. *École :* erreur. Voir dans *Le Mariage de Figaro* la note 87 de la p. 125.

38. *Pomper :* « Pomper quelqu'un... lui tirer avec adresse son secret... en lui faisant beaucoup de questions » (Acad. 1798).

Page 313.

39. C'est l'héritage imaginaire dont il a été question acte I, sc. 6 (voir p. 294).

Page 314.

40. *Tertaïfle :* transcrit du juron allemand : *Der Teufel !* (Diable !).

Page 315.

41. *Ma ! perdio ! :* mais ! par Dieu ! On sait que Figaro parle volontiers italien.

42. *Morceau :* le mot est souvent employé, au XVIIIᵉ siècle, pour désigner une œuvre d'art.

Page 316.

43. Voir acte I, sc. 6, p. 294.

Page 318.

44. Je défie de prouver que mes désirs ne concordent pas avec vos ordres.

Page 322.

45. *Équipage :* le mot pouvait encore désigner le mobilier domestique, un ensemble d'objets.

46. *Prémunir :* à la fois mettre en garde et protéger.

Page 324.

47. *Maîtresse :* encore au sens classique de « femme aimée ».

48. *S'échapper :* « s'emporter inconsidérément » (Acad.).

Page 329.

49. Voir acte I, sc. 6, p. 294.

Page 330.

50. *Qui :* Qu'est-ce qui ?

Page 331.

51. *Reconnaissance :* ici l'attestation par écrit du dépôt des effets. Voir plus loin *récépissé.*

52. *Figaro allait dire écus.* Il s'agit ici de monnaies espagnoles : l'écu valait dix livres et le doublon quatre-vingts livres. On se souvient que l'héritage est fictif (voir acte I, sc. 6, p. 294) et que Figaro le sait (voir acte II, sc. 8, p. 313).

Page 332.

53. Figaro se permet ici une allusion au fils du Comte tué dans un duel (voir acte I, sc. 2, p. 282). Allusion possible car c'est la mort de son fils qui a décidé le Comte à dénaturer ses biens (voir acte I, sc. 6, p. 293).

Page 333.

54. *Cette canaille :* des gens de cette espèce. Le mot a ici sa valeur collective.
55. *Sa fidélité :* son honnêteté.
56. *Affidé :* en qui on puisse se confier.

Page 340.

57. *Fraternité :* c'est-à-dire ici la parenté entre frère et sœur.

Page 344.

58. *Athénienne :* vasque, souvent en bronze, soutenue par trois pieds.

Page 346.

59. *Sur le grand objet de tantôt :* sur l'important sujet débattu tout à l'heure. Voir acte II, sc. 22, pp. 329-332.

Page 349.

60. *Ce digne enfant :* Léon.

Page 353.

61. *Endormeur :* « flatteur, enjôleur » (Acad.).
62. *Milton :* dans *Paradise lost.* On voit que les connaissances de Figaro en anglais ne se limitent plus à *goddam* (*Le Mariage de Figaro,* acte III, sc. 5).
63. « Jésus lui demanda : Quel est ton nom ? — Légion, répondit-il. Car plusieurs démons étaient entrés en lui » (Luc, VIII, 30).

Page 354.

64. *O che piacere :* encore de l'italien : oh ! quel plaisir !
65. *Mons :* « abréviation méprisante du mot *Monsieur* » (Acad.).

Page 356.

66. Véritable jeu de mots. *Se précipiter* signifie ici « tomber dans un abîme ».

Page 357.

67. *Comité :* ici réunion de famille. Cet emploi du mot, hors du domaine politique, était récent. D'où la réaction de Suzanne.

Page 358.

68. *Politique :* « signifie aussi la manière adroite dont on se conduit pour parvenir à ses fins » (Acad.).

Page 366.

69. *Prêt à s'arrêter :* près de s'arrêter.

Page 368.

70. « De soumettre mon avis » au vôtre, comme l'indique la suite.

Page 371.

71. Sur cet épisode du bracelet, voir acte I, sc. 8, pp. 297-298. Il est peu vraisemblable que le spectateur s'en souvienne, à trois actes de distance.

Page 372.

72. *Réprobation :* « Il ne se dit qu'en parlant de ceux que Dieu a réprouvés » (Acad.). La Comtesse se juge donc déjà condamnée à l'enfer.

Page 376.

73. *Étouffé :* d'une voix étouffée.

Page 379.

74. Bégearss l'a dit à Suzanne, acte I, sc. 4, p. 287 ; à Léon, acte II, sc. 20, p. 327 ; à la Comtesse, acte III, sc. 2, p. 339.

Page 380.

75. *Proscription :* « condamnation à mort sans forme judiciaire » (Acad.).

Page 383.

76. La lettre que Figaro s'est procurée à prix d'or (voir acte IV, sc. 1, p. 354).

Page 384.

77. Voir acte IV, scène finale, p. 380. Il s'agit du *fatal secret*.

Page 389.

78. *J'engage ma tête au succès :* je parie ma tête sur le résultat.
79. *Pour l'entamer :* pour que j'aborde le sujet.

Page 390.

80. Acte II, sc. 9, p. 300.

Page 392.

81. Sous-entendre : pardonnez.

Page 395.

82. *Le bride :* le frappe de la lettre au visage. L'expression la plus courante était *brider le nez à quelqu'un.*

Page 396.

83. En 1790, le duel était mal vu : c'était là mœurs d'aristocrates.

Page 397.

84. Sur ce buste, voir acte II, sc. 4, p. 310. Le roi d'Espagne, monarque de droit divin, n'appréciera pas les idées républicaines du Comte.
85. Figaro savait que l'agrément allait arriver. Voir le jeu de scène acte II, sc. 9, p. 316.

Page 398.

86. *A bout de voie :* sans aucun espoir de réussir. L'expression, à l'origine, se disait de la bête traquée et à bout de course.

COLLECTION FOLIO

Impression Bussière à Saint-Amand (Cher),
le 14 avril 1986.
Dépôt légal : avril 1986.
1er dépôt légal dans la collection : janvier 1984.
Numéro d'imprimeur : 1044.
ISBN 2-07-037527-7./Imprimé en France.

37833